Eberhard und Eike Hamer

# Was passiert, wenn der Crash kommt?

Eberhard und Eike Hamer

# Was passiert, wenn der Crash kommt?

## Wie sichere ich mein Vermögen oder Unternehmen?

OLZOG

**Bibliografische Information Der Deutschen Bibliothek**

Die Deutsche Bibliothek verzeichnet diese Publikation in der Deutschen Nationalbibliografie; detaillierte bibliografische Daten sind im Internet über http://dnb.ddb.de abrufbar.

1. Aufl. Sept. 2002
4. Aufl. Okt. 2003
5., verbesserte Aufl. April 2004
6. Aufl. April 2005
7. aktualisierte Aufl. Jan. 2006
8. aktualisierte Aufl. August 2006

ISBN 10: 3-7892-8193-X
ISBN 13: 978-3-7892-8193-8

**Internet: http://www.olzog.de**



Umschlagentwurf: Gruber & König, Augsburg
Satz: Fotosatz H. Buck, Kumhausen
Druck- und Bindearbeiten: Ebner & Spiegel, Ulm
Printed in Germany

# Inhalt

# Warum dieses Buch?

Während der großen Scheinblüte der neunziger Jahre haben die Autoren immer wieder darauf hingewiesen, dass es nicht gut gehen könne, dass

- die Weltgeldmenge in immer stärkerem Tempo ansteigt,
- die Finanzmärkte ständig steigende Kurse, Renditen und Spekulationsgewinne hergeben sollten,
- die öffentlichen Schulden nahezu überall progressiv steigen,
- die Wachstumsraten des monetären Sektors die Realwirtschaft immer weiter hinter sich lassen, (Scheinblüte)
- eine ständig fortschreitende Umverteilung einen immer größeren Bevölkerungsanteil mit immer höheren Sozialleistungen versorgt,
- dagegen einen immer geringeren Anteil der aktiv und produktiv Erwerbstätigen mit steigenden Steuern, Sozialabgaben und bürokratischen Einschränkungen belastet,
- Großwirtschaft und Großkapital mehr Subventionen bekommen als sie selbst Steuern zahlen und die Arbeiterschaft mehr Sozialleistungen bekommt, als sie selbst an Steuern und Sozialabgaben aufbringt, also ein immer kleinerer Mittelstand immer ausschließlicher mit allen Lasten für Staat, Großwirtschaft und Arbeiterschaft belastet wird.

Es war fast ein Wunder, dass sich diese Spirale überhaupt so lange gedreht hat.

Ein Wunder war auch, dass Wissenschaft, Politik, Publizistik und die Bevölkerung so lange geglaubt haben, das unsolide Spiel der öffentlichen wie privaten Wechselreiterei könne straflos immer weitergehen.

Als die Autoren vor 4 Jahren an der ersten Auflage dieses Buches arbeiteten, wurden sie von Freunden und Kollegen wegen dieses Themas verlacht. Inzwischen aber ist die in unserem Buch vorgelegte Crash-

Prognose bereits zu einem Drittel eingetreten, geht es inzwischen weniger noch um die Rettung des Aktienvermögens, sondern darum, wie man die zweite und dritte Stufe einer typischen Weltwirtschaftskrise bestehen kann, die bevorstehende Bankenkrise und den darauf folgenden Realcrash mit Massenzusammenbrüchen von Betrieben, Massenarbeitslosigkeit und dem Zusammenbruch von Staaten und Sozialsystemen.

Wir hatten geglaubt, dass Großkapital und Konzerne sich wegen ihrer höheren theoretischen Kapazität mit systematischem Krisenmanagement auf den bevorstehenden Crash vorbereitet hätten. Diese haben zwar in der größten Fusionswelle der Wirtschaftsgeschichte in den letzten 10 Jahren immer mehr Teilmärkte vermachtet und durch Massenentlassungen sich aus den Hochlohnländern zurückgezogen; – aber offenbar haben auch viele Konzerne übersehen, dass der Zusammenbruch aus dem Finanzsektor kommt und diesen Sektor unzulänglich vorbereitet. Daher kommen jetzt die spektakulären Konzernzusammenbrüche.

Vor allem aber ist den mittelständischen Unternehmern, Freiberuflern und der Masse der Beschäftigten überhaupt noch nicht klar, wo wir stehen, und in welches Ausmaß der Krise wir noch kommen könnten. Immer noch glauben sie nämlich den falschen optimistischen Parolen von Politik und Publizistik. Deshalb würde wie bei allen früheren Wirtschaftszusammenbrüchen in der Geschichte auch dieses Mal wieder der Mittelstand von der Krise überproportional betroffen und möglicherweise hunderttausende Betriebe in Deutschland zusammenbrechen. Und weil der Mittelstand 80 % der Arbeitsplätze unserer Wirtschaft trägt, würde dem Zusammenbruch von mittelständischen Betrieben auch entsprechende Massenarbeitslosigkeit und Verarmung unserer Bevölkerung folgen.

Deshalb ist es jetzt für den Mittelstand höchste Zeit, sich auf die zweite und dritte Stufe der Depression vorzubereiten. Viel Zeit bleibt nicht mehr. Wer die Warnungen dieses Buches ernst nimmt und die derzeitige Situation als begonnene Weltwirtschaftskrise versteht, kann sein Unternehmen und sein Vermögen immer noch besser sichern als alle Konkurrenten, welche mit der Verschärfung der Krise nicht rechnen.

Insofern hat dieses Buch unvermindert konkreten Nutzen für den Mittelstand, kann ihm helfen, sich, sein Vermögen und sein Unternehmen durch die Krise zu retten.

Zwar brauchen die Autoren heute möglicherweise nicht mehr zu begründen, weshalb eine neue Weltwirtschaftskrise wieder möglich geworden ist; sie haben aber die Grundsatzkapitel drei bis fünf nicht gestrichen, weil der Hintergrund unserer Depression für das eigene Handeln vieler Leser wichtig bleibt.

Die in Kapitel sieben dargestellten Crashauswirkungen und Crashstrategien für die speziellen Wirtschafts- und Lebensbereiche sind so aktuell wie zuvor, brauchten nur im Bereich der Lebensversicherungen überarbeitet zu werden.

Der anfängliche Zweck des Buches, möglichst viele Mittelständler über die Krise zu retten, ist auch in der aktuellen achten Auflage unverändertes Ziel der Autoren geblieben. Sie können sogar voller Stolz berichten, dass die bisherigen Auflagen tausende von Unternehmern aufgerüttelt, zu Krisenstrategien veranlasst und dadurch zum Überleben in und aus der Krise befähigt haben. Möge dieser Erfolg auch der jetzt achten und in Zukunft weiteren Auflagen dieses Buches vergönnt sein!

Forstgut Lappwald-Ost/Hannover, den 15. August 2006

PROF. DR. EBERHARD HAMER
Deutsche Mittelstandsstiftung e.V.

EIKE HAMER, DIPL. KFM.
Mittelstandsinstitut Hannover

Wir danken folgenden Mitwirkenden, durch deren Sachverstand in den Arbeitsgruppen dieses Buch zustande gekommen ist:

Karl Albert Altfuldisch, Hamburg, Versicherungsunternehmer
Dr. Bruno Bandulet, Bad Kissingen, Herausgeber „Deutschlandbrief"
Thomas Brügmann, Büsingen, Herausgeber „Vertrauliche Mitteilungen"
Michael Dickgießer, Pinneberg, Rechtsanwalt
Prof. Dr. Rainer Gebhard, Löhne
Uwe Grewe, MdL Kiel, Schriftsteller †
Prof. Dr. Bernd Hamer, MdL Bad Homburg †
Prof. Dr. Martin Heilmann, Rostock
Dietmar Helmke, Hamburg, Unternehmensberater
Paul Heydenreich-Ehringsdorf, Bremervörde, Unternehmer
Dr. Hans-Georg Hess, Wunstorf-Idensen, Rechtsanwalt
Walter Hirt, Zürich, Herausgeber „Wirtschaft Aktuell"
Prof. Dr. Klaus Jäger, Berlin
Dr. Udo Jansen, Kiel, Unternehmensberater
Prof. Dr. Rolf Kretzer, Bielefeld
Klaudia Kruck-Schaer, Hannover-Laatzen, Buchhändlerin
Herbert Leonhardt, Hamburg, Unternehmer
Dr. Wolfgang Liebernickel, Berlin, wiss. Dienst BVMW
Hartmut Möllring, MdL Hildesheim, Finanzminister
Jens Motschmann, Bremen, Pastor St. Martini
Lothar Münnich, Garbsen, Unternehmer
Ferdinand Neitzert, Heidgraben, Kommunikationsberater †
Klaus Nottbohm, Gehrden, Unternehmer
Volkmar Peters, Krefeld/Moers, Unternehmer
Doda von Plessen, Bremen, Geschäftsführerin
Peter-Jürgen Rau, Hannover, Geschäftsführer
Dr. Peter Ruß, Magdeburg, Doz., Geschäftsführer RKW
Dr. Tankred Schaer, Laatzen, Unternehmer
Dr. Eberhard Schmiege, Völksen/Springe, Staatssekretär aD
Gerd Schultze-Rhonhof, Buxtehude, Generalmajor aD
Wolfgang Straßmeir, Berlin, Freier Verb. Deutscher Zahnärzte (FVDZ)
Friederich Tiggemann, Hattingen, Unternehmer
Reinhard Uhle-Wettler, Timmendorfer Strand, Brigadegeneral aD
Jutta Wendland, Hamburg, Unternehmerin
Annerose Winkler, Detmold, Redakeurin „Der Schmittbrief"
Dazu 6 weitere Mitwirkende der Arbeitsgruppen, die ungenannt bleiben wollen.

Unser besonderer Dank gilt Frau Elke Göhmann, Hannover-Garbsen, die das Manuskript geschrieben und bürotechnisch betreut hat.

# 1. Was ist ein Crash?

Mit dem englischen Wort „Crash“ wird ein wirtschaftlicher Absturz, ein Zusammenbruch bezeichnet. Der Begriff kommt ursprünglich aus der Börsensprache im Sinne eines unerwarteten Kursverfalls der Börsenwerte.

In der Konjunktur-Literatur wird das Word „Crash“ oft mit der Bezeichnung „Depression“ gleich gesetzt. Beide bezeichnen dann einen tieferen volkswirtschaftlichen Zusammenbruch, als die bei üblichen Konjunkturwechsellagen auftretenden Rezessionen.

Wo die Begriffe Crash und Depression unterschiedlich verstanden werden, bezeichnet der Crash den Absturzvorgang einer Volkswirtschaft, die Depression dagegen den Zusammenbruchzustand. Dies hat vor allem Folgen für die Anpassungsmöglichkeit. Ein plötzlicher Crashvorgang (Linie A) wird härter empfunden, weil er nicht nur überraschend kommt, sondern die Haushalte oder Unternehmen auf ihn meist zu spät oder falsch reagieren. Sie müssen sich dem Crashvorgang drastisch anpassen. Wenn sich dagegen ein Absturzzustand – Depression – zeitlich streckt (Linie B), können sich die Wirtschaftsteilnehmer elastischer und zeitgerechter anpassen, empfinden also den Absturz nicht ebenso hart.

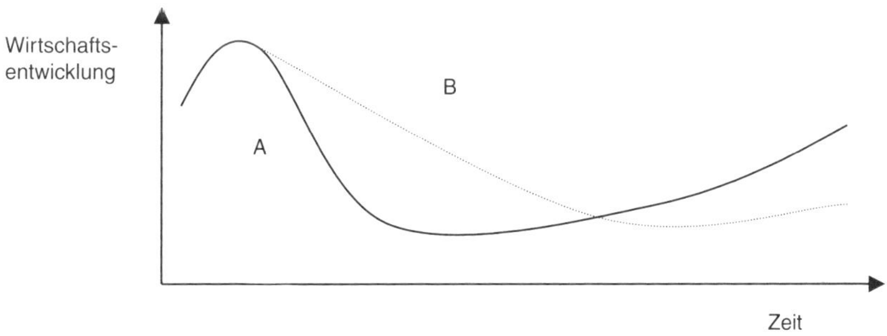

Jedenfalls sind Crash und Depression beide ein besonders harter Absturz der Volkswirtschaft über die Rezession hinaus mit Massenzusammenbrüchen von Betrieben, hoher Arbeitslosigkeit, zurückgehendem Volkseinkommen, sozialen Verwerfungen, häufig auch mit Erschütterungen der Währungsordnung (ganzer oder teilweiser Währungsreform).

In den konjunkturellen Wechsellagen ist ein Crash bzw. eine Depression eigentlich gar nicht vorgesehen, sondern nur der konjunkturelle Wechsel zwischen Boom und Baisse. Dass sich eine Rezession zu einer Depression auswächst, wird nicht mehr als konjunkturelle Normalentwicklung begriffen, kommt im normalen Konjunkturzyklus eigentlich nicht vor.

Insofern besteht jedenfalls Einigkeit darüber, dass ein Crash bzw. eine Depression eine konjunkturelle Ausnahmesituation darstellt, wobei die betriebswirtschaftliche Literatur dies an der Auslastung der Produktionskapazitäten misst, die volkswirtschaftliche Literatur am Absturz des Bruttosozialprodukts. In beiden Fällen ist ein Crash bzw. eine Depression ein realer Abbau der volkswirtschaftlichen Produktionskapazität bzw. eine reale Schrumpfung des Bruttosozialprodukts. Im globalen Zeitalter wird man zudem unter einem Crash bzw. einer Depression auch nicht nur den Absturz einzelner nationaler Volkswirtschaften verstehen dürfen, sondern einen globalen Absturz der Weltwirtschaft.

Wenn man für die letzten 50 Jahre der Weltwirtschaft von einer grundsätzlich positiven, wachstumsorientierten Konjunkturtendenz ausgehen darf, würde ein globaler Crash jedenfalls einen Absturz unter die Ausgangsposition der letzten Konjunkturaufschwungsperiode bedeuten. Meist erst nach einigen Jahren tritt dann eine Wiedererholung der Volkswirtschaften ein, entweder auf einem verminderten Niveau (A) oder wieder in der alten Wachstumstrendlinie (B).

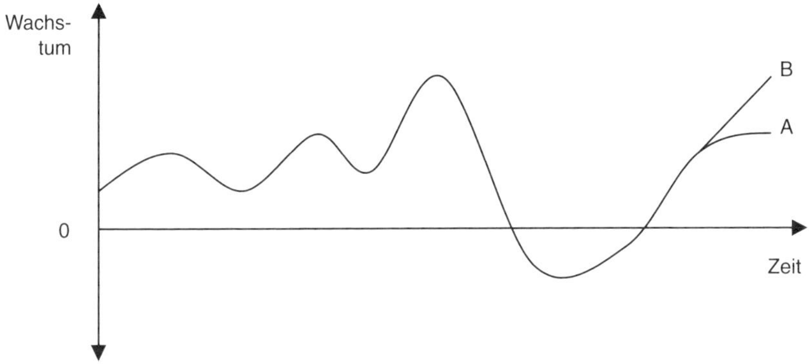


Wenn auch die meisten Crashs mit einem Börsencrash beginnen und sich zuerst im monetären Bereich abspielen, besteht doch Einigkeit in der Literatur darüber, dass ein echter Crash nicht nur den monetären Sektor betrifft, sondern ebenso den güterwirtschaftlichen, dass er sich als Gesamtabsturz von Börsen, Währungen, Nachfrage, Produktion, Kapazitäten, Investitionen und Wohlstand inzwischen weltweit auswirkt. Er geht sogar meist über die wirtschaftlichen Bereiche noch hinaus und reißt auch die gesellschaftliche, soziale, politische Ordnung mit sich in den Absturz, häufig sogar mit der Folge von Bürger- oder Regionalkriegen.

Wenn man einmal von den wirtschaftlichen Weltzusammenbrüchen nach Ende der beiden letzten Weltkriege absieht, hat es Rezessionen etwa alle 10 Jahre, jedoch eine wirkliche Weltwirtschaftskrise zuletzt ab 1929 gegeben, liegt also die stärkste ökonomische Depression mehr als 70 Jahre zurück. Hierin wird der Grund dafür liegen, dass nicht nur Wirtschaft und Politik eine solche Weltdepression nicht mehr diskutieren, sondern dass auch sogar die ökonomisch vorgebildete Bevölkerung eine solche Depression überhaupt nicht mehr für möglich hält. Sogar in den Bankenetagen gilt jede Crash-Diskussion als verpönt, weil man nur im Boom mit Finanzanlagen Geld verdienen (absetzen) kann und weil man dort der Überzeugung ist, mit den globalen Finanzinstitutionen wie z.B. IMF die Entwicklungen notfalls steuern zu können. So weit feststellbar haben sich lediglich einige Chefstrategen der internationalen Großkonzerne mit der Möglichkeit einer neuen Depression beschäftigt und für ihren eigenen Konzern dafür Vorsorgestrategien entwickelt, vor allem durch internationale Großzusammenschlüsse wie Daimler-Chrysler, Anglo-American Corp., Deutsche Bank-Bankers Trust o.ä. Andere Konzerne haben zumindest ihre Produktionskapazitäten rechtzeitig in Länder verlegt, in denen man diese Kapazitäten billiger abbauen (keine Abfindungen) oder die Zulieferer rechtlich leichter loswerden kann. Der einzige, der sehr vorsichtig überhaupt die Möglichkeit eines Crashs einmal anzudeuten wagte, war der FED-Präsident Greenspan, was der Börse auch gleich Schrecken einjagte. Die Öffentlichkeit rechnet jedoch heute noch nicht mit einer echten und länger dauernden Weltdepression. Wir stehen ja auch erst in ihrem Vorstadium (Sommer 2002).

Konjunkturtheoretisch entwickelt sich ein Crash als negative Übermaßreaktion in der Regel aus einem vorher ebenfalls übermäßig positiven Boom. Und weil die Börse Konjunkturbewegungen in der Regel ein halbes Jahr vorweg nimmt, wirkt sich auch der Umschwung vom Boom in die Rezession zuerst an der Börse aus. Nach übermäßigen Börsensteigerungen kommen dann naturgemäß auch übermäßige Börsenverluste.

Mit dem Börsencrash brechen zuerst im Finanzmarkt eine wirtschaftliche Scheinblüte, ein Scheinwohlstand und eine Scheinliquidität zusammen, kommt es zu einer monetären Bereinigung.

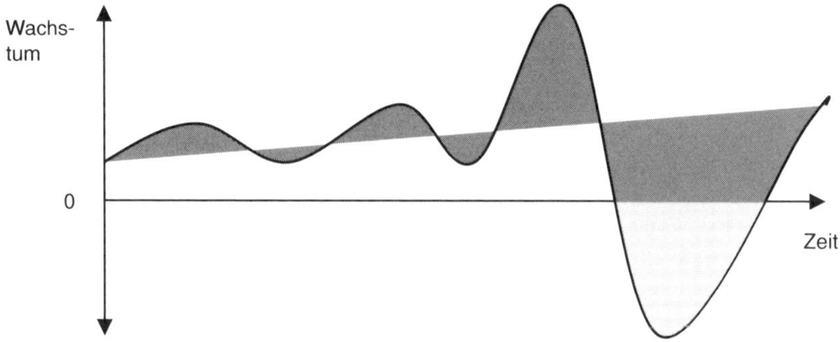

Diese wiederum führt zu Geldknappheit, zu Deflation und in ihrem Gefolge zu Lagerabbau, Investitionsverzicht, Firmenzusammenbrüchen und dadurch wiederum zu Folgezusammenbrüchen mit entsprechender Freisetzung nicht nur von Investitionsgütern, sondern auch von Arbeitskräften (wachsende Arbeitslosigkeit). Im öffentlichen Sektor wirkt sich dies in sinkenden Sozialbeiträgen und Steuern und dadurch zur Krise der Sozialsysteme und der öffentlichen Finanzen aus. Nach dem Motto: „Rette sich, wer kann", versuchen dann die Staaten nationalegoistisch durch Abwertung ihrer Währung Exportvorteile auf Kosten der anderen zu gewinnen, was die anderen nicht ruhen lässt, gleiches zu tun oder die Importe abzuwehren, so dass die Behinderung des Welthandels weiteren gegenseitigen Wohlstandsverlust bringt und die Weltrezession verschärft. Ein Crash ist in diesem Sinne die korrigierende volkswirtschaftliche Absturzbewegung. Rezession oder Depression sind sein Ergebnis.

Im Unterschied zu den kurz- oder mittelfristigen Konjunkturwellen bzw. normalen Konjunkturkrisen dauert die Erholung aus einer Weltrezession regelmäßig länger, zunächst einige Jahre (3–5). Eine vor uns stehende Depression könnte sich aber in ihren Folgewirkungen sogar 10 bis 20 Jahre lang auswirken und verminderten Wohlstand für eine ganze Generation nach sich ziehen. Nach der letzten Weltwirtschaftskrise Anfang der dreißiger Jahre hat es 25 Jahre gedauert, bis das Scheinwohlstandsniveau der zwanziger Jahre wieder erreicht war.

Um so wichtiger ist es, sich rechtzeitig mit einer solchen Depression zu beschäftigen und Strategien zu entwickeln, wie man als Unternehmer, Vermögensanleger, national und global aus einem solchen Crash wieder herauskommt.

# 2. Krisengeschichte

Schon aus der Bibel kennen wir Wirtschaftskrisen wie Hungersnot durch z.B. sieben aufeinander folgende Fehlernten, Viehseuchen oder Kriege. Die neuere Geschichte der Crashs und Krisen hat dagegen seit dem 17. Jahrhundert immer auf den Finanzmärkten begonnen. Nach Engels[1] gab es bis zum Ersten Weltkrieg drei Krisentypen:

- Der erste Typ waren *Schwindel und Betrug*. Er reichte von der staatlichen Geldfälschung (meist zur Kriegsführung) über Aktienschwindel wie die Südsee-Blase oder den Mississippi-Schwindel bis hin zu Bankpleiten, bei denen zwar die Einleger, nicht aber die Bankiers ihr Vermögen verloren.
- Der zweite waren *starke Bewegungen der Preise* von Sachvermögen oder Aktienkurse oder Grundstückspreise; selbst Preise von Tulpenzwiebeln wurden spekulativ hochgetrieben. Wenn die Blase dann platzte, gab es Pleitewellen, weil die Vermögenswerte die Kredite nicht mehr deckten. Man sprach deshalb von Kreditkrisen (overbanking).
- Der dritte Krisentyp schließlich waren *Staatspleiten*, die zum Teil in Verbindung mit Geldschwindel auftraten, erst die Finanzmärkte erschütterten und dann auch die Gütermärkte.

Seit dem Ersten Weltkrieg kommen neue Krisenarten hinzu: Hyperinflation und Deflation, Zahlungsbilanzkrisen, Wechselkursschwankungen, Finanzspekulationskrisen, Sozialsystemkrisen.

Eine entscheidende Neuerung liegt aber in der Verselbständigung der Finanzmärkte gegenüber der Realwirtschaft von Produktion und Güterwirtschaft. Die Finanzmärkte führen längst ein Eigenleben. Sie brauchen die güterwirtschaftliche Basis nicht mehr, um sich zu übersteigern: Ein Börsenboom ist auch ohne Produktionsboom möglich; ein

---

[1] Der Kapitalismus und seine Krisen, Düsseldorf, 1996, S. 139 ff.

Aktiencrash muss deshalb auch nicht mehr automatisch zu einem güterwirtschaftlichen Realcrash werden.

Charles Kindleberger kommt jedenfalls bei Untersuchung der historischen Finanzkrisen zu zwei Ergebnissen:

1. Die nächste Krise ist immer anders als die vorangegangene, weil jeder weiß, was man beim letzten Mal falsch gemacht hat.
2. Nach einer Generation kann sich jedoch derselbe Krisentyp wiederholen, weil die dann Handelnden nicht mehr die Erfahrungen ihrer Väter haben.[2]

Während im Altertum weitgehend Kriege über Macht, Wirtschaft und Wohlstand entschieden, weil die besiegten Völker nicht nur Sklaven, sondern auch Land, Gold und Sachwerte an die Sieger abzuliefern hatten, kamen die römischen Kaiser schon auf die Idee, das umlaufende Goldgeld dadurch zu vermehren, dass sie den Goldgehalt der römischen Denare bei der Neuprägung von Münzen mit immer geringerem Edelmetallgehalt versahen, was nichts anderes als Münzbetrug war. Die Menschen merkten dies. Sie gaben nur noch die schlechten Münzen weiter, behielten die guten. Das schlechte Geld verdrängte so das gute aus dem Zahlungsverkehr. Der Zerfall des römischen Geldwesens war so eine Mitursache für den Zerfall der gesamten römischen Wirtschaft.

Im Mittelalter versuchten ebenfalls immer wieder einzelne Fürsten durch „Kippen und Wippen“ den Gold- und Silbermünzen mehr Kupfer oder Blei zuzumischen, also mit Hilfe von Münzbetrug den Metallwert zu reduzieren und dadurch ihren Münzvorrat (Geldmittel) künstlich auszudehnen. „Schinderling“ nannte man das schlechte Geld, mit dem die Fürsten immer wieder Münzbetrug zum Vorteil der eigenen Kasse versuchten.

Der Schotte John Law (1671–1729) kam als erster auf die Idee, die ständige Finanznot Ludwigs des XIV. mit Geld aus Papiernoten statt

---

[2] zitiert nach Engels, Wolfram, Der Kapitalismus und seine Krisen a.a.O., S. 140/141

aus Edelmetall zu decken. Die von ihm geführte und gegründete (1716) Banque Generale hatte das Recht, Banknoten auszugeben. Immer wenn der König Geld brauchte, wurden wieder neue Noten und Aktienemissionen nötig, was aber schießlich zum Vertrauensverlust der Banknoten und Aktien führte, sobald dieser Betrug allgemein erkannt wurde, so dass die Papiere ihren Wert verloren und es zum ersten Zusammenbruch des Papiergeldscheinsegens kam.

Ebenfalls für Ludwig den XIV. entdeckte sein Finanzminister Colbert, dass man mit staatlichen Obligationen (Schuldverschreibungen) die Liquidität des Staates verbessern und sich den Dank des Fürsten sichern könne. Neben dem umlaufenden Metall- und Papiergeld wurden deshalb Staatsobligationen ausgegeben. Der Staat konnte dadurch plötzlich über mehr Liquidität verfügen, als überhaupt Geld verfügbar war. So finanzierte Ludwig der XIV. seine Schlösser und sein Luxusleben.

Mit immer neuen Tricks konnten Law und Colbert nicht nur dem König immer neues Geld abliefern, sondern auch eine Scheinblüte in Frankreich mit Spielfieber, Börsenspekulation und Scheinwohlstand erzeugen. Der Notenumlauf war allein von 1717 bis 1720 von 100 Mio. auf 2 Mrd. Francs gestiegen, bis die Krise begann, die Banknoten wieder auf 10 % abgewertet wurden, die Aktienkurse einbrachen und der französische Staat sowie die Banque Royale zusammengebrochen waren. Insofern hat Engels recht. „Richtig aufregend wurde das Finanzwesen erst mit der Einführung des von Gold gelösten Papiergeldes und dem staatlichen Monopolgeld, was immer zugleich Papiergeld ist."[3]

Bis weit ins 19. Jahrhundert hinein waren die Banknoten handgeschriebene Dokumente auf vorgedruckten Formularen, meist mit verhältnismäßig großen Summen. Deren Basis war das Vertrauen, den versprochenen Gegenwert jederzeit einlösen zu können. Kleine Beträge wurden immer noch mit Metallmünzen bezahlt. Die Ausgabe von Banknoten wurde aber schnell zu einem ertragreichen Bankgeschäft,

[3] Der Kapitalismus und seine Krisen a.a.O., S. 3

weil die Banken nicht damit rechnen mussten, dass alle Noten gleichzeitig wieder vorgelegt und die Inhaber ihre Zettel in Edelmetall umtauschen würden. So konnten die Banken mehr Noten ausgeben, als sie Edelmetall besaßen. Der überschüssige Betrag war zinslose Einlage und Gewinn. Allerdings akzeptierte das Publikum anfangs nur Banknoten solcher Banken, die es selbst kannte. Wollte etwa in Berlin jemand eine Banknote einer schweizer oder französischen Bank umtauschen, konnte er dies nur mit Abschlägen. Dadurch blieb der Notenumlauf vorerst regional begrenzt.

Das erste nicht auf Metall basierende staatliche Geld wurde von der Französischen Revolutionsregierung in Form von „Assignaten“ ausgegeben. Basis dieses Anweisungsgeldes waren die von Kirche und Adel eingezogenen Landgüter. Die Assignaten waren deshalb „Grundstücksgeld“. Sie wurden so hemmungslos ausgegeben, dass sie 1796 schließlich auf 2 % ihres Ausgangswertes fielen und praktisch wertlos wurden. Allerdings blieb dieser erste Zusammenbruch des Geldsystems noch ein nationales französisches Problem. Das übrige Europa wurde davon nicht mitgerissen.

Auch der Zusammenbruch des österreichischen Finanzsystems infolge des siebenjährigen Krieges blieb national. Wegen der Aufwendungen für das Heer und der überstürzten Reformen von Joseph II. verschärfte sich die öffentliche Verschuldung so, dass der Kaiser persönliche Kredite bei anderen Herzögen und der Kirche aufnehmen musste. Zusätzlich wurden nicht nur die Scheidemünzen verschlechtert, sondern auch maßlos Staatsschuldpapiere ausgegeben. Durch die Niederlage gegen Napoleon war dann die Währungsreform mit einer Abwertung von 1:5 der „Bankozettel“ unvermeidlich, fand praktisch ein Staatskonkurs statt.

Ebenfalls durch Krieg, nämlich durch den Unabhängigkeitskrieg und den Kampf gegen die Südstaaten, mussten sich die US-Nordstaaten von 91 Mio. auf 2.681 Mio. Dollar verschulden. Dies wurde durch Notendruck, zusätzliche Bonds und Goldzertifikate auf das vorhandene

Münz- und Barrengold abgedeckt.[4] Es war zwangsläufig, dass die Geldmengenvermehrung auch zu einer entsprechenden Geldentwertung (in 8 Jahren minus 117 %) führte.

Die erste Europa und die USA gleichzeitig treffende Weltwirtschaftskrise entstand zwischen 1857 bis 1859. In Europa hatten die Industrialisierung, der erfolgreiche Krim-Krieg und eine positive Außenhandelsentwicklung zu einer Wirtschaftsblüte geführt. Ebenso hatten die USA durch Gold- und Silberfunde in Kalifornien, durch den Neubau der Eisenbahnlinien sowie durch den Außenhandel mit Europa eine Hochkonjunktur. Als dann 1856 in Frankreich und Deutschland durch Spekulation übertriebene Aktienkurse in größerem Umfang realisiert wurden, schlug die übermäßige Hausse plötzlich in eine Baisse um. Diese Baisse multiplizierte sich, weil ein großer Teil der Aktien mit Krediten finanziert worden war und verkauft werden musste, damit die Aktionäre ihren Zahlungspflichten nachkommen konnten. Der Kurssturz an den europäischen Börsen setzte deshalb auch die Börsen der USA unter Druck und führte dort nach dem Zusammenbruch einer renommierten Bank[5] ebenfalls zur Krise.

Eine andere interessante Krisenentwicklung wies zwischen 1878 und 1914 Chile auf. Dort konnte jeder eine Notenbank errichten. Jede Bank durfte aber nicht mehr als 150 % ihres Geschäftskapitals in Noten ausgeben. Als dann bei einer Exportkrise viele Banken nicht mehr in der Lage waren, ihre Noten gegen Hartgeld umzutauschen und offenbar auch recht freizügig Noten ausgegeben hatten, musste der Staat die Einlösungspflicht gesetzlich aufheben. Als dann Chile auch noch einen Krieg mit Bolivien und Peru zu finanzieren hatte, kam es zur massiven Staatsverschuldung ebenfalls mit Staatspapiergeld. Erst die nach 1918 einsetzende Wirtschaftskonjunktur mit stark gestiegenen Ausfuhren ließen die Geldverhältnisse und Wirtschaft Chiles wieder gesunden.

[4] Erfindung und Begründung des „Greenback" (US-Dollar)
[5] Ohio Life Insurance and Trust Company

Die bisher größte und die ganze Welt umfassende Weltwirtschaftsdepression entstand mit dem Börsenkrach von 1929. Vorausgegangen war schon gleich nach dem Kriege eine hemmungslose Geldmengenvermehrung, die dadurch erleichtert wurde, dass die Einlösepflicht des Papiergeldes in Gold aufgehoben wurde, also der ungehemmten staatlichen Geldvermehrung zur Abdeckung der wachsenden Schulden und Sozialkosten nichts mehr im Wege stand. Für Deutschland kam zusätzlich hinzu, dass es nicht nur die alten Kriegsanleihen bedienen musste, sondern zusätzlich Reparationszahlungen in Goldmark zu leisten hatte, für welche gar nicht mehr genug Gold vorhanden war. Die Reichsbank versuchte deshalb sogar, Gold für die Reparationszahlung zu immer höheren Schwarzpreisen aufzukaufen. Der Wertverlust der Währung war dadurch schneller, als der Druck neuer Banknoten nachkam. Schließlich musste 1923 eine Währungsreform von der Reichsmark zu einer wieder auf den Goldwert bezogenen Rentenmark die galoppierende Inflation beenden. Deutschland war jedoch verarmt, der private Sektor ebenso wie der öffentliche.

In den USA hat die FED (Zentralnotenbank) nach dem Ersten Weltkrieg ebenfalls eine expansive Geldpolitik mit niedrigen Zinsen verfolgt, welche zu starkem Anstieg von Investitionen und Unternehmensgewinnen führten. Dies wiederum führte zu einer Überhitzung der Börse infolge hemmungsloser Spekulation. Allein von 1928 bis September 1929 erhöhte sich der Dow Jones Industrial Index (DJIA) um mehr als 60 %, allerdings nicht kontinuierlich, sondern mit drei Rückschlägen zwischen je 10 bis 13 %. Die allgemeine Spekulationswelle begünstigte die aufkommenden Investmentfonds als Publikumsanlage. Zusätzlich nahm der Anteil unerfahrener und leicht beeinflussbarer Kleinanleger dadurch zu, dass ihnen die Banken und Fonds kreditfinanzierte Aktienkäufe ermöglichten. Auf einem Höchststand von 381 Punkten kippte der DJIA im September 1929 dann um, weil

- das FED im August den Diskontsatz von 5 auf 6 % erhöhte,
- die Aufnahmefähigkeit des Marktes durch ein Rekordvolumen neu emitierter Aktien überstrapaziert war,

- die englische Firmengruppe „Clarance Hatry“ im September zusammenbrach,
- die Furcht vor den Auswirkungen eines neuen US-Gesetzes für protektionistische Schutzzölle eine massive Schrumpfung des internationalen Handels ab 1930 befürchten ließ.

Trotz mehrerer Stützungsaktionen privater Finanzinstitute und der FED kam es ab 1929 in den USA wie in der ganzen Welt zum massiven Kursverfall. Es dauerte 25 Jahre, bis der Höchststand von September 1929 wieder erreicht wurde.

Die hohen Kursverluste in den USA wirkten sich auch auf die europäischen Börsen aus, zumal seit Oktober 1929 kurzfristige nach Europa verliehene Gelder von den USA zurückgerufen wurden und dadurch den privaten Kreditnehmern in Europa Liquiditätsschwierigkeiten und große Verluste entstanden. Sie mussten zwangsverkaufen, Kapazitäten stilllegen und in vielen Fällen auch Konkurs anmelden, wenn sie die notwendige Liquidität nicht schaffen konnten. Ein allgemeiner Wettlauf um Liquidität setzte ein. Die Firmen drosselten ihre Ausgaben und ihre Produktion, bauten die Lagerbestände ab, allgemein wurden Kredite gekündigt. Es kam zu Zwangsvollstreckungen, die Immobilienpreise und die Bautätigkeit gingen zurück. Davon wurde auch massiv der Arbeitsmarkt betroffen. Die Löhne wurden auf breiter Front gesenkt, zusätzlich wurden allein in Deutschland im Laufe der Zeit mehr als 6 Mill. Mitarbeiter entlassen. Zahlungsverzug, Abwertung, politische Wirren und fallende Preise machten die meisten Länder für Anleger zu risikovoll. Wenn auch die Preise aller Waren und die Rohstoffe fielen – die Gewinnchancen verschlechterten sich noch mehr.

Ab Mitte 1930 begannen die USA mit Schutzzollpolitik, wovon die Exporte aus allen Teilen der Welt betroffen waren und was die betroffenen Staaten ebenfalls zu Zollerhöhungen verführte. Zu gleicher Zeit betrieben die USA, Frankreich, Großbritannien und Deutschland eine bewusste Deflationspolitik, letzteres vor allem wegen der Reparationsverpflichtungen aus dem Young-Plan. Mitte 1931 geriet das englische

Pfund massiv unter Spekulationsdruck und entschloss sich Großbritannien, den Goldstandard, zu dem alle bedeutenden Länder in der zweiten Hälfte der zwanziger Jahre wieder zurückgekehrt waren, aufzugeben. Mehr als 25 Länder folgten dem Beispiel Großbritanniens. Auch die USA verboten Goldexporte und hoben dadurch einerseits den Goldstandard des Dollar auf, bewirkten andererseits damit dessen Abwertung.

Erst 1934/35 erholten sich Kurse, Produktion und Preise in der Welt langsam wieder und kam es langsam wieder zu einem gewissen konjunkturellen Aufschwung. In Europa hatte sich Deutschland durch Zentralverwaltungswirtschaft von der Weltwirtschaft abgekoppelt. Jedes Land versuchte auf seine Weise, mit den Folgen der großen Rezession fertig zu werden und seine Wirtschaft, seine Industrie, seinen Arbeitsmarkt und seine öffentlichen Finanzen langsam wieder zu ordnen bzw. aufzubauen.

Keine Depression, aber eine gewisse Rezession erlebte die Welt noch einmal durch den „Ölpreisschock 1973/74". Infolge des Oktoberkrieges zwischen Israel und Ägypten hatten die arabischen Ölförderländer eine drastische Erhöhung der Ölpreise beschlossen und über ihr Opec-Kartell durchgesetzt, bis sich Israel aus den besetzten Gebieten zurückzöge. Der Ölpreis vervierfachte sich infolgedessen und führte zu erheblichen volkswirtschaftlichen Störungen:

- Konsumenten mussten mehr Geld für Energie aufwenden und konnten deshalb weniger Konsumgüter kaufen.
- Die Produktion der Industrie wurde durch die teurere Energie insgesamt teurer, zumal auch andere Energien wie Gas, Kohle oder Atomkraft sich verteuerten.
- Sinkende Nachfrage und die steigenden Kosten ließen die Gewinne der Unternehmen, die Umsätze und die Produktion ebenfalls sinken. Kapazitäten wurden abgebaut.
- Dies führte auch zu Beschäftigungsrückgängen, zu einem Schub an Arbeitslosigkeit und entsprechenden Mehrausgaben an Sozialkosten und Mindereinnahmen an Steuern für den Staat.

- Nach der herrschenden Keynes'schen Theorie vom defizit spending wurden die Einbrüche mit Geldmengenvermehrung zu bekämpfen versucht, was 1974 zu entsprechenden Inflationsraten führte (Deutschland 7 %, Frankreich/USA 13 %, Großbritannien 16 %, Italien und Japan 24 %).

Diese negativen Gesamteffekte konnten erst bis 1979/80 wieder ausgeglichen werden.

Dieser Weltwirtschaftseinbruch war seit langem der erste, welcher nicht aus dem monetären Bereich entstand, sondern aus dem güterwirtschaftlichen (künstliche Energieverteuerung).

Für die USA wird 1987 wiederum ein Börsenfall registriert, bei welchem die Aktienkurse um mehr als ein Viertel fielen. Grund dafür waren die hohen Staatsbudgetdefizite der USA und ihrer Handels- und Ertragsbilanz, das stagnierende reale Wirtschaftswachstum, Abwertungserwartungen für den US-Dollar und neue Finanzmarktinstrumente vor allem der Derivatenhandel, welcher im Aufschwung eine positive, im Abschwung aber für eine negative Multiplikatorwirkung bringt.

Japan wurde vom amerikanischen Börsenkrach mitgerissen. Die europäischen Börsen reagierten dagegen gelassener, zumal alle Staatsbanken sofort mit Zinssenkung und Geldmengenvermehrung gegensteuerten. Insofern wurde der Börsenkrach der USA noch nicht zu einer Weltwirtschaftskrise und nicht zu einer realen Weltdepression.

Erst der Aktiencrash 2001 wirkte weltweit (mit Ausnahme von China) und hat die Möglichkeit einer neuen Weltwirtschaftskrise wieder real werden lassen. Es dauerte aber 2 Jahre, bis diese Weltwirtschaftskrise so ernst genommen wurde, dass aus ihr auch die neue reale Weltdepression entstehen könne.

# 3. Müssen wir mit einem Crash rechnen?

## 3.1 Ewiger Boom?

Eine 50jährige tendenzielle Boomphase hat überall in der Welt den Blick dafür verstellt, dass ein ständiger wirtschaftlicher Aufschwung keinesfalls selbstverständlich und in der Geschichte nicht einmal üblich gewesen ist.

Allerdings haben wir in den letzten 50 Jahren einige positive Sonderfaktoren gehabt, welche diesen Boom dauerhaft getragen haben –

- eine 50jährige Friedenszeit in den wichtigsten Industrieländern, welche den Stellenwert von Militär und Konfliktlösung reduziert und dafür das Wohlfahrtsanliegen entsprechend gesteigert hat,
- eine durch das GATT (General Agreement of Traffic and Terms) begünstigte, wachsende Handelsfreiheit in der Welt und damit auch ein gewachsener Außenhandel mit entsprechenden Wirtschaftswachstumsfolgen,
- die Entwicklung neuer Marktfelder, insbesondere in der Computer- und Informationstechnologie, der Telekommunikation und der Gentechnik. Diese neuen Technologien haben neue Rationalisierungs- und Automatisierungssprünge ermöglicht, dadurch neue Marktfelder entwickelt sowie neue Wachstumsimpulse für die Weltwirtschaft gegeben (neuer Kondratieff-Zyklus).
- Wachstumsimpulse gingen vor allem von einer außergewöhnlichen Geldmengenvermehrung in der Welt aus. Diese kam nicht nur von den Notenbanken, sondern vor allem aus der Kreditschöpfung des Bankensystems untereinander sowie durch die Entwicklung des Spekulationsgeldes mit Hedge-Fonds, Derivatenhandel sowie put- und call-Spekulationen. Die Geldmenge der Welt hat sich allein in den letzten 30 Jahren dadurch vervierzigfacht, was zu entsprechender geldweiter Liquidität, zur Suche nach rentablen Anlagen und zu entsprechenden Wachstumsimpulsen, aber natürlich auch zu Inflationsschüben geführt hat.

- Durch den Einsatz der neuen Informationstechnologien und der Computer konnten zudem Geldtransaktionen nun schneller als je zuvor abgewickelt werden und beschleunigten damit insgesamt die Umlaufgeschwindigkeit des Geldes. Dies führte nicht nur zu einer völlig neuen Art von Geld – elektronisches Geld –, sondern wirkte ebenfalls wie eine zusätzliche Geldmengenvermehrung und inflatorisch.

Betrachtet man unter diesen Positivvorzeichen die nominale und sogar reale Wachstumskurve der Weltwirtschaft, so blieb trotz kleiner Dellen der Trend jedenfalls positiv, schien also ein Dauerwachstum garantiert.

Diese Meinung vertreten vor allen Dingen Banker, Finanzdienstleister, Versicherungen und Vermögensanlageberater, weil sie nur bei wachsender Wirtschaft die Kunden mit wachsenden Renditen in monetäre Anlagen locken können. Würden sie die Möglichkeit eines Zusammenbruchs auch nur andeuten, wären die Anleger verunsichert und würde das Geschäft in der gesamten Finanzbranche leiden. Beispielhaft ist die Crash-Warnung des Chefvolkswirts der Dresdner Bank im Frühjahr 2001. Diese Warnung wurde nicht nur von der Bank sofort dementiert, sondern auch der Warner zur Rechenschaft gezogen und „ruhig gestellt", um „die Anleger nicht zu verunsichern". Das Bankenwesen kann auch noch so berechtigte Kassandrarufe nicht vertragen und verbreitet deshalb sogar gegen besseres Wissen pausenlosen Optimismus. Nur dieser lässt für sie maximale Umsatz- und Gewinnmöglichkeiten entstehen.

Dabei ist es keineswegs so, dass die Bankvorstände die Möglichkeit oder sogar die Wahrscheinlichkeit eines Crash nicht ebenso sähen wie wir. Im privaten Gespräch geben sie sogar zu, dass die große Weltfinanzblase nicht ewig so weiter wachsen kann, sondern irgendwelche Korrekturen nicht nur kommen könnten, sondern wohl auch kommen würden. Solche Vorsichtsgedanken werden aber nur im privaten Kreis geäußert. Dienstlich verbreiten die gleichen Leute weiterhin Zweckoptimismus und würden jede behauptete Crashgefahr offiziell bestreiten und zu widerlegen versuchen. Hierin dürfte auch der Grund liegen, dass nicht nur die Konjunkturpolitik inzwischen als weithin überflüssig gilt und unmodern geworden ist, sondern dass auch wissenschaftliche Diskussionen über die Crashgefahr entgegen früheren Zeiten heute kaum stattfinden. Wer wissenschaftlich etwas auf sich hält (und auf Gutachtenhonorare der Finanzinstitute hofft), wird an Crash-Diskussionen nicht teilnehmen. Die herrschende Meinung von Finanzwelt und Finanzwissenschaft hält die Wechsellagentheorie für überwunden, glaubt an die Machbarkeit des ewigen Booms und traut der Intelligenz der Notenbankchefs, der Finanzminister sowie der geballten Intelligenz der Bankmanager so viele Steuerungsmöglichkeiten zu, dass Krisen dadurch jederzeit überwurden werden könnten. Tatsächlich sind ja auch gefährliche Finanzkrisen in einzelnen Ländern wie in Mexiko, Chile, Argentinien, Russland, Japan oder Malaysia durch das kooperative Eingreifen der Notenbanken und internationalen Finanzorganisationen (International Monetary Fonds (IMF) und Weltbank) bisher beherrscht worden. Was liegt da näher als davon auszugehen, dass künftig alle gleichartigen Finanzkrisen durch solche Kooperation der geballten Weltfinanzkompetenz in gleicher Weise gelöst werden könnten?

Richtig ist an der allgemeinen Meinung, dass die normalen Rezessionen abgefedert werden können, dass man inzwischen finanzpolitische Instrumentarien hat, welche etwa durch Geldmengenvermehrung, Zinsregulierung, Kreditpolitik, Wechselkurs, Kooperation der Zentralbanken u.a. die normalen Krisensituationen in den Griff bekommt. Der Weltcrash dagegen wäre eine Situation, welche auf solche normalen Instrumentarien nicht mehr reagiert, welche sich den Kontrollmechanismen entzogen hat und eigendynamisch Korrekturen erzwingt, welche die Handelnden gar nicht wollen und vor denen sie hilflos bleiben.

Zur These vom „ewigen Boom“ hat vor allem beigetragen, dass unter Wachstum nicht mehr reales, sondern vor allem monetäres Wachstum verstanden wird, dass es also beim Wachstum angeblich weniger auf das Güterwachstum als auf das monetäre Wachstum ankomme. Das Wachstum unserer Gütermenge in der Welt hat sich in den letzten 30

Jahren nur vervierfacht, die dagegenstehende monetäre Seite hat sich dagegen vervierzigfacht. Auf einer nur mäßig wachsenden Güterbasis haben sich also die monetären Werte multipliziert. Das ist nur zum geringeren Teil aus einer Höherbewertung der Sachgüter (Inflation) entstanden, im wesentlichen dagegen durch eine eigendynamische Vermehrung der güterunabhängigen Finanzwerte und Finanzströme. Das Finanzsystem hat sich mit anderen Worten vom Gütersystem weithin gelöst, verselbständigt und konnte dadurch scheinbar grenzenlos wachsen – man musste nur bereit sein, diese monetäre Scheinblüte als wirkliche Wohlstandsvermehrung anzusehen bzw. der Bevölkerung und den Anlegern dies als angeblich wirkliches Wachstum aufzuschwätzen. Solange die Bevölkerung und vor allem die Anleger nämlich dies glauben, werden sie ihre Ersparnisse weiter monetär investieren und dadurch aus Eigennutz dazu beitragen, dass sich der große Luftballon des Weltfinanzwesens immer stärker mit monetären Werten wie Schulden, Krediten, Derivaten, Aktien, Renten und Fonds füllt. Auf dem Höhepunkt der Spekulationswelle in 1999/2000 war es letztlich ganz egal, was die Finanzinstitute den Anlegern anboten; – sofern nur die Kurswerte dieser Anlagen kräftig gesteigert werden konnten, nahmen die Anleger diese monetären Werte als reale Werte, glaubten sich dadurch reicher geworden und waren zu zusätzlicher Anlage zu höheren Kursen bereit, zumal die Publizistik ihnen täglich wachsenden Wohlstand durch wachsende Kurse bescheinigte.

Der Einbruch der Luftkurse zuerst im Neuen Markt und dann auch auf den Aktienmärkten sowie eine langsam um sich greifende Erkenntnis, dass Wachstum und Wohlstand eigentlich nicht nur monetär betrachtet werden dürften, führten im Jahr 2001 zuerst zu monetären, dann auch zu güterwirtschaftlichen Reaktionen und Wertkorrekturen.

Und wieder wurden die Anleger enttäuscht. Hatten sie nicht nur bei ihren Geldanlagen, sondern auch mit Sachanlagen gehofft, „dauerhafte Werte“ zu bekommen, so stellten sie plötzlich fest, dass sinkende Renditen und sinkende Aktienkurse auch sinkende Werte und Preise im Gütersektor nach sich zogen. So haben sich z.B. Immobilienwerte nicht nur durch die Fonds-Spekulationen drastisch vermindert, sondern auch durch schwierigere Vermietung und sinkende Mietzinsen. Der von den Finanzberatern versprochene „ewige Boom“ bei Finanzanlagen, Aktien, Immobilien und Fonds scheint nicht zu stimmen. Die Party ist vorbei. Die Musik spielt nicht mehr. Nun wird abgerechnet und plötzlich kehrt Ernüchterung ein.

Dass sich das Märchen vom „ewigen Boom“ in Deutschland und überhaupt in Europa stärker verbreiten konnte als in Übersse, hängt auch damit zusammen, dass eine ganze Generation nach dem Zweiten Weltkrieg von wirklichen Wirtschaftskrisen – mit Ausnahme der Kleinkrise von 1987 – verschont geblieben ist und deshalb dem Märchen vom „ewigen Boom“ leichter geglaubt hat als Amerikaner oder Asiaten, welche das Auf und Ab der Konjunkturen auch in den letzten 50 Jahren stärker gewohnt waren, weil sie besondere europäische Nachkriegseinflüsse wie z.B. den Wiederaufbau nach dem Zweiten Weltkrieg oder den Wiedervereinigungsboom nicht gehabt haben. Wir werden uns deshalb in Europa und insbesondere in Deutschland ebenfalls wieder an normale Konjunkturbewegungen des Auf und Ab, des Booms und des folgenden Abschwungs mit Rezession und im Extremfall einer Depression gewöhnen müssen. Die Welt geht dabei nicht unter. Aber alle jüngeren, eine Rezession nicht mehr gewohnten Unternehmer, Manager und Anleger werden über diese Entwicklung erschrocken sein und umdenken müssen.

Wenn schon die Geschichte der Weltwirtschaft keinen ewigen Boom kennt, kennt sie auch keine andauernde Rezession oder gar Depression. Die Krisen sind wirtschaftstheoretisch Korrekturbewegungen, mit denen sich marktwirtschaftliche Fehlentwicklungen automatisch wieder korrigieren sollen wie z.B. Fehlentwicklungen im Einsatz der Produktionsfaktoren, bei den Preisen, Löhnen, Sozialsystemen oder öffentlichen Rahmendaten.

Eigentlich müssten gravierende Fehlentwicklungen der einzelnen Volkswirtschaften oder in den Betrieben sofort korrigiert werden sobald sie erkannt werden; in der Regel reicht aber der Mut und die Kraft zur Korrektur vor allem bei Politik, Verwaltung und in Finanzinstitutionen nicht aus; – dann sorgt der Markt selbst für die Korrektur, muss die Rezession die überflüssigen Blätter und faulen Früchte abfallen lassen und den Baum dadurch zu neuem Wachstum regenerieren. Diese Regenerationsentwicklung der Wirtschaft wie der Natur wird auch bei uns in Europa und vor allem in Deutschland wieder normal werden (auch wenn sie politisch von den Herrschenden gefürchtet wird, weil jede Rezession in den Augen der Bevölkerung als Versagen der Regierung gewertet wird).

Nur wenn sich die konjunkturelle Regeneration durch politische Interventionen nicht rechtzeitig vollziehen kann oder wenn Übermaß-Entwicklungen abgebrochen oder erstarrte Strukturen zwangskorrigiert werden müssen, kann eine normale Rezession zur Depression werden, um volkswirtschaftlich wieder eine Normallage, wieder neue Handlungsfreiheit, Chancengleichheit und Wettbewerbsfähigkeit zu schaffen.

Ein ewiger Boom wäre deshalb in einer dynamischen Marktwirtschaft nicht einmal erwünscht, würde zu immer größeren Fehlallokationen und Unwirtschaftlichkeitsentwicklungen führen. Andererseits führt ebenso eine Depression zu übermäßigen Wertevernichtungen. Jede Extrementwicklung sollte deshalb eigentlich konjunkturpolitisch vermieden werden, weil sie wiederum extreme Korrekturen verlangt. Eine gemäßigte Konjunktur mit gemäßigtem Boom und gemäßigter Rezession ist das von bewusster Konjunkturpolitik anzustrebende wirtschaftliche Regenerationsmaß. Ein 50jähriger Dauerboom hat jedoch in diesem Sinne extreme Fehlentwicklungen aufgestaut, die nun zwangsläufig korrigiert werden müssen. Und weil die Wirtschafts- und Finanzpolitik ihre Korrekturaufgabe versäumt und die volkswirtschaftlichen Fehlentwicklungen geduldet oder sogar gefördert haben, kann eine Zwangskorrektur nur aus der Marktautomatik entstehen. Ein Crash – so schlimm er ist – muss also aus der Zerstörung falscher Rahmenbedingungen die marktwirtschaftliche Sanierung bringen – „schöpferische Zerstörung“ –, ist also zur Regeneration der Marktwirtschaft ebenso notwendig wie wohltätig.

Beispiel sind die im Umlagesystem falsch konstruierten Sozialsysteme: Eine unseriöse Sozialpolitik belastet in Deutschland eine abnehmende Erwerbsbevölkerung mit zunehmenden Alterslasten, betrügt also durch Überversorgung der Rentner die jüngere Generation um ihren jetzigen und künftigen Arbeitsertrag und um künftig gleich hohe Renten. Je schneller deshalb dieser Generationenbetrug beendet wird (Crash), desto besser für die jüngere Generation und für die gesamte Volkswirtschaft. Die Marktkräfte müssen immer dann eine Selbstreinigung herbeiführen, wenn die Politik nicht mehr in der Lage ist, einen Reformstau zu lösen. Schon Schumpeter befürwortete solche „schöpferische Zerstörung".

## 3.2 Wie voraussehbar ist die Wirtschaft?

### *3.2.1 Crash oder Krise?*

Die Autoren der vorstehenden Untersuchung haben die uns bevorstehende bzw. bereits begonnene Krise nur deshalb als „Crash" bezeichnet, weil sie einen Absturz aus der Scheinblüte voraussehen.

Wenn sich in den letzten 30 Jahren die Gütermenge nur vervierfacht, die Geldmenge aber vervierzigfacht hat, ist über einer normal gewachsenen Gütermenge ein riesiger Geldballon entstanden, der nur dadurch wieder korrigiert werden kann, dass dieser Ballon zusammenfällt. Dies könnte z.B. entweder in einer galoppierenden Inflation oder einer Währungsreform geschehen.

Auch für andere Risikopotentiale wie die Staatsfinanzen, die Sozialsysteme oder die globalen Monopole sind Korrekturen zwangsläufig.

Niemand kann aber genau voraussagen, ob diese Korrektur plötzlich oder mittelfristig über eine Depressionskrise verläuft. Das Endergebnis ist jedoch ein Tiefpunkt, der abschätzbar ist und von uns als Crash bezeichnet wird (dazu vgl. Kap 1).

Sicher ist, dass die Korrektur zwangsläufig ist, dass wir vor dramatischen Veränderungen unserer Lebensumstände, unserer Arbeits- und Einkommenssituation, unserer Renten, unserer betrieblichen Umsätze und unserer gesellschaftlichen Sicherheit stehen.

- Würden etwa geopolitische Erschütterungen wie zum Beispiel ein Kriegszug von Israel und den USA gegen Syrien und den Iran oder eine anderweitige Verschärfung des Kampfes um das Öl der Golfregion oder
- würden Naturkatastrophen wie die sich häufenden Wirbelstürme noch dramatischere Schäden anrichten oder
- würden die Geldmärkte der Welt die Wertlosigkeit des überzogen missbrauchten Dollar erkennen, sich nicht weiter betrügen lassen wollen und die FED-Eigentümer deshalb die bisher erzwungene Solidarität der ihnen nicht oder weniger gehörenden übrigen Zentralbanken nicht mehr erreichen, also die Dollarwährung zusammenfallen,

so würde im Dominoeffekt die ganze Welt in einen kurzfristigen Absturz – einen Crash – fallen. Solche Crashbedingungen können jederzeit kurzfristig auftreten, lassen sich aber nicht zuverlässig voraussagen. Man weiß nur, *dass* eine Generalkorrektur fällig ist, aber nicht,

- aus welchen der Krisenrisiken sie zuerst entsteht
- oder ob die Risiken noch ein halbes Jahr, ein Jahr oder zwei Jahre manipuliert werden können und dadurch den Crash aufhalten.

Insbesondere in Bankerkreisen herrscht die Meinung vor, dass die Krisenfaktoren weiter von der internationalen Hochfinanz beherrscht und so manipuliert werden könnten, so dass die zwangsläufige Korrektur wie in der japanischen Krise über mehrere Jahre gestreckt und dadurch entschärft werden könne. Sie glauben deshalb nicht an einen dramatischen Ausgang – einen Crash –, sondern allenfalls an eine krisenhafte Anpassung, die sich in mehreren Jahren mittelfristig vollziehen würde.

Auch in den Arbeitsgruppen dieses Buches waren die Meinungen geteilt, ob wir mit kurzfristig vor uns stehenden Korrekturen – also Crashsituationen – rechnen müssten oder ob die weltführenden Finanz-, Wirtschafts- und Politeliten alle Märkte soweit manipulieren können, dass sie die Krise im Griff halten, sie also zeitlich strecken könnten.

Bei Abfassung des Buches hat die Mehrheit der Mitautoren in den Arbeitsgruppen eine „Crash"-Ausgangssituation für wahrscheinlicher gehalten, weil sie der Vernunft oder den Manipulationsmöglichkeiten von Hochfinanz und Politik wenig vertrauten, die Krisensymptome sich in den letzten Jahren dramatisch verschärft haben und vor allem die Parallelentwicklungen der „goldenen Zwanziger Jahre" wie auch der „goldenen Neunziger" (vgl. Seite 83, 84) auf eine gleiche Crashkorrektur hinzuweisen schienen.

Inzwischen (2006) bestreitet niemand mehr, dass die im letzten Jahrzehnt unterlassenen Reformen dramatischen Korrekturbedarf weltweit entstehen lassen haben, dass dieser Korrekturbedarf vor allem im Finanzbereich eine weltweite Depression auslösen muss und dass nicht nur unsere nationale oder europäische Wirtschaft, sondern die Weltwirtschaft zunehmend weiter in die Krise rutscht.

### *3.2.2 Wie sicher sind Prognosen?*

Wirtschaftsforschungsinstitute, volkswirtschaftliche Abteilungen der großen Konzerne und Banken, Vermögensverwalter, Bankanalysten oder Börsenjobber bieten zu unterschiedlichen Preisen die unterschiedlichsten kurz- und langfristigen Prognosen an, mit denen sie zumeist begründen, dass man sehr viel Geld verdienen könne, wenn man bei ihnen anlegt oder ihnen folgt. Da aber Kunden in der Regel Gewinne sehen wollen, bieten die kommerziellen Prognosestellen einschließlich der Politik regelmäßig positive Prognosen. So haben z.B. die von der deutschen Regierung bezahlten Wirtschaftsforschungsinstitute und Ministerien trotz des seit 2002 sichtbaren Abschwungs weiterhin fleißig den „Beginn des Aufschwungs" bzw. „das Licht am Horizont" vorausgesagt, bis sie ab Mitte 2004 das „Ende der Krise" (die sie vorher geleugnet haben) bzw. „neue Wachstumsimpulse" verkündeten. Politisch motivierten oder bezahlten Prognosen ist also am wenigsten zu trauen.

Das gilt auch für Crash-Prognosen. Eine Reihe von Crash-Theoretikern hat sich zeitlich falsch festgelegt und daraus für sich und andere erhebliche Schäden verursacht, z.T. selbst dadurch Konkurs gemacht.

Die vorliegende Untersuchung darf solche Fehler nicht wiederholen. Sie kann nur feststellen,

- dass es keinen ewigen Boom im marktwirtschaftlichen Konjunkturzyklus gibt, weder theoretisch geben kann, noch je gegeben hat und nicht einmal geben sollte, weil eine Rezession wie der Winter unter den Jahreszeiten eine notwendige Korrekturphase im konjunkturellen Zyklus ist,
- dass die Korrektur bereits seit 2002 an den Börsen eingeläutet wurde und deren Folgen sich zwangsläufig fortsetzen,
- dass weder staatliche noch private Prognosen der Unternehmen oder Marktteilnehmer den zeitlichen Beginn oder die Fristigkeit einer Krise für die Zukunft sicher voraus erfassen können. Mit jeder Prognose und jeder Planung könnte man sich nur selbst auf die Krise vorbereiten und Krisenstrategien entwickeln, nicht aber exakt sagen, welche genaue Ausprägung und welche genaue Zeitabfolge die Krise weiterhin haben wird.

Generell gilt: Je kürzer eine Prognose begrenzt wird, desto höhere Sicherheit hat sie. Nur kurzfristig für das nächste halbe Jahr lassen sich relativ sichere Prognosen gewinnen, wenn man die Frühindikatoren wie z.B. die Börsenkurse, die Auftragseingänge, Geldmengenvermehrung oder die Zinspolitik in einer Gesamttendenz kombiniert. Solche Kurzfristprognosen sind aber keine Planbasis für längerfristige Planungen. Je längerfristig deshalb eine Prognose ist, desto unsicherer muss sie zwangsläufig sein, oft ist sie auch desto unseriöser.

Man kann deshalb nur feststellen, dass dramatischer Korrekturbedarf entstanden ist und für die Normalisierung von Wirtschaft, Gesellschaft, Sozialsystemen und Politik dramatische Korrekturen notwendig sind, dass eine krisenhafte Depression notwendig scheint. Man kann aber nicht sagen, wann genau dies und in welcher Form dies eintreten wird, nicht einmal jetzt, wo der Korrekturprozess seit 2002 bereits im Gange ist.

## 3.3 Die neue Dimension: Globalisierung

Das Wort Globalisierung ist in der Wirtschaftssprache entwickelt worden und bedeutet soviel wie Weltwirtschaft. Damit ist eine neue Dimension der Wirtschaft oberhalb der Regional- und Volkswirtschaft erreicht, sind nationale Grenzen gedanklich und wirtschaftlich übersprungen. Es gibt oberhalb der nationalen Dimension nun nicht nur eine supranationale (EU), sondern eben auch eine weltwirtschaftliche Ebene.

### *3.3.1 Wer ist Urheber der Globalisierung?*

Immer wenn sich wirtschaftspolitisch etwas Neues entwickelt, stehen dahinter starke wirtschaftliche Interessen. Bei der Globalisierung sind die Interessen offenbar so allgemein, dass einhelliger Jubel in Wirtschaftspolitik, Wirtschaftspresse und Wirtschaftswissenschaft über diese Globalisierung herrscht. Offenbar sind also die Urheber der Globalisierung nicht nur mächtig, sondern am mächtigsten, weil sie solchen einhelligen Jubel erzeugen konnten, während Kritik nur am Rande laut wurde und als politisch nicht korrekt gilt.

Hinter der Globalisierung stehen vor allem die mächtigen „global players“. Durch internationale Zusammenschlüsse haben sich große ehemals nationale Konzerne inzwischen zu supranationalen Konzernen und Machtzentren entwickelt und ein gegenseitiges Netz von Kapitalverflechtungen geschaffen, über welches wiederum letztlich die amerikanische Ostküsten-Hochfinanz herrscht. Diese Weltfinanzmacht beherrscht nach Angaben des ehemaligen amerikanischen Sicherheitsberaters Brzezinski auch die jeweilige amerikanische Administration und hat als „einzige Weltmacht" einen Herrschaftsanspruch über die ganze Welt einschließlich der „eurasischen Vasallen" (dazu gehören wir).[6]

Die politisch beanspruchte Weltherrschaft der USA und deren selbst gegebenes Recht, überall in der Welt auch militärisch einzugreifen, wo ihre Interessen verletzt scheinen oder wo es zur Durchsetzung ihrer wirtschaftlichen Interessen nützlich ist, dienen letztlich der wirtschaftlichen Herrschaft der die US-Administration bestimmenden Hochfinanz, welche

- mit Überkreuzgeflechten an mehr als der Hälfte aller global players beteiligt ist,
- mehr als 80 % aller wichtigen Rohstoffe der westlichen Welt beherrscht und mit diesem neuen Rohstoffkolonialismus praktisch die ganze Welt zu Sonderabgaben heranziehen könnte,
- den Öl- und Energiemarkt beherrscht und damit ebenfalls ein entscheidendes Faustpfand für die Wirtschaftskraft jedes Landes in der Hand hat,
- mit ihrer Medienmacht auch die Weltmeinung beherrscht und der Welt vorschreibt, was allein „political correct" gedacht, geforscht und gesagt werden darf,
- die Telekommunikationsunternehmen beherrscht und dadurch alle ausgetauschten Informationen zeitnah erhält,
- auch in den großen politischen und Weltorganisationen die Schlüsselfunktion besetzt hält und darüber Herrschaft ausübt
- und vor allem das internationale Kapital, die Währungen, die Geldmenge einschließlich Münzmonopol (Federal Reserve Bank) und die Finanzstrukturen bestimmt.

Ob wir es wünschen oder nicht, Brzezinski hat schon recht, dass mit Hilfe der Globalisierung eine völlig neue Art von Weltherrschaft entstanden ist, nämlich

[6] so Zbigniew Brzezinski, Die einzige Weltmacht, 5. Aufl. 2002 S. 53 ff.

- politisch die US-Weltvormacht über ihre Vasallen
- und wirtschaftlich die Vorherrschaft des Großkapitals nicht nur über die Weltpolitik, sondern auch über die Wirtschaftsressourcen der Welt.

Die Globalisierung hat somit alle bisher gültigen nationalen Dimensionen übersprungen und sich zu einer neuen Weltdimension, einem Weltfinanzgeflecht, einer Weltmeinungsmacht und Weltherrschaft entwickelt.

Entscheidend ist aber im Sinne der Globalisierung, dass die Weltwirtschaft unter der Herrschaft des Großkapitals inzwischen so vernetzt und zusammengewachsen ist, dass tatsächlich von einem einheitlichen globalen Markt heute gesprochen werden kann. Nicht nur der frühere nationale Außenhandel in Europa ist inzwischen Binnenhandel der EU geworden, sondern durch die Liberalisierung der Märkte (GATT) sind die Handelsströme der Welt zu einem gemeinsamen Markt zusammengewachsen. Man kauft heute nicht mehr nur national oder regional ein, sondern global.

Seit David Ricardo vor fast 200 Jahren in seinem „Gesetz der komparativen Kosten“ nachgewiesen hat, dass Welthandel im Sinne internationaler Arbeitsteilung ebenso vorteilhaft für alle Beteiligten ist, wie die nationale oder regionale Arbeitsteilung zum Produktivitätsfortschritt geführt hat, hat sich durch diese globale Arbeitsteilung der Wohlstand für alle Länder in den letzten 50 Jahren wesentlich erhöht.

Im Prinzip hat die Integration der Volkswirtschaften zur Weltwirtschaft den Frieden in der Welt gefördert, denn jede Konfrontation oder jeder nationale Krieg hat jetzt globale Wirtschaftsnachteile und ist damit unrentabel geworden, falls er nicht vom Monopolkapital zur Durchsetzung seiner Herrschaftsmacht genutzt wird.

Vor allem aber hat die Globalisierung den internationalen Finanz- und Kapitalmärkten Auftrieb gegeben, weil jetzt jeder Kapitaleigner die Freiheit hat, sein Kapital international dorthin zu lenken, wo er die höchsten Renditen erzielt oder wo er die geringsten Abgaben oder Belastungen einbüßen muss. Diese Kapitalfreiheit ist eine der Grundsäulen für die Globalisierung des Kapitals. Wo deshalb nationale Regierungen noch Hochsteuern festsetzen und damit die Rentabilität des Kapitals vermindern, wandert dieses Kapital ab in Niedrigsteuerländer oder Steueroasen, wo die Belastungen geringer oder gar nicht anfallen. Mit Hilfe der Globalisierung hat demnach das internationale Kapital Anlagefreiheit gewonnen, die es auch dem Zugriff nationaler politischer Begehrlichkeiten entzieht.

Die Globalisierung bedeutet also Machtverlust für alle nationalen Staaten, Regierungen und Verwaltungen mit Ausnahme der Weltmacht. Dies ist sicher ein Vorteil für die Bürger solcher Staaten, welche bisher die höchsten Steuern der Welt, die höchsten Sozialkosten und die meisten Gesetze wie in Deutschland erdulden mussten. Globalisierung hat dafür allen denen, die dieses nutzen können, eine neue Freiheitsebene eröffnet, so dass man sich durch Flucht des Kapitals, der Gewinne, der Produktion und der Firmensitze nationaler Ausbeutung entziehen kann. Diese globale Freiheit nutzen z.B. die deutschen Konzerne schon seit mehr als 20 Jahren zu nationaler Steuerfreiheit. Jede Globalisierung zwingt also die Nationen in nationalen Rahmenwettbewerb und entmachtet sie entsprechend. Dagegen haben die nationalen Regierungen nur noch die Wahl, ihre Rahmendaten in Steuern, Gesetzen und Bürokratie wettbewerbsgerecht herunterzufahren, oder sie verlieren das internationale Großkapital, nationale Produktion und Arbeitsplätze, die nationalen Steuereinnahmen und bleiben schließlich eine Sozialgesellschaft mit sinkendem Sozialprodukt, sinkenden Umverteilungsmöglichkeiten und sinkendem Wohlstand.

Globalisierung bedeutet aber auch Weltdimension des Faktors Arbeit. Im positiven Sinne gibt sie uns Chancen, überall in der Welt Führungspositionen zu erringen und qualifizierte Arbeit anzubieten, wo wir besser als andere sind. Andererseits ziehen Höchstlohnländer und Höchstsozialversorgungsländer auch global die Arbeitslosen und Armen der Welt an, so dass es zwangsläufig mit der Zeit zu einem Ausgleich der Sozialstandards kommen muss. Die Globalisierung wirkt in diesem Sinne immer wie ein Teich, in dem sich ebenso wenig Wassersäulen halten können, wie in der Weltwirtschaft eine Sozialversorgungssäule oder

Kostensäule. Der internationale Wettbewerb schleift Wohlstandsinseln mit Höchsteinkommen und Höchstsozialversorgung ab, wenn diese den internationalen Wettbewerbskriterien nicht standhalten. Dies lässt sich auch mit nationalen Subventionen, protektionistischen Vorschriften und Gewerkschaftskartellen nicht mehr halten, weil nicht nur die Armen der Welt die Wohlstandsländer stürmen, sondern umgekehrt Produktion, Wertschöpfung und Arbeitsplätze in die Billiglohnländer zurückwandern. Die gewerkschaftliche Kartellpolitik von Höchstlöhnen in abgeschotteten Märkten lässt sich global nicht mehr aufrechterhalten. Dagegen stehen die Interessen der armen Länder ebenso wie die des einen billigeren Produktionsstandort suchenden internationalen Großkapitals.

Zudem hat die globale Reisefreiheit und die globale Öffnung der Sozialsysteme schon längst zur größten Völkerwanderung der Weltgeschichte und in Deutschland allein zur größten Sozialimmigration mit mehr als 10 Mio. Sozialimmigranten geführt. Die Flut solcher Sozialimmigration überschwemmt alle offen konstruierten Sozialsysteme und belastet sie mit der Zeit so stark, dass diese Systeme in sich zusammenbrechen, sich auf internationales Niveau reduzieren müssen.

Globalisierung gibt es aber auch im kulturellen Bereich. Brzezinski hat recht, wenn er behauptet, dass Hollywood die Weltmachtansprüche der USA und der US-Hochfinanz mindestens ebenso gefördert habe wie Coca Cola. Die kulturellen oder unkulturellen Standardprodukte der großen Film- oder Medien-Multis überschwemmen die Welt einheitlich, legen die Maßstäbe nach eigenen Kategorien fest und operieren nach dem Motto: Masse statt Klasse. Insofern schleift die Globalisierung der Kulturmultis leider auch die kulturellen Identitäten und die nationale Vielfalt der Kulturen der einzelnen Völker in der Welt ab.

### *3.3.2 Globalisierung in der Krise*

Bisher haben wir die Risiken der Globalisierung noch wenig erfahren. Die nächste Wirtschaftskrise wird uns aber lehren, dass sich ebenso wie die Vorteile auch die Risiken des globalen Marktes und der global players weltweit multiplizieren auf Währungen, Finanzanlagen, Rohstoffpreise und Sozialsysteme. Die Kehrseite aller Globalisierungsvorteile ist immer auch das globalisierte Risiko und der globalisierte Dominoeffekt. Fällt ein wichtiger Stein, fallen alle damit zusammenhängenden Steine zwangsläufig mit, bricht also nicht nur in einem Teil der Welt etwas zusammen, sondern überall.

Dies gilt vor allem für den globalen Kapitalmarkt, der täglich fast 3 Billionen Dollar um den Globus jagt. Es gibt keine Institution mehr, welche diese geballte Macht des internationalen Spekulationskapitals zügeln könnte. Sobald sich diese internationale Kapitalmacht verspekuliert, wird die derzeitige Kapitalexplosion – die Kapitalwerte haben sich in den letzten 30 Jahren vervierzigfacht – zu einer Kapitalimplosion führen, also mit Multiplikatoreffekt in sich zusammenbrechen und dabei nicht nur die ganze Welt, sondern auch gesunde nationale Strukturen erfassen und mit in den Abgrund reißen.

Diese Gefahr wird von der amerikanischen Hochfinanz und von einigen nationalen Regierungen ebenfalls gesehen. Es gibt aber zur Zeit keine Weltmachtinstitutionen, welche den Missbrauch der Globalisierung zu Übermaßspekulationen und zu Derivate-Fehlspekulationen verhindern und die Folgen isolieren könnten. Wir werden also den Multiplikatoreffekt der Globalisierung nicht nur wie bisher zugunsten des Weltwohlstandes erlebt haben, sondern dürften auch die Multiplikation von Krisensymptomen zur Weltkrise erleben. Dabei ist der Finanzsektor am anfälligsten. Er ist nicht nur am stärksten globalisiert, sondern auch am anfälligsten für Missbräuche und Fehlspekulationen (Hedge-Fonds), die inzwischen Größenordnungen erreicht haben, welche über nationale Dimensionen und Folgen weit hinausgehen, also weltweit wirken, wenn sie zusammenbrechen.

## 3.4 Risikopotentiale

Dass die Weltwirtschaft bisher so gut funktioniert, wie sie funktioniert, ist eigentlich ein Wunder, wenn man die Störanfälligkeiten und Krisenmöglichkeiten betrachtet. Man darf nur nicht in den Fehler verfallen, dass man dieses Funktionieren der Weltwirtschaft als selbstverständlich annimmt – wie dies von Politik, Publizistik und sogar der Wissenschaft weithin unterstellt wird.

Es ist immer gut, wenn man sich auch zu Zeiten positiver Entwicklung über die Risikopotentiale klar ist, welche diese Entwicklung stören könnten. Nur wenn man die Risikopotentiale kennt, kann man ihr Entstehen und ihre Wirkungen abschätzen.

Teilt man die Risikopotentiale nach ihren Ursachen in

- monetäre Risikopotentiale,
- gesellschaftliche Risikopotentiale
- und sachliche Risikopotentiale

auf, so könnte ein weltwirtschaftlicher Crash von einzelnen dieser drei Risikoursachen allein oder von mehreren ausgelöst werden; – in der Regel werden mehrere Risikopotentiale zusammenkommen, um den Dominoeffekt auszulösen und eine reale Weltwirtschaftskrise zu verursachen.

### *3.4.1 Monetäre Risikopotentiale*

„Geld ist ein flüchtiges Reh“. Der Geldmarkt ist „volatil“, schwankend, unsicher und deshalb höchst krisenanfällig. Andererseits kommt ihm zugute, dass sich nicht alle monetären Krisen auch zu einer Weltwirtschaftskrise auswachsen. Viele Börsencrashs z.B. blieben überwiegend monetär und hatten keine oder nur geringere Fortsetzung in die Realwirtschaft.

Immerhin ist der monetäre Sektor der große Sensor und Frühindikator aller wirtschaftlichen Entwicklungen. Nicht jede monetäre Krise muss auch zur realwirtschaftlichen Krise werden; – umgekehrt gab es aber bisher keinen realwirtschaftlichen Crash ohne monetäre Krise. Deshalb ist der monetäre Sektor für alle Risikopotentiale und Krisenprognosen vorrangig.

Unter den monetären Risikopotentialen steht das *Bankenverhalten* an erster Stelle. Die Banken sind nun einmal Drehscheiben für Geld, Kredit, Währung und Börse. Sie drehen auf einem kleinen Eigenkapital ein ungeheures Umsatzrad nicht immer nur nach traditioneller Vorsicht des ordentlichen Kaufmanns, sondern zum Teil auch mit spekulativem Leichtsinn. So ist die japanische Krise um dic gerade beendete Jahrtausendwende aus dem Bankenleichtsinn bei der Kreditvergabe vor allem für Immobilien entstanden, so dass der Staat wegen der nicht mehr gedeckten Kredite massiv mit Bürgschaften eingreifen musste.

Auch die Finanzkrise ab 1929 ist durch Leichtsinn von Banken entstanden, welche langfristig vergebene Kredite mit kurzfristigen Refinanzierungen unterlegt hatten und dadurch in Liquiditätsschwierigkeiten gerieten.

Nahezu jährlich brechen irgendwo in der Welt irgendwelche Banken an ihren eigenen Fehlern oder ihrem Leichtsinn zusammen, ohne dass dies zur Krise wird. Inzwischen aber haben sogar Großbanken sich so stark in spekulative Hedge-Fonds und Termingeschäfte verstrickt, dass dadurch jederzeit eine Großkrise entstehen kann, wenn die erwarteten Engagements nicht mehr erfüllt werden können oder die Marktpreise sich für die Banken unerwartet entwickeln. Ein typisches Beispiel hierfür ist die Goldspekulation und das Hedge-Fonds-Engagement einzelner Banken.

Die 25 wichtigsten amerikanischen Derivatenhandelsbanken haben zehnmal so hohe offene Derivate-Spekulationen wie eigenes Guthaben und Vermögen. Bei der wichtigsten Rockefeller/Rothschild-Bank (Chase Manhatten Bank) übersteigt das Derivate-Volumen das eigene Vermögen sogar mehr als hundertfach.

Die Problematik der Derivate (Kurs-Wetten mit Verfallsdatum) liegt darin, dass auf relativ kleiner Eigenkapitalbasis ein ungeheures Speku-

## Derivatives, Notionals by Type of User
## Insured Commercial Banks

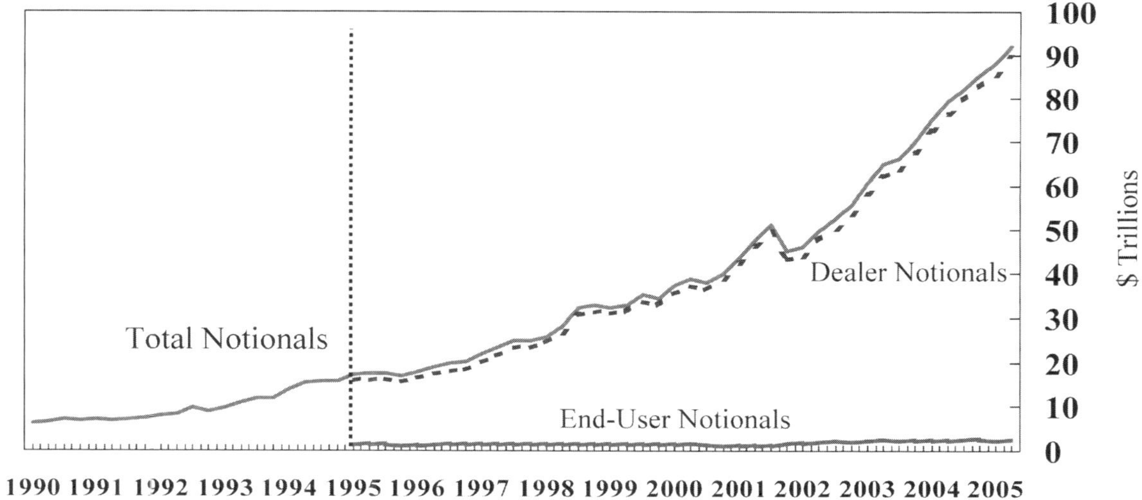


| | 1995 | | | | 1996 | | | | 1997 | | | | 1998 | | | | 1999 | | | |
|---|---|---|---|---|---|---|---|---|---|---|---|---|---|---|---|---|---|---|---|---|
| | 1 | 2 | 3 | 4 | 1 | 2 | 3 | 4 | 1 | 2 | 3 | 4 | 1 | 2 | 3 | 4 | 1 | 2 | 3 | 4 |
| Total Notionals | 17.3 | 17.4 | 17.6 | 16.5 | 17.8 | 19.0 | 19.8 | 20.0 | 21.9 | 23.3 | 25.0 | 25.0 | 26.0 | 28.0 | 32.5 | 32.9 | 32.5 | 32.8 | 35.4 | 34.5 |
| Dealer Notionals | 15.9 | 15.9 | 16.2 | 15.6 | 16.5 | 17.5 | 18.2 | 18.5 | 20.3 | 21.8 | 23.5 | 23.5 | 24.5 | 26.6 | 31.0 | 31.4 | 31.0 | 31.3 | 33.9 | 33.0 |
| End-User Notionals | 1.4 | 1.5 | 1.4 | 1.[illegible] | 1.3 | 1.5 | 1.6 | 1.5 | 1.5 | 1.5 | 1.5 | 1.5 | 1.4 | 1.4 | 1.5 | 1.4 | 1.4 | 1.5 | 1.5 | 1.6 |

| | 2000 | | | | 2001 | | | | 2002 | | | | 2003 | | | | 2004 | | | | 2005 | |
|---|---|---|---|---|---|---|---|---|---|---|---|---|---|---|---|---|---|---|---|---|---|---|
| | 1 | 2 | 3 | 4 | 1 | 2 | 3 | 4 | 1 | 2 | 3 | 4 | 1 | 2 | 3 | 4 | 1 | 2 | 3 | 4 | 1 | 2 |
| Total Notionals | 37.3 | 39.0 | 37.9 | 40.1 | 43.6 | 47.4 | 50.9 | 45.0 | 45.9 | 49.6 | 52.6 | 55.4 | 60.7 | 65.0 | 66.2 | 70.1 | 75.3 | 79.4 | 82.3 | 85.5 | 88.0 | 92.1 |
| Dealer Notionals | 35.7 | 37.3 | 36.5 | 38.9 | 42.4 | 46.2 | 49.6 | 43.2 | 43.9 | 47.5 | 50.2 | 53.3 | 58.3 | 62.4 | 63.7 | 67.7 | 72.8 | 76.9 | 79.7 | 82.9 | 85.5 | 89.6 |
| End-User Notionals | 1.6 | 1.7 | 1.5 | 1.2 | 1.2 | 1.2 | 1.3 | 1.8 | 1.9 | 2.0 | 2.4 | 2.1 | 2.4 | 2.6 | 2.5 | 2.4 | 2.5 | 2.5 | 2.6 | 2.6 | 2.5 | 2.5 |

Note: Dotted line indicates that beginning in 1Q95, spot foreign exchange was not included in the definition of total derivatives.
Note: Categories do not include credit derivatives.
Note: Numbers may not add due to rounding.

Quelle: Derivaties Report 4/2000 QCC-Bank

lationsvolumen multipliziert werden kann. Das Volumen erreicht bei den führenden Banken Beträge von etwa $ 34.000 Mrd., also ein Vielfaches des BSP führender G7 Staaten. Das Risiko besteht darin, dass die Basiswerte, über die spekuliert wird, bei den Beteiligten nicht vorhanden sein müssen und dass die Kursentwicklung eben spekulativ ist. Verändern sich die Preise der Basiswerte zu Ungunsten der die Derivate emittierenden Bank, muss sie diese Verluste abdecken. Wenn nun das Spekulationsrisiko wie z.B. bei JP Morgan 873,7 % (2000) des Eigenkapitals ausmacht, könnten geringste Fehlentwicklungen die Bank umwerfen. In sofern ist das Verhältnis von Derivaterisiko zu Eigenkapital der Banken gleichsam ihr Existenzrisiko.

Dass gerade führende Weltbanken dieses Spekulationsrad übermäßig gedreht haben, zeigt sich an ihrem Verhältnis von Kreditausfallrisiko zu Eigenkapital: Morgan Guaranty 873,7 %, Chase Manhattan 442,5 %, Citybank 190,6 %, Bank of America 114,5 %.

Bisher konnten Großzusammenbrüche von Banken dadurch vermieden werden, dass das Zentralbankensystem immer wieder Stützungsmaßnahmen (Liquiditätshilfe) erfolgreich treffen konnte. Man darf auch nicht übersehen, dass die gleichen Eigentümer der großen, die Derivate emittierenden Banken wie die Chase Manhatten, Goldman Sachs, J.P. Morgan sich über die ebenfalls ihnen gehörende Federal Reserve Bank (FED) die Zinsen selbst bestimmen können, also das Risiko ihrer Derivate bisher in der eigenen Hand hielten. Inzwischen aber haben die Risikopositionen nicht nur bei den Großbanken, sondern insgesamt im Bankensystem so zugenommen, dass nicht mehr jede unerwartete Marktentwicklung nur mit Zusatzliquidität beherrschbar erscheint, dass große Bankenkrisen wegen der Verflechtung der Banken untereinander und dem dadurch jeweils entstehenden Multiplikatoreffekt von Ausfällen bei Bankenzusammenbrüchen auf andere Banken als Dominoeffekt aus einer Bankengroßkrise nicht mehr ausgeschlossen werden können. Das Bankenverhalten ist nicht nur in einzelnen Ländern und nicht nur bei den Großbanken, sondern insgesamt längst wieder zum größten Risikopotential für die Stabilität der Weltwirtschaft geworden. Aus diesem Grund hat ja auch die amerikanische FED die Initiative zu einer solideren Kreditvergabe der Banken in Form eines Basel-Abkommens ergriffen.

Ein zweites starkes monetäres Risikopotential liegt in der *Finanzspekulation*. Der globalisierte Finanzmarkt hat globale Größenordnungen auch für private Spekulanten und Spekulationsfonds eröffnet, die mit Derivatenhandel, mit Puts und Calls Terminspekulationen in Aktien, Rohstoffen und Gold betreiben – zum Teil in höheren Mengen als in der Welt überhaupt verfügbar sind. Gehen solche Großspekulationen einmal schief, kann es nicht nur zu Einzelzusammenbrüchen bei den entsprechenden Spekulationsfonds (z.H. Hedge-Fonds) oder privaten Spekulanten kommen, sondern auch zu weltweiten Folgewirkungen, die sich dann zu einer Großkrise ausweiten könnten.

Das Derivaterisiko konzentriert sich wie man an der „Gesamt-Säule" sehen kann zu etwa 96 % auf die 7 größten US-Banken.

Man darf auch nicht verkennen, dass sich in der *Monopolisierung* von Teilmärkten durch Großkonzerne und Finanzgruppen ein steigendes Crash-Potential entwickelt hat.

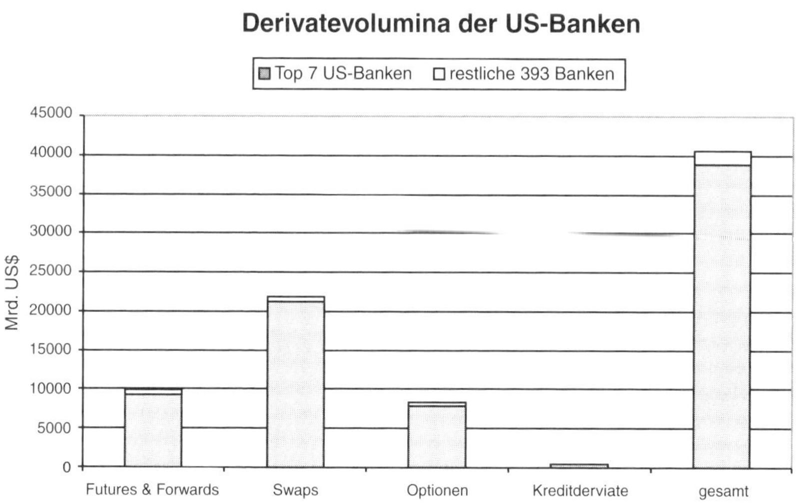

Wenn viele Einzelnachfrager oder Anbieter auf dem Markt auftreten, gleicht sich dieses aus, gibt es keine großen Ausschläge. Je stärker sich aber eine Marktseite (Angebot oder Nachfrage) in einer Hand vereinigt, desto stärker kann diese starke Hand Marktausschläge bestimmen. Das Risiko, dass solche Marktausschläge von den Marktführern oder Monopolisten missbraucht werden, steigt. In diesem Sinne hat die US-Hochfinanz Oligopolmarktmacht und sogar teilweise Monopolmacht über ganze Finanzmärkte erreicht. Börsenkurse werden nicht einmal zu 5 % mehr von Privatanlegern bestimmt, sondern von den herrschenden Finanzgruppen, die sich zudem Kontrolle über die Kapitalien der Privatleute dadurch geschaffen haben, dass sie deren Privatkapital in von ihnen selbst – der Hochfinanz – beherrschten Fonds gesammelt haben und damit auch die Anlagestrategie dieser privaten Gelder indirekt bestimmen können. Gleiches gilt für den beherrschenden Einfluss dieser Gruppen auf die Börsen, welche nach Wunsch der gleichen Finanzcliquen gesteuert oder notfalls geschlossen werden oder die Zusammensetzung der Börsenindizes wunschgemäß zu verändern haben, um die Derivatespekulation entsprechend abzustützen.

Auch *Währungsturbulenzen* könnten sich zu einer realwirtschaftlichen Krise ausweiten, insbesondere wenn es sich um Leitwährungen wie den Dollar, den Yen oder den Euro handelt. Wird eine dieser Leitwährungen vom internationalen Markt als zu schwach angesehen und zurückgewiesen, würde dies nicht nur eine Umschichtung der Geldvorräte aus dieser Schwachwährung in die anderen Währungen nach sich ziehen, sondern damit auch Folgewirkungen für die Wechselkurse, für die Banken und Bankguthaben vor allem im Schwachwährungsraum, für den Außenhandel und für die Industrieproduktion haben können.

Eine besondere Rezessionsgefahr liegt im Abwertungswettlauf einzelner Währungen, um sich über diese Abwertung eine bessere Exportposition zu sichern. Dies hat schon die Weltwirtschaftskrise Ende der zwanziger Jahre entscheidend verschärft, hat mehrfach südamerikanische Währungen, jetzt Japan betroffen und könnte angesichts der Konstruktionsfehler der Eurowährung auch diese betreffen. Aber selbst der Dollar ist nicht vor Währungsturbulenzen gefeit, wenn man bedenkt, welch zügellose Geldmengenpolitik die FED in den letzten Jahrzehnten betrieben hat. Immerhin hält die übrige Welt 70 % der Dollarreserven, die USA selbst nur 30 %. Deshalb beruht der Wert des Dollars überwiegend auf seiner Akzeptanz als Reservewährung in der Welt. Würde sich dies durch politische oder sonstige Ereignisse oder durch Zinsänderungen plötzlich ändern, ist auch der Dollar vor Währungsturbulenzen mit größten Folgen für die gesamte Welt nicht sicher. Man darf nicht übersehen, dass sich die Dollarmengenvermehrung in den letzten 5 Jahren von + 7–8%, über + 10,5 % und + 16 % seit Herbst 2001 auf + 26 % ständig gesteigert hat:

Ein erhebliches monetäres Risikopotential liegt auch in der ständig wachsenden *Staatsverschuldung* fast aller Staaten in der Welt. Da demokratische Regierungen ständig das Wohl wollen ihrer Wähler erneut erkaufen müssen und deshalb immer mehr Ausgaben beschließen, als sie Einnahmen haben, wird nicht nur für eigentlich investive Zwecke, sondern auch für konsumtive Zwecke wie z.B. für Sozialausgaben zur

| | Geldbasis USA (Mrd.US $) | Geldmenge M1 USA (Mrd. US $) |
|---|---|---|
| Sep 96 | 445,5 | 1091,2 |
| Sep 97 | 468,3 | 1059,1 |
| Sep 98 | 501,1 | 1070,0 |
| Sep 99 | 548,5 | 1086,3 |
| Sep 00 | 570,8 | 1000,5 |
| Sep 01 | 637,9 | 1137,3 |
| Sep 02 | 669,7 | 1191,2 |
| Sep 03 | 709,2 | 1287,9 |
| Sep 04 | 750,5 | 1359,1 |
| Sep 05 | 776,9 | 1373,9 |

Quelle: Federal Reserve Statistical Release, Money Stock Measures

Haushaltsausweitung durch Neuverschuldung gegriffen. Dabei wird zwar immer wieder versprochen, die Schulden langfristig zu vermindern. Tatsächlich aber werden allenfalls Neuverschuldungen vermindert, steigt jedoch die Gesamtverschuldung der Staaten tendenziell ständig an. Margret Thatcher mit ihrer echten Schuldenrückzahlung in Großbritannien war eine Ausnahme – und wurde vom Wähler dafür abgestraft. Die politischen Schuldenbarone dagegen gelten den Wählern als sympathisch und werden gerade deswegen wieder gewählt.

Mit steigendem Verschuldungsgrad an den öffentlichen Haushalten sinkt für die Regierungen allerdings kontinuierlich die frei verfügbare Masse, mit der sie politisch noch etwas gestalten können. Dies wiederum verführt sie dazu, diese freie Masse durch zusätzliche Verschuldung wieder zu erhöhen. So wird der reine Schuldendienst im Haushalt immer höher und erstickt allmählich jede sonstige Finanzierung. Die Regierungen versuchen sich bis dahin zu helfen, indem sie Steuern erhöhen oder Leistungen verkürzen. Dies gibt aber nur vorübergehend Luft. Theoretisch kommt es irgendwann zum Punkt, wo die gesamten

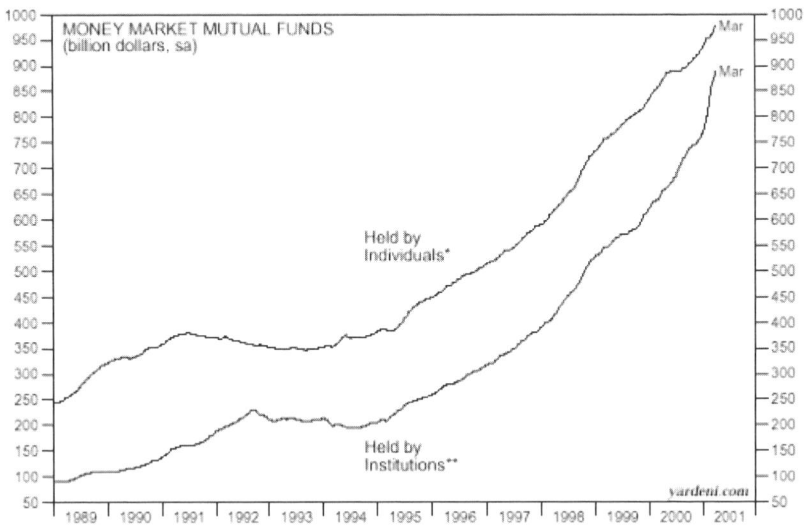

* Included in M2. ** Included in M3.

Staatseinnahmen letztlich nur noch für den Schuldendienst zur Verfügung stehen müssten – wenn nicht schon vorher das Land als überschuldet gilt und keine Gläubiger mehr findet, die ihm noch Kredite zahlen – zum Staatsbankrott.

Diese Situation haben wir im Jahre 2002 in einigen osteuropäischen Ländern, in Südamerika und in Asien festgestellt. Würde jetzt die Erkenntnis Platz greifen, dass auch Staaten ebenso wie Privatunternehmen nicht für jeden Kredit gut sind, sondern auch bankrott gehen können, kann dies für die gesamte Kreditversorgung der öffentlichen Körperschaften weit reichende Konsequenzen haben und zu weltweiten Spannungen führen. Diese Zwangsentwicklung ist der Grund, weshalb einige Crash-Theoretiker vor allem in der permanent wachsenden Staatsverschuldung die Ursache für einen kommenden Weltwirtschaftscrash sehen.[7]

### *3.4.2 Gesellschaftliche Risikopotentiale*

Eine Friedenszeit von mehr als 50 Jahren hat inzwischen gesellschaftliche Zustände geschaffen, die zu lange nicht mehr ernsthaft in Frage

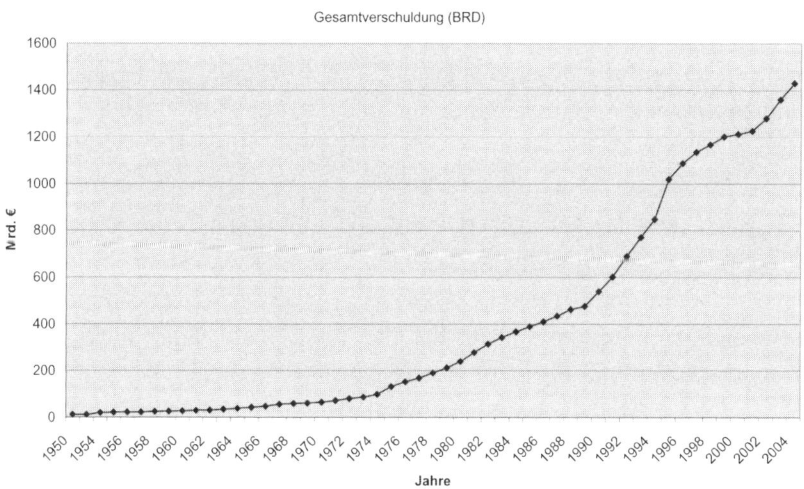


7 vgl. unten Kap. 4.2

gestellt worden sind. Dazu haben die Parlamente und Regierungen immer mehr „ewige“ Gesetze beschlossen und damit ein so dichtes Gesetzesgeflecht geschaffen (90.000 Blatt Vorschriften allein in Deutschland), dass dadurch feudalistische Rechte geschaffen worden sind, andererseits dieses Vorschriftengeflecht immer mehr private Initiative erdrückt, verhindert und bestraft.

Die lange Blütezeit hat also zu gesellschaftlichen Erstarrungen geführt, gleichzeitig aber auch notwendige Reformen verhindert, weil demokratische Regierungen sich an unbequeme und unpopuläre Maßnahmen freiwillig nicht herantrauen und durch äußere Gründe bisher auch dazu nicht gezwungen waren.

Alle früheren Generationen vor unserer haben etwa alle 20 bis 30 Jahre einen Krieg erlebt, der die gesellschaftlichen Bedingungen durchgeschüttelt, oft tief greifend verändert und neue Bedingungen geschaffen hat. Solche äußeren Generationszwänge hat es in den letzten 50 Jahren nicht mehr gegeben. Dadurch sind viele gesellschaftliche Bedingungen und Einrichtungen unverändert geblieben, obwohl ihre Voraussetzungen sich längst verändert haben und sie längst hätten reformiert werden müssen.

Ein typisches Beispiel für solche gesellschaftlichen Fehlentwicklungen und Erstarrungen sind die auf dem Umlagesystem beruhenden europäischen *Sozialsysteme.*

Als nach dem letzten großen Weltkrieg in Europa keine angesparte Finanzmasse mehr für Sozialausgaben verfügbar war, konnten im Umlageverfahren mit Hilfe von Zwangsbeiträgen der Erwerbstätigen die notwendigen Sozialausgaben für die noch nicht oder nicht mehr Erwerbstätigen und für Kranke oder Notfälle finanziert werden. Diese Finanzierung war allerdings nur vorübergehend gesichert. Als Dauerfinanzierung war sie aus zwei Gründen untauglich:

1. Die wachsende Lust der Sozialpolitiker an zusätzlichen Sozialausgaben trieb die Sozialausgaben als Lohnzusatzkosten immer höher und hat z.B. in Deutschland zu den höchsten Lohnzusatzkosten der Welt geführt mit etwa einem Drittel des Gesamtvolumens des Sozialprodukts. Dies hat die deutsche Produktion entscheidend verteuert. Im Zeitalter der Globalisierung, der europäischen Harmonisierung und der Osterweiterung schleppt nun die deutsche Arbeitsstunde etwa 41 % Soziallohnzuschläge mit sich, während andere internationale Konkurrenten diese Zusatzlast nicht haben, also mit niedrigeren Lohnkosten Standortvorteile bieten. Dies hat zu erheblicher Abwanderung der deutschen Großindustrie geführt und wird im Zuge der Osterweiterung erneut zu dramatischen Strukturveränderungen der deutschen Wirtschaft, insbesondere in den neuen Bundesländern führen. Längst hätten die Sozialkosten vom Lohn abgekoppelt und entweder steuerfinanziert oder auf alle Produktionsfaktoren gerechter verteilt werden müssen, um den Arbeitsmarkt von dieser Zusatzlast zu entlasten und die deutsche Produktion international wettbewerbsfähig zu halten. Die Politik hat jedoch die Kraft zu solchen Korrekturen nicht aufgebracht, weil sie der Bevölkerung die notwendigen Konsequenzen der falschen Konstruktionen im Sozialbereich nicht offenzulegen wagte. Die Politik wartet lieber untätig ab, wie lange das marode System noch hält. Ein Crash würde ihr das Eingeständnis des eigenen Versagens ersparen.
2. Die ebenfalls auf dem Umlageverfahren aufgebaute Alterssicherung wird ebenfalls aus Zwangsbeiträgen der aktiv Erwerbstätigen finanziert. Die Beiträge sind so hoch, wie die Renten der nicht mehr aktiven Bevölkerung dies erfordern und tendenziell ständig gestiegen, weil die Politiker vor Wahlen immer höhere Rentenzusagen und sogar millionenfach Fremdrenten vergaben. Trotzdem haben die Sozialpolitiker den Bürgern jahrzehntelang gesagt, die Rente sei sicher. Je höher die Beiträge wären, desto höher wäre die spätere Rente. Das Verfassungsgericht hat noch einen weiteren Schritt getan und die Rentenansprüche für eigentumsgleich unverfallbar erklärt.

Tatsächlich aber beruht das Umlageverfahren aber keinesfalls allein auf Beiträgen, sondern auf zwei Säulen:

- den Beiträgen der aktiv Erwerbstätigen
- und der Regenerationsleistung der Bevölkerung, also eigenen Kindern.

Die Behauptung der Sozialpolitiker, es komme allein auf die eigenen Rentenbeiträge an, hat dazu geführt, dass die Bevölkerung ökonomisch reagiert, nämlich auf eigene Kinder verzichtet hat. Wer z.B. als Ehepaar zwei Rentenzahlungen leistete, konnte zwei Renten erwarten. Wenn dagegen ein Partner Kinder aufzieht, bekam das Ehepaar hinterher nur eine Rente. Die Bevölkerung hat sich deshalb aus ökonomischen Gründen gegen Kinder entschieden, weil eigene Kinder nicht nur 20 Jahre lang zeitlichen und finanziellen Verzicht der Eltern erfordern, sondern auch hinterher noch mit Rentenentzug bestraft werden. Wenn dagegen die „Partnerschaften" Kinder verhindern, können sie nicht nur während ihrer aktiven Verdienstzeit ihr Einkommen voll verjubeln, sondern hinterher auch zwei Renten erwarten, also ein dauerhaft sozialpolitisches Vorzugsleben führen.

Die Folge war, dass die Kinderzahl drastisch zurückging und damit absehbar wurde, dass nicht mehr wie bisher drei Erwerbstätige einen Rentner finanzieren konnten, sondern künftig jeder Erwerbstätige einen Rentner zu finanzieren haben wird. Da niemand ernsthaft erwartet, dass die aktive Generation später einem Rentner mehr zu zahlen bereit ist, als sie selbst von ihrem Verdienst übrigbehält, hätten die Renten entsprechend der ungünstiger werdenden Bevölkerungsstruktur schon längst gesenkt werden müssen, wenn nicht die Rentenpolitiker durch Tricks immer wieder Wege gefunden hätten, ihren Rentenbetrug zu verlängern und noch nicht eingestehen zu müssen. Eine Generalbereinigung ist unvermeidlich. Da die Sozialpolitiker sie selbst nicht durchführen können, muss die Korrektur von außen, vom Markt kommen. Ein Crash wird dies erzwingen.

Die Problematik hoher und offener Sozialsysteme wird verschärft durch eine wachsende *Sozialimmigration*. Die Globalisierung hat nicht nur zur Freiheit von Kapital, Handel, Produktion und Unternehmen geführt, sondern wegen der modernen Transportmittel auch zur größten Völkerwanderung der bisherigen Weltgeschichte. Die Produkte aus den Film- und Fernsehmetropolen der Industrieländer gaukeln der ganzen Welt ein Schlaraffenland vor, welches Millionen Arme aus den übervölkerten Ländern Mittelamerikas, Südosteuropas, Afrikas und Asiens als Hoffnung auf ein besseres Leben ansehen und sich in dieses Paradies aufmachen. Tatsächlich hat, wer die Grenzen der USA oder der Europäischen Union erreicht hat, Chancen für ein besseres Leben. In Deutschland werden Personen mit anerkanntem oder geduldetem Aufenthalt Mitglied des Sozialsystems, welches sofort auch ohne Arbeit besser für ihn sorgt, als er zu Hause für schwere Arbeit erreichen konnte.

An solcher Zuwanderung sind auch entscheidende Kräfte der Industrieländer interessiert:

- Die Industrielobby verbreitet seit langem eine angebliche Notwendigkeit von Zuwanderung nicht nur unqualifizierter Kräfte, sondern auch qualifizierter, um den einheimischen Lohndruck durch ein Überangebot von Arbeitskraft zu dämpfen und Konsumenten zu gewinnen.
- Die Politiker fast aller Parteien in Europa begeistern sich an ihrer eigenen Menschenfreundlichkeit durch Aufnahme von angeblich politisch Verfolgten, obwohl nach höchstrichterlicher Rechtsprechung nicht einmal 3 % der Zuwanderer überhaupt verfolgt sind.
- Vor allem aber kämpfen die Sozialfunktionäre, die Kirchen, Gewerkschaften und Sozialinstitutionen für den Zuzug von Sozialfällen, um damit ihre eigene Bedeutung, ihren Arbeitsplatz, ihr Einkommen und ihre gesellschaftliche Aufgabe zu sichern. Die Betreuung von Immigranten im weitesten Sinne ist heute ein lohnender Wirtschaftszweig, in dem sich bequemer und mehr verdienen lässt als von echter Arbeit. Von je sieben Sozialfällen lebt bereits ein Berufsbetreuer. Je mehr Immigranten, desto mehr Sozialfunktionäre.

Immer in der Geschichte war es so – auch im alten Rom –, dass Massenimmigration nur zu Boomzeiten unproblematisch war, bei den geringsten wirtschaftlichen Krisen aber zum Sprengsatz wurde, ja diese Krisen selbst hervorgerufen hat. Ebenso wie die falsche Konstruktion der Sozialsysteme sprengt auch ständige Immigration irgendwann einmal die Zahlungsmöglichkeit der immer höher in Anspruch genommenen Sozialsysteme. Würde etwa die Versorgung der einheimischen und immigrierten Sozialempfänger vermindert oder gar enden, dann könnten soziale Spannungen entstehen, die sich in einem Crash entladen.

Nur in Boomzeiten merkt auch der Bürger nicht, wie und in welchem Maße seine Wirtschaft inzwischen längst von kriminellen *Mafiastrukturen* unterwandert ist. Sobald jedoch Depressionen einsetzen, kommt es – wie Anfang der dreißiger Jahre – meist auch zum Kampf der mafiosen Strukturen untereinander um die Behauptung der zurückgehenden Marktanteile.

Viel zu lange hat eine politische Elite es hingenommen, dass Einzelteile der Wirtschaft und ganze Branchen von den verschiedenen mafiosen Strukturen übernommen wurden und inzwischen beherrscht werden. Das gilt nicht nur für die traditionell kriminellen Branchen wie das Rotlichtviertel und den Rauschgiftmarkt, sondern auch für legale Gewerbe wie z.B. das Gaststättengewerbe, das Transportwesen, Fitness-Studios, Immobilienwirtschaft, Medien, Teile des Banken- und Finanzwesens, Rohstoffhandel, Waffenhandel, Subventionsgeschäfte und Subventionsvermittlung u.a. Die italienische Staatsanwaltschaft schätzte schon vor 5 Jahren allein die jährlichen Gewinne nur der italienischen Mafia auf mehr als 200 Mrd. Dollar pro Jahr, die Gewinne aller übrigen mafiosen Strukturen auf über 500 Mrd. Dollar jährlich – eine ungeheure finanzielle und volkswirtschaftliche Macht, die nur in Boomzeiten ruhigbleibt, in Krisenzeiten und Depressionen aber ein unkalkulierbares Risiko für die gesamte Weltwirtschaft und die Freiheit der Welt darstellt.

Schließlich bedrohen auch immer wieder *Herrschaftsideologien* Freiheit, Frieden und Wirtschaft der Welt.

Jahrzehntelang hat der Sozialismus (einschließlich Nationalsozialismus und Kommunismus) Freiheit, Frieden und Leben der Völker ideologisch bedroht und überall in der Welt Bürger- und Wirtschaftskriege angezettelt, mit denen er Freiheit und Frieden der Völker bedroht hat. Seit dem terroristischen Attentat auf das World Trade Center ist der Welt plötzlich auch der islamische Fundamentalismus als eine Kampfideologie mit Herrschaftsanspruch und Gefahr für Freiheit und Frieden der Welt klar geworden.

Wir wissen heute noch nicht, in welchem Maße der islamische Fundamentalismus oder ähnliche extremistische Ideologien Frieden und wirtschaftliche Entwicklung in der Welt bedrohen und Auseinandersetzungen heraufbeschwören. Sie könnten aber jederzeit auch zur Ursache für globale Krisen werden.

### *3.4.3 Sachliche Risikopotentiale*

Schon in den Jahrhunderten vor dem industriellen Zeitalter sind wirtschaftlich blühende Länder in Krisen gestürzt worden, wenn sich Missernten oder Naturkatastrophen ereigneten wie z.B. bei den Mayas in Mittelamerika oder den nach Altem Testament berichteten sieben mageren Jahren in Ägypten, ganz zu schweigen von der wohl mit den Eiszeitfolgen zusammenhängenden „Sintflut“.

Auch heute sind wir vor *Naturkatastrophen* nicht sicher. Seuchen wie Aids oder BSE haben die Verwundbarkeit der Menschheit für Seuchen wieder einmal gezeigt. Weitere biologische Naturkatastrophen sind nicht ausgeschlossen.

Solche unvorhergesehenen, die Menschheit beeinträchtigenden Ereignisse haben immer auch wirtschaftliche Folgen, verändern sofort das Nachfrageverhalten der Konsumenten, die Börsen und die Preise. Im ungünstigen Fall kann dies zu so einschneidenden wirtschaftlichen Folgen führen, dass dadurch erst regionale und dann weltweite Krisen entstehen könnten.

Auch *Kriege* sind nicht mehr ausgeschlossen, sondern gelten schon wieder als Mittel der Politik. Die terroristischen Anschläge auf die USA und Kriege in Palästina und Spannungsgebieten haben gezeigt, dass Gewalt durch die Gründung der UNO nicht gebannt ist, sondern seit dem letzten Weltkrieg trotzdem mehr als zwanzig regionale Kriege geführt wurden. Weitet sich ein regionaler Konflikt durch internationale Vernetzungen zum Weltkonflikt aus, wäre dies für die Weltwirtschaft verheerend, würde dadurch der Welthandel, die Weltproduktion, die Nachfrage und die Zukunftseinschätzung wesentlich betroffen, kann dies jederzeit zur globalen Krise werden.

Wir sind auch vor technischen Überraschungen und Rückfällen etwa durch *technische Implosionen* nicht gefeit. Wir haben inzwischen so komplizierte technische Entwicklungen, dass deren Beherrschbarkeit nicht absolut gesichert ist, wie uns z.B. die ungewollte Atomexplosion in Tschernobyl gezeigt hat oder wie dies durch Biotechnologie und Gentechnik oder durch einen Zusammenbruch des Internet oder Computerviren die Menschheit bedrohen könnte. Sobald solche technischen Fehlentwicklungen größeres Ausmaß erreichen, können sie das wirtschaftliche Umfeld, die regionale Wirtschaft, die Weltwirtschaft erschüttern und dadurch überraschende Wirtschaftskrisen auslösen.

Wirtschaftsimmanent sind die Gefahren des sehr hintergründig stattfindenden *Kampfes um die Rohstoffe*.

Jahrhundertelang war vor allem der Boden ein nationales Gut, um das Kriege geführt wurden und welches man für die Ernährung am dringendsten brauchte. Hatte man viel und guten Boden, konnte das Volk darauf eine blühende Wirtschaft entwickeln. Auf kargen Böden blieb die Armut. Diese Entwicklung hat sich zwar durch die Biochemie etwas vermindert, bleibt aber als drohende Gefahr bestehen, wenn man z.B. die Versteppungen in Afrika, in Südamerika und die dadurch sich entwickelnden Folgen für Klima und Ernährung bedenkt. Krisen in den betroffenen Regionen sind dadurch vorprogrammiert und könnten sich angesichts der Bevölkerungsvermehrung gerade in diesen Krisenregionen leicht weltwirtschaftlich ausweiten.

Ebenso dramatisch könnte eine Energiekrise werden. Immerhin ist allein das Öl in der Hand weniger Produzenten und Konzerne, die mit einem oligopolistisch gesteuerten Ölpreis die ganze Weltwirtschaft nachhaltig schädigen oder sogar aus den Angeln heben könnten. Der gestiegene Energiebedarf aller reifen Volkswirtschaften hat sie um so anfälliger für den Energienachschub und den Energiepreis gemacht. Schon die Ölkrise Anfang der siebziger Jahre hat uns gelehrt, welche Folgen aus Energieverknappung und Energiepreissteigerung für die Volkswirtschaften der ganzen Welt entstehen. Diese Gefahr besteht weiterhin und wird langfristig sogar noch größer mit dem Versiegen mancher bisher traditioneller Öl- und Rohstoffquellen. Wird nicht rechtzeitig Ersatzenergie gefunden, würde die Verknappung des Erdöls zwangsläufig zu einer weltwirtschaftlichen Krise größten Ausmaßes führen.

Große Finanzgruppen haben sich inzwischen auch anderer Rohstoffe bemächtigt wie Gold, Diamanten, Kupfer, Zink, Eisen u.a. und versuchen, die Weltvorräte dieser wichtigen Industrierohstoffe ebenso zu monopolisieren wie das Öl. Sie können damit jederzeit durch Preiserhöhung die ganze Welt zu Sonderabgaben für sich zwingen und durch entscheidende Preiserhöhungen oder Lieferverknappungen überall Wirtschaftskrisen hervorrufen.

Am meisten gilt dies für die *Wasservorräte* der Welt. Der frühere amerikanische Sicherheitsberater Brzezinski verrät in seinem Buch über die Vorherrschaft der USA ganz offen, dass die amerikanische Hochfinanz in den nächsten 20 Jahren auch die Wasservorräte der Welt monopolisieren wolle. Wenn das Wasser dann wie in Israel zur weltwirtschaftlichen und strategischen Waffe wird, sind zusätzliche Konflikte und Krisen vorprogrammiert, denn ohne Wasser kann kein Volk leben, wird sich also ein gnadenloser Kampf ums Wasser mit allen Konsequenzen für die vom Wasser hoch abhängige Weltwirtschaft und -bevölkerung abspielen müssen.

Betrachtet man die Fülle solcher Risikopotentiale für unsere immer noch blühende Weltwirtschaft, so wird deutlich, wie wenig selbstverständlich ein fortdauernder Boom ist, wie krisenanfällig durch solche Risikopotentiale eigentlich die Weltwirtschaft wäre und welchen Glücksfall wir gehabt haben, dass sich in den letzten 50 Jahren keines dieser Risikopotentiale zur Weltkrise ausgewirkt hat. Für dieses Glück muss man dankbar sein, man kann aber damit nicht rechnen. Die Krisenpotentiale sind vorhanden. Sie sind nur teilweise beherrschbar. Mit diesen Risiken für unsere Weltwirtschaft müssen wir leben und deshalb auch mit kleineren, großen, regionalen und globalen Krisen rechnen.

# 4. Crash-Gründe

Banken, Vermögensberater und Politiker behaupten so lange wie möglich den ewigen Boom, weil darin ihr Geschäft liegt. In diesen Kreisen macht man sich mit Krisenszenarien nur unbeliebt. Dennoch haben in den vergangenen Jahrzehnten auch einige Ökonomen den Crashfall vorausbedacht, haben aktuelle Fehlentwicklungen theoretisch bis zu einer zwangsläufig daraus entstehenden Crashsituation verlängert.

Einer hat dies aus moralischer Verantwortung als Banker für seine Kunden getan (v. Bethmann), andere aus Sorge über aktuelle Fehlentwicklungen etwa der öffentlichen Verschuldung (P. C. Martin, Hannich) oder wegen des falsch angelegten Euro (Baader, Hankel, Hollnage) oder aus theoretischen Konsequenzen falsch angelegter Teilbereiche etwa bei der Börsenspekulation (Hannich), der Konjunkturpolitik (Wannenmacher), der Globalisierung (Methfessel/Winterberg), der Zins- oder Devisenentwicklung (v. Bethmann, Eike Hamer) oder dem erstarrten Sozialfeudalismus (Eberhard Hamer) bzw. ökonomischen Struktursklerosen.

Der grundsätzliche Nachteil aller dieser Crashtheorien bestand bisher darin, dass sie eben alle Theorien oder Prognosen geblieben sind, dass also die Wirtschaftspraxis sie im Verlaufe des andauernden Booms immer wieder überspringen konnte. Zum Teil haben die Crashtheoretiker auch falsche Zeithorizonte angenommen und damit nicht nur ihre Anhänger enttäuscht, sondern auch selbst dadurch Schiffbruch erlitten. Andererseits haben einige der Crashtheoretiker sich und ihre Freunde so konsequent auf den nach ihrer eigenen Meinung kommenden Crash vorbereitet, dass sie in dem bevorstehenden Ernstfall Gewinner sein werden und den Beweis für die Richtigkeit ihrer Theorie am eigenen Beispiel führen werden.

Die bisher vorgelegten Crash-Theorien haben – bis auf den Sozial-Crash – vor allem unser monetäres System als nicht nur crashanfällig, sondern auch als zwangsläufige Crash-Ursache angesehen, ganz gleich, ob sie die Staatsverschuldung, die Zinsentwicklung, Kreditleichtsinn der Banken oder die Kapitalspekulanten dafür verantwortlich machen.

Nach Ansicht der Herausgeber haben wir zur Zeit zwei besondere, in einen Crash mündende Fehlentwicklungen:

- den Welt-Geldbetrug, der eine weltweite nur monetäre Scheinblüte verursacht hat und dessen Korrektur nur durch eine Währungsreform und Weltwirtschaftskrise korrigiert werden kann
- und viele nationale Aufblähungen der Sozialsysteme, deren Korrektur nicht mehr politisch möglich ist, sondern nur noch vom Markt durch einen Crash erzwungen werden kann.

## 4.1 Crash-Grund: Welt-Geldbetrug

In den letzten 30 Jahren hat sich der Geldkreislauf in der Welt vervierzigfacht, der Güterkreislauf aber nur vervierfacht. Mit anderen Worten haben wir sich eine riesige monetäre Blase entwickeln lassen, welche für die Scheinblüte der letzten 30 Jahre verantwortlich war.

Wenn immer mehr Geld zur Verfügung steht, steigen zumindest nominell

- die Preise von Investitions- und Konsumgütern,
- dadurch die Gewinne der Unternehmen,
- auch die Löhne der Arbeitnehmer,
- die Kurse der börsennotierten Finanzwerte,
- die volkswirtschaftliche Nachfrage,
- deshalb die Investitionen
- und damit auch Wachstum von Produktion und Dienstleistung.

Nominelles Wachstum einer Scheinblüte bringt also allgemeine Glücksgefühle und verführt die Menschen dazu, das Finanzwachstum als echtes Wachstum anzusehen.

Das Finanzwachstum beruht aber nicht auf echter Wirtschaftsleistung, sondern auf bloßer Geldmengenvermehrung.

Geld war in früheren Jahrhunderten Edelmetall (Gold und Silber) und deshalb nicht nur knapp, sondern auch allgemeines Tauschmittel und Wertaufbewahrungsmittel. Man konnte mit den als Geld umlaufenden Gold-, Silber- und Kupfermünzen international überall kaufen, sie aber auch liegenlassen, ohne dass sie im Wert verloren.

Jede Goldumlaufwährung hat allerdings den Nachteil, dass Gold nicht so stark vermehrbar ist wie die Wirtschaft wächst, dass also eine gewisse deflatorische Geldknappheit größeres Wirtschaftswachstum behindert. Deshalb gingen die meisten Staaten zu einer indirekten Goldwährung über. Sie hatten einen bestimmten Goldschatz und gaben auf dieser Basis staatliche Zentralbanknoten aus, die im täglichen Gebrauch leichter zu transportieren, zu zählen und auch in höheren Summen aufzubewahren waren. Ihr Wert beruhte allein darauf, dass man die Geldscheine jederzeit bei der Zentralbank vorlegen und in entsprechende Gold- oder Silbermünzen umtauschen konnte. Auf diese Weise konnte der Staat sogar mehr Nominalgeld ausgeben als er an Edelmetall verfügbar hatte, denn üblicherweise bestanden nur wenige Geldscheininhaber auf dem Umtausch ihrer Scheine in Gold. Normalerweise reichte ein Volumen von weniger als 10 % Gold für ein Währungsvolumen einer um 90 % höheren Geldscheinmenge.

*Vom staatlichen zum privaten Geld*

Der entscheidende Schritt vom Staatsgeld zum privaten Geld war 1913 die Gründung des Federal Reserve Systems in den USA. Die beiden Hochfinanzgruppen Rothschild und Rockefeller hatten mit dreizehn ihnen zuzurechnenden Banken eine neue Privatbank mit dem Recht, eigenes Geld auszugeben, gegründet. Dieses Privatgeld war gesetzliches US-Zahlungsmittel und wurde anfangs noch von der amerikanischen Zentralregierung garantiert. Dieses Federal Reserve System hat nach dem Ersten Weltkrieg die Goldreserven der Welt zusammengekauft mit der Folge, dass viele andere Währungen ihren Goldstandard nicht mehr halten konnten und in der Deflation zusammenbrachen (erste Weltwirtschaftskrise). Bis 1971 bestand zumindest theoretisch noch eine Einlösungspflicht von Dollar in Gold (Gold-Dollar-Standard). Präsident Nixon hat jedoch die Haftung des Staates für den Dollar und zugleich die Einlösungspflicht aufgekündigt. Seitdem sind die Dollarnoten weder real durch Gold noch durch Staatshaftung mehr gedeckt, also eine freie, private Währung, die zwar noch gesetzliches Zahlungsmittel ist, im übrigen aber nicht mehr werthaltig, sondern nur noch gedrucktes, legalisiertes Zahlungspapier ist.

Die FED-Eigner waren nun seit 1971 frei, ihre Privatbank FED zu jeder von ihnen gewünschten Geldmengenerhöhung zu missbrauchen – die moderne Form des Märchens vom Goldesel.

Geldmengenvermehrung bedeutet immer auch Inflation und Inflation bedeutet Geldentwertung. Der Dollar hat auch ständig an Wert verloren, konnte aber durch geschickte Manipulation dennoch eine wachsende Weltbedeutung erlangen:

- Das FED-Privatgeld Dollar ist schon von der Geldmenge her in der Welt dominierend. Mehr als 75 % aller Geldquantitäten sind in Dollar.
- Die US-Hochfinanz hat auch die von ihnen kontrollierten Rohstoffmärkte gezwungen, nur in Dollar zu verkaufen.
- Auch die Zentralbanken der übrigen Länder waren gezwungen, die Dollar in immer stärkerem Maße (Euro-Bank über 90 %) als Währungsreserven einzustellen. Die übrigen Währungen beruhen also in ihrem Wert ebenfalls überwiegend auf wertlosen, nur durch die Macht und den Willen der US-Hochfinanz gehaltenen Dollarpapieren.
- Inzwischen wurden sogar Nationalbanken sanft oder hart bedrängt, ihre Goldvorräte gegen Dollar abzugeben oder „auszuleihen“. Das Gold der Welt hat sich darum wiederum wie vor der ersten Weltwirtschaftskrise bei den Eigentümern des Federal Reserve Systems konzentriert, so dass ein neuer Goldstandard nur mit deren Willen und nach deren Diktat wieder einzuführen wäre und die FED-

Eigentümer mit einer Neufestsetzung des Goldpreises (Greenspan: „möglicherweise bis 6.000 Dollar") allein dadurch im Falle einer Währungsreform ein Jahrhundertgeschäft machen würden.

Die US-Hochfinanz steuert also über die ihr gehörende FED letztlich das Geld und die Währungen der ganzen Welt. Der Dollar ist privates Geld dieser US-Hochfinanz, von niemandem außer von ihr garantiert, vermehrt und darüber hinaus als Instrument ihrer Weltherrschaft und als Hilfsmittel für den Raub aller wichtigen Rohstoffe und Sachwerte der Welt missbraucht.

Die ungehemmte Vermehrung des Dollars bescherte natürlich der ausgebenden US-Hochfinanz unbegrenzte liquide Mittel, mit denen sie die ganze Welt kaufen kann. Aber auch der amerikanische Staat kann durch die Dollarvermehrung mehr ausgeben als er einnimmt. Missbrauch des Dollars durch Geldmengenvermehrung ist also sowohl für die herrschende US-Hochfinanz als auch für die US-Administration ein einseitiger Vorteil. Deshalb hat sich das Dollarvolumen in den letzten 10 Jahren immer schneller vermehrt.

Dass diese ungehemmte Dollarvermehrung nicht längst den Dollarabsturz und zur Zurückweisung des Dollar durch die Kunden geführt hat, ist kluger Regie und Erpressung zu verdanken: Die US-Hochfinanz und die US-Administration zwingen seit Jahren wirtschaftlich und politisch die wichtigen Zentralbanken der Welt (Eurobank, Japan, China u.a.), die sich bei ihnen für Exporterlöse oder als Kaufpreise für den Aufkauf von Sachgütern ansammelnden wertlosen Dollars zu behalten und als angeblich werthaltige Devisenreserve zu halten.

Praktisch heißt das: Die Zentralbanken in China, Japan und Europa sammeln die für die Sachwertlieferungen ihrer Bürger einkommenden wertlosen Dollars in immer größeren Beständen als angeblich werthaltige Währungsreserve an. Die Währung der Satellitenstaaten wird also und ist bereits mit immer wertloseren Dollars unterlegt – also praktisch ebenso wertlos geworden. Somit sind alle im gleichen Geldentwertungsboot: Die Urheber der Geldmengenvermehrung in New York und Washington ebenso wie die Helfer der Geldmengenvermehrung in den Zentralbanken der Satellitenstaaten.

Damit aber hat es der Schuldner USA selbst in der Hand, wie stark er durch offizielle Abwertung des Dollars schließlich seine Gläubiger entreichern – betrügen – und sich auf deren Kosten wieder entschulden will. Jede Abwertung des Dollars wird vor allem das 80 % aller Dollars haltende Ausland entreichern. Dem Schuldner steht es frei, wie stark er seine Schulden abwerten und damit seine Gläubiger betrügen will.

Dem Publikum wird inzwischen allerdings mit manipulierten Kursen und Kurspflege suggeriert, die missbrauchten Währungen und das hemmungslos vermehrte Geld hätten immer noch einen soliden Kurswert.

*Mit Scheingeld zu Sachwerten*

Würden die Marktteilnehmer wissen, dass unser Geldsystem letztlich am Privatgeld Dollar und dieses Geld ohne jeden Wertbezug allein an den Manipulations- und Missbrauchswünschen der großen Finanzoligarchie hängt, dann würden die Menschen ihr Währungsvertrauen verlieren, ihr Geld nicht mehr als Wertaufbewahrungsmittel betrachten, sondern der laufenden Geldentwertung durch Flucht in die Sachwerte zu entgehen versuchen.

Genau dies tun die hinter der FED stehenden Täter der größten Geldvermehrung aller Zeiten: Sie kaufen mit dem immer wertloser werdenden Geld seit Jahrzehnten alle Sachwerte auf, die sie noch erwischen können: Rohstofflager, Industriekomplexe, Immobilien und jede einigermaßen intakte ausländische Kapitalgesellschaft in freundlicher oder feindlicher Übernahme zu fast jedem Preis. Und nicht nur die US-Hochfinanz sammelt die Sachwerte der Welt ein, sondern auch der amerikanische Staat importiert für Fiat-Money seit Jahren mehr Sachgüter aus der Welt, als er bezahlen kann und verschuldet sich dafür hemmungslos im Ausland – solange die ausländischen Gläubiger noch an den Wert des Dollars glauben oder mit politischer Erpressung gezwungen werden können, die faulen Dollars in ihre Währungsreserven einzustellen.

*Mit Sachwerten zu Monopolen*

Die hinter der FED stehende Hochfinanz hat auf diese Weise durch gezielte Sachwertpolitik ganze Marktsegmente mit ihren faulen Dollars aufgekauft und zu Marktmonopolen bzw. -oligopolen entwickelt: Diamanten, Gold, Kupfer, Zink, Uran, Telekommunikation, Glasfaserleitungsnetze, Print- und Fernsehmedien, Nahrungsmittel (Nestlé, Coca-Cola), große Teile der Rüstungsindustrie und der Luftfahrt usw …

*Mit Sachwerten zur Währungsreform*

Deutet man den Fahrplan der Welthochfinanz richtig, so soll die Geldmenge so lange vermehrt und entwertet werden, bis damit alle wichtigen Sachwerte der Welt aufgekauft und monopolisiert worden sind. Die Hochfinanz ist klug genug zu wissen, dass ihre Geldmengenvermehrung nicht unerkannt bleibt und irgendwann das Vertrauen in den inflationierten Dollar schwindet. Ein Ausbruch der Vertrauenskrise wird die jetzt noch beherrschte, schleichende Inflation zur galoppierenden offenen Inflation machen und zwangsläufig in eine Währungsreform einmünden müssen.

Dies aber ist genau der Vorteil sowohl der Hochfinanz als auch der USA:

- Die Hochfinanz hat mit den faulen Dollars vorher ausreichend Sachwerte gekauft, wird also von der Währungsreform mit ihren Sachwerten nicht mehr betroffen, hat sich rechtzeitig aus dem faulen Geld in werthaltiges Vermögen umgeschichtet. Da sie in vielen Bereichen inzwischen Weltmonopolstellungen erreicht hat, kann sie sogar die Welt jederzeit mit Monopolpreisen zu Sonderabgaben heranziehen. Nicht mehr Steuern sind dann das Einkommen der Welt-Herrscher, sondern Monopolerträge. Niemand kann die Hochfinanz hindern, die Preise für Gold, Diamanten, Kupfer, Zink, Eisenerz, Wasser, Saatgut oder Energie um 10, 20 oder 30 % anzuheben und auf diese Weise die gesamte Weltbevölkerung zu Sonderabgaben heranzuziehen. Noch nie hat es eine solche Finanzmacht der Welt gegeben, noch nie war sie für die Gesamtbevölkerung der Welt so gefährlich.

- Listigerweise hat die US-Hochfinanz die faulen Dollars überwiegend ins Ausland gebracht. Mehr als drei Viertel der gesamten Dollarbestände sind nicht mehr in den USA, sondern sind bei den Gläubigerstaaten der USA. Die USA haben sich nämlich in den vergangenen Jahren immer kräftiger gegenüber dem Ausland verschuldet. Das Ausland hat Güter geliefert (Sachwerte), dafür aber wertlose Dollars bekommen. Alle Zentralbanken sind voll mit faulen Dollars. Werden diese nun plötzlich entwertet, trifft der Schaden zu mehr als drei Viertel die Zentralbanken, Banken, Staaten und Marktteilnehmer außerhalb der USA. Dann rächt sich, dass die Europäischen Zentralbanken ihr Gold gegen faule Dollars abgegeben und dafür immer ausschließlicher Fiat-Money als Basis (Währungsreserve) für die eigene Währung, z.B. Yen oder Euro, eingesetzt haben. Bricht also die Leitwährung Dollar zusammen, werden zwangsläufig auch die Satellitenwährungen mit zusammenbrechen, deren einzige Basis ein Bestand an faulen Dollars ist. Mit anderen Worten: Die sich abzeichnende Währungsreform des Dollars zieht zwangsläufig eine Weltwährungsreform aller Währungen nach sich, für welche der faule Dollar jetzt noch Hauptwährungsreserve darstellt.

Sobald die privaten Inhaber von Geldwerten merken, dass sie eigentlich nur Papierwert in den Händen haben, alles andere aber von den Manipulationen, den Missbräuchen, der Macht und den Zwecken der US-Hochfinanz abhängt,

- würde die Geldumlaufsgeschwindigkeit wegen Zurückweisung des Geldes stärker steigen,
- würde eine Flucht in die Sachwerte einsetzen
- und damit eine dramatisch steigende bis galoppierende Inflation beginnen,

- würde die längst geschehene Entwertung der Geldwertanlagen der Bürger (Geldpapiere, Renten, Fonds u.a.) sich in einem zweiten Börsencrash auflösen und zusammenbrechen
- und würden ganze Branchen der Finanzindustrie und Finanzdienstleistung unter Haftungsprozessen wegen der Entwertung zusammenbrechen,
- so dass eine Währungsreform unvermeidlich wird.

Ein Zusammenbruch oder schon eine drastische Korrektur des Dollarsystems wird also weltweite Krisenfolgen nach sich ziehen, wird die zweite Weltwirtschaftskrise bringen.

Die Frage ist bei diesem Crash-Grund nicht mehr *ob*, sondern nur noch *wann* die Welt das Vertrauen in den Dollar verliert und damit die monetäre Korrektur weltweit beginnt.

## 4.2 Der Sozial-Crash

Die Autoren gehen davon aus, dass die Politik viel mehr reagiert als agiert. Politiker sind geneigt, nur ihre Wahlperiode und allenfalls ihre eigene nächste als Rahmen für die politische Gestaltung zu betrachten. Da demokratische Regierungen wechseln und deshalb mit dauerndem Machterhalt nicht rechnen dürfen, wollen sie auch die Zukunft nicht langfristig gestalten, vor allem dann nicht, wenn solche Gestaltung mit unpopulären Maßnahmen verbunden wäre.

Bezieht man dies auf die Konjunkturlagen, so besteht für Politiker vor allem in Boomzeiten am wenigsten Druck zur Veränderung. Boomphasen sind deshalb immer Zeiten der Verharschung der wirtschafts- und gesellschaftspolitischen Rahmenbedingungen durch unterlassene Zukunftskorrekturen. Und in Baisse-Zeiten hat die Politik so viel Kurzfristprobleme zu lösen, dass sie sich ebenfalls nicht noch zusätzlich die Bürde langfristiger, unpopulärer Korrekturen auflädt.

Weil aber auch in allen marktwirtschaftlichen Staaten der staatsbeeinflusste Bereich immer stärker geworden ist (bei uns 51 %) und dem marktwirtschaftlichen Wettbewerbs- und Veränderungsprozess entzogen wird, kommt es zunehmend zu falschen, aber verfestigten Strukturen und Rahmenbedingungen, die für ihre Nutznießer feudalistische Vorzugspositionen schaffen. Sind diese Gruppen zahlreich oder stark genug, kann die Politik sich dagegen auch nicht mehr durchsetzen, verharrschen Gesellschaft, Sozialstrukturen und Wirtschaftsstrukturen immer mehr und verlieren Wirtschaft und Gesellschaft dieses Landes ihre Flexibilität, ihre internationale Wettbewerbsfähigkeit und letztlich auch ihre Wohlstandsbasis.

Dies war in der Geschichte häufig so. Das spanische Weltreich hat nur einhundert Jahre bestanden und ist an seiner eigenen Erstarrung zugrunde gegangen. Der Sozialismus hat sich ebenfalls nicht als reformfähig erwiesen und ist weltweit an Erstarrung gescheitert. Die Niederlande, Frankreich, Großbritannien und andere ehemals wirtschaftliche Führungsnationen haben durch gesellschaftliche und wirtschaftliche Verharschung jeweils ihren Wohlstandsvorsprung verloren. In Deutschland droht aus dem gleichen Grunde gegenwärtig die gleiche Folge (Korporatives System).

In Deutschland verschlingt der Staat nicht nur zwei Drittel des Leistungsüberschusses unserer Unternehmen, sondern nimmt auch mehr als die Hälfte der gesamten volkswirtschaftlichen Wertschöpfung in Anspruch. Daraus werden im wesentlichen unproduktive Verwaltungen und Sozialtransfers finanziert. Statt Agrar-, Adels-, Militär- oder Kapitalfeudalismus haben die meisten europäischen Staaten und insbesondere Deutschland einen Sozialfeudalismus entwickelt, in dem Armeen hochversorgter Sozialfunktionäre drei Viertel aller Haushalte mit irgendwelchen Sozialleistungen beglücken, betreuen, verwalten, gängeln und beherrschen.[8] Die „Herrschaft der Sozialfunktionäre über die Sozialuntertanen“ ist inzwischen so ausgebaut und zementiert, dass sie

[8] vgl. Hamer, Eberhard, Mittelstand und Sozialpolitik, Hannover/Regensburg 1996.

aus Furcht vor der Wut der Wähler auch dann nicht mehr korrigiert werden kann, wenn sie wie bei den falsch strukturierten Sozialsystemen oder bei den nur auf Steigerung programmierten Lohnkartellen erkennbar in den Crash treibt. Es würde geradezu eine Revolution in der Sozialfeudalgesellschaft entstehen, wenn entweder angeblich „wohl erworbene Rechte" der Sozialuntertanen oder wenn die Privilegien der herrschenden Sozialfunktionäre angetastet würden z.B. die Zwangsbeiträge der Kammer-, Berufsgenossenschafts- oder Sozialkassenfunktionäre oder etwa die Privilegien des öffentlichen Dienstes, der Politiker oder der öffentlichen Medienfunktionäre oder die Subventionen an die Kulturschickeria. Inzwischen lebt von sieben Sozialuntertanen ein Sozialfunktionär und man importiert sogar zum eigenen Vorteil millionenfach zusätzliche Sozialfälle, um auf diese Weise die eigene Sozialherrschaft zu vermehren.

Regierungen in einer Gefälligkeitsdemokratie können dagegen ihren Wählern die süße Droge der Sozialleistungen nicht mehr reduzieren, ohne bei Wahlen mehr Strafe dafür zu ernten, als sie vorher an politischem Dank mit den Wahl-Sozialgeschenken erzielt hatten. Wer den Massen Sozialwohltaten entzieht, wird aus dem Amt gewählt.

Hinzu haben mehr als 600 mächtige Lobbyorganisationen ihre jeweiligen Vergünstigungen, ihre gesetzliche Bevorzugung und das Gesamtsystem unserer organisierten Interessen so geordnet, dass sie keinerlei Einbußen ihrer gemeinsamen Macht, ihres Einflusses und ihrer Vorteile zu dulden bereit sind. Und weil diese Lobbyorganisationen nicht nur über echte oder behauptete Stimmenmacht, sondern vor allem auch über Schmiergeld für die Politik verfügen, können sie leicht für sich schädliche Änderungen im Staate verhindern. (Korporatives System)

Aber selbst diejenigen, welche politisch dazu aufgerufen wären, Reformen durchzuführen – die Parteien – können dies bei uns nicht mehr, weil sie alle als Täter an den derzeitigen Missständen mitschuldig sind und dies nicht vor dem Wähler eingestehen wollen. Vielleicht könnten sie dies auch nicht mehr, ohne die Wut der Wähler zu riskieren.

Wir stehen also reformpolitisch wie im Patt beim Schach. Niemand der Mitspieler kann sich bewegen, ohne eigenen Schaden zu erleiden, niemand ist aber auch bereit zuzugeben, dass es so nicht mehr weitergeht. Man lässt den Karren einfach den Berg weiter herunterrollen und hofft, dass irgend jemand oder irgend etwas unterwegs den Karren aufhält.

Was also nicht aus Vernunft und Verantwortlichkeit der Handelnden geschieht, kann nur von außen noch geschehen. Kein Spieler kann auf ewig zocken, kein Betrüger dauernden Erfolg haben, kein Schuldenmacher ewig Gläubiger finden. Die Märkte lassen sich nicht betrügen.

Wo also in einer Demokratie die Politik nicht mehr flexibel die Rahmenbedingungen anzupassen in der Lage ist, wird der entstehende Feudal- und Erstarrungsprozess im internationalen Wettbewerb irgendwann zwangskorrigiert, muss es durch den Markt und durch Depression zur Korrektur in Gesellschaft, Wirtschaft, Politik und Sozialsystemen kommen. Und weil die vorausgegangene lange Boomzeit nicht nur in Deutschland, sondern überall in Europa übermäßige feudalistische Verharschungen erzeugt hat, besteht inzwischen ein ebenso übermäßiger Korrekturbedarf mit möglicherweise weltwirtschaftlichen Crash-Folgen.

Solche Zwangsänderung der falschen Rahmenbedingungen und maroden Systeme durch einen Crash wäre eigentlich keine Fehlentwicklung. Kommt nämlich eine Zwangskorrektur zu spät oder gar nicht, wären die Folgen viel schädlicher, würde nämlich diese Gesellschaft wie andere Länder vor uns in Rückständigkeit, Armut und internationale Bedeutungslosigkeit absinken. Ein Sozialcrash wäre also eine vom Markt erzwungene, letztlich positive Regeneration, wenn und wo Politik und Gesellschaft die Vernunft oder Kraft zur Korrektur nicht mehr aufbringen (Schöpferische Zerstörung).

# 5. Normalverlauf von Depressionen

Geht man von normalen Konjunkturzyklen einer sich allmählich mit Boom und Baisse um einen Wachstumstrend tendentiell verstärkenden Volkswirtschaft oder Weltwirtschaft aus, dann sieht die Konjunkturtheorie per Saldo immer einen etwas stärkeren Aufschwung als Abschwung, so dass eben per Saldo eine langsame Wachstumstendenz resultiert. Die Konjunkturpolitik soll zu starke Ausschläge der Juglarwellen nach oben oder unten nur ausgleichen, indem sie einen übermäßigen Boom durch Geldmengenverknappung oder Zinserhöhungen stoppt und umgekehrt auch einen übermäßigen Abschwung durch Geldmengenvermehrung, Zinssenkung und notfalls öffentliche Investitionen ebenfalls bremst.

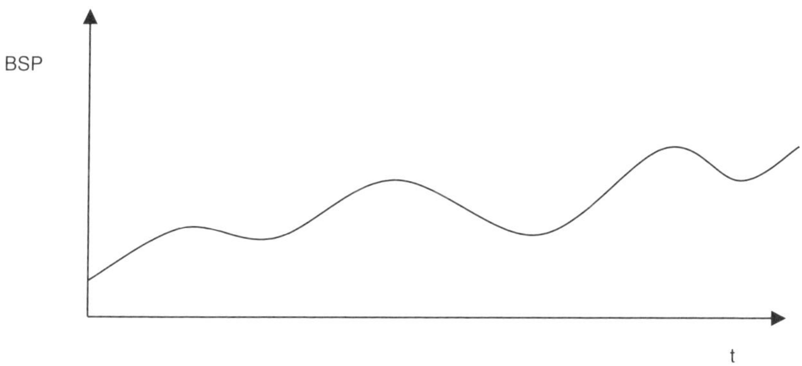


Die Juglarwellen liegen jedoch im Gesamttrend eines 40- bis 50jährigen Kondratieff-Zyklus, welcher nach Kondratieff meist mit neuen Erfindungen zusammenhängt wie z.B. der Dampfeisenbahn, der Elektrizität, des Automobils oder des Computers. Zwar kommen diese Kondratieff-Wellen nicht rechtzeitig alle 40 bis 50 Jahre, im Schnitt aber kann jede Menschheitsgeneration damit rechnen, auch einmal einen Kondratieff-Aufschwung mitzumachen. Dieser hätte dann die Folge, dass er in den Phasen ebenfalls positiven Juglaraufschwungs einen sich verstärkenden Boom bringt und in der Hochphase des Kondratieff-Zyklus selbst eine Juglar-Baisse immer noch positives Wachstum hat.

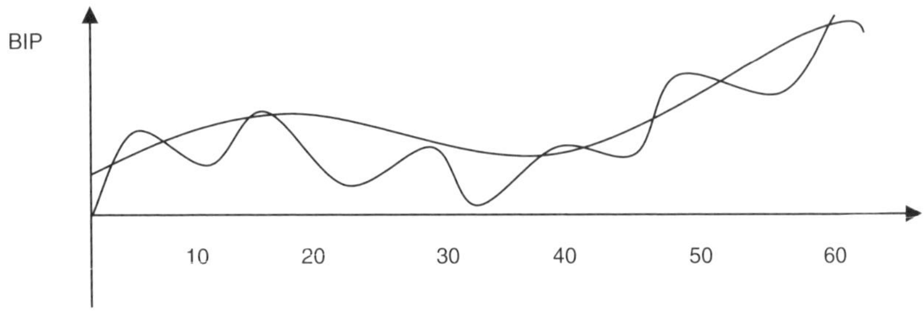


Im unteren Bereich des Kondratieff-Zyklus würde sich allerdings dann auch der Abschwung durch ein Zusammentreffen mit einem Juglar-Abschwung verstärken und zu einer entsprechend deutlicheren Rezession führen.

Prinzipiell haben aber auch die Kondratieff-Zyklen regelmäßig eine positive Normaltendenz. Das Ende des Kondratieff-Zyklus liegt also auf höherem Wachstum als der Anfang. Mit Auf- und Abschwung setzt sich ein Wachstum der Volkswirtschaft auch im Kondratieff-Zyklus durch, nach Kondratieff sogar sehr deutlich, weil durch die neuen Erfindungen die positiven Effekte überwiegen und die Wirtschaft dadurch auf ein neues Wachstumsniveau gehoben wird.

Nach der Konjunkturtheorie ist jeder Aufschwung ein entscheidender Wachstumsimpuls, ist aber ein Abschwung und eine Baisse ebenfalls notwendiger Regenerationsprozess, weil er im Boom auftretende Fehlentwicklungen wieder korrigieren muss. Würden wir einen ständigen Boom haben, würde die Volkswirtschaft nicht optimiert, sondern wie in sozialistischen Planwirtschaften in immer stärkerem Maße fehlentwickelt. Die Rezession ist deshalb die notwendige marktwirtschaftliche Regeneration jeder Aufschwung- und Boomphase, wie der Winter die regenerative Ergänzung des Sommers.

Im konjunkturellen Normalverlauf würde deshalb nur eine Rezession, nicht aber eine Depression notwendig sein. *Depressionen sind immer nur dann entstanden, wenn sie zur Korrektur vorher anormaler volkswirtschaftlicher Boomphasen oder wegen Verharschungen notwendig wurden.* Die Wurzel der Depression liegt also nicht in ihr selbst, sondern in einem vorangegangenen übermäßigen Boom mit übermäßigen Fehlallokationen und insbesondere mit übermäßigen monetären oder sozialen Fehlentwicklungen.

Will man also den Normalverlauf einer Rezession betrachten, beginnt diese nicht im Abschwung, sondern bereits im vorausgegangenen Superboom. Insofern ist eine Depression immer die Folge eines übermäßigen Korrekturdrucks der Märkte, die sich nach marktmäßigen Fehlentwicklungen oder externen Manipulationen (z.B. Krieg) normalisieren wollen.

Ein Rückblick auf die Depression 1929 bis 1934 zeigt, dass der Oktober 1929 das Ende des Rausches der angeblich „goldenen zwanziger Jahre" war, einer beispiellosen Rekordhausse, die den Investoren seit dem August 1921 Zuwächse von insgesamt 500 % beschert hatte. Dieser Aktienrausch hing mit der angeblich „neuen Ära" der technischen Errungenschaften wie Radio, Elektrizität und Auto zusammen, welche einen neuen Kondratieff-Aufschwung brachten mit erheblichen Produktivitätssteigerungen und dadurch einer „prosperity". Allein die Arbeitsproduktivität hatte sich in den zwanziger Jahren um 43 % erhöht. Das jährlich durchschnittliche reale Wachstum lag 1922 bis 1929 über 6 % und die Unternehmensgewinne in den USA erhöhten sich 1923 bis 1929 um über 60 % bei zusätzlicher Senkung des Grenzsteuersatzes von 73 % auf 25 %. Einzelne bekannte Aktiengesellschaften wie z.B. die Radio Corporation of America (RCA) wiesen rasantes Umsatzwachstum von über 50 % pro Jahr auf. Führende Wachstumsbranchen waren Telefon, Elektronik, Luftfahrt und Chemie. Allein von 1928 bis 1929 nahm der Dow-Jones-Index der Industrietitel um 60 % zu. Die Aktien der Versorger stiegen sogar um 120 %. „Die im DJI[9] enthaltenen Unternehmen wurden im September 1929 durchschnittlich

[9] Dow-Jones-Index.

mit dem Einundzwanzigfachen ihrer erwarteten Gewinne bezahlt und damit doppelt so hoch wie der langjährige KGV-Durchschnitt[10] von 10 bis 12 %."[11]

Vor allem aber hatte sich in den zwanziger Jahren durch billiges und reichliches Geld der Notenbanken die Spekulation multipliziert. Die Geschäftsbanken gingen immer stärker in die neuen Branchen wie Brokerage, Underwriting, Asset Management, Mergers & Acquisitions und beteiligten an diesen Geschäften immer breitere Bevölkerungskreise, die auch am Börsenaufschwung teilhaben wollten. Dazu wurden immer mehr Investmenttrusts gegründet, die auf geringem Eigenkapital mit hohen Fremdkapitalanteilen und der dadurch geballten Kraft des Hebeleffekts (Leverage-Effekt) hohe Vermögen bewegten. Allein der „United Founders Corporation-Fonds" hebelte mit 500 US-Dollar ein Vermögen von mehr als einer Milliarde Dollar und galt lange als vorbildlich. Immer neue Investment-Trusts wurden deshalb in gleicher Weise gegründet. Noch 1929 wurden in den USA 265 neue Trusts mit einer Gesamtsumme von 3 Billionen US-Dollar im Publikum abgesetzt. Die Fondsanteile wurden zu Massenartikeln sogar in Kaufhäusern von unqualifiziertem Verkaufspersonal angeboten, so dass im Sog der in den Aktienmarkt wandernden Sparkapitalien unseriös finanzierte Kreditkäufe überhand nahmen.

Hauptursache der amerikanischen und europäischen Börsenorgie war die Geldmengenpolitik der Zentralbanken. Der Diskontsatz wurde während der zwanziger Jahre in den USA von 6 % auf 3,5 % gesenkt, wobei die amerikanische Zentralbank eine systematische Goldankaufspolitik betrieb. Den wachsenden US-Goldbeständen standen allerdings abnehmende Goldbestände der europäischen Notenbanken gegenüber und brachten wegen des beibehaltenen Goldstandards zunehmend dramatische Spannungen ins internationale Währungssystem. Was die europäische Industrie an Krediten im angespannten heimischen Markt nicht mehr bekommen konnte, besorgten ihr die Banken aus dem zins-

[10] Kurs-Gewinn-Verhältnis.
[11] Conrad/Stahl, Risikomanagement, Stuttgart 2000, S. 8

günstigen amerikanischen Markt, wo vor allem die kurzfristigen Zinsen besonders günstig waren (inverse Zinsstruktur).

Zusammengefasst beruhten die „goldenen zwanziger Jahre“ auf

- der gehorteten wachsenden Goldmenge in den USA mit entsprechender Geldmengenvermehrung (Goldstandard),
- Scheinblüte bei hohem realen Wirtschaftswachstum,
- dadurch sinkende Arbeitslosigkeit und steigende Konsumkraft,
- einem sich übersteigernden Börsenboom mit unsolidem Derivatenhandel und Scheinblütensteigerung,
- zunehmend unsolider Finanzierung von Investitionen, Börsengeschäften, Fondsanteilen und Immobilienkrediten.

So hatte sich vor allem im monetären Bereich ein ungeheures Ungleichgewicht, eine Übersteigerung und ein Korrekturpotential aufgebaut, welches zwangsläufig zu einer entsprechend dramatischen Korrekturlösung drängte.

1. Vergleicht man die Situation vor 1929 mit der Situation vor 2001, so fallen erstaunliche *Gleichentwicklungen bzw. Regelmäßigkeiten* auf:

| **1929** | **2001** |
|---|---|
| durch Golddevisenstandard und Goldzuflüsse in die USA kräftige Geldmengenvermehrung | vor allem in den USA, aber auch in der übrigen Welt kräftige Geldmengenvermehrung durch Notenbanken |
| „prosperity“, der „Goldenen Zwanziger“ | Scheinblüte der „Goldenen Neunziger“, |
| seit 1925 wachsende Rekordzuflüsse der Fonds und Trusts | seit 1994 wachsende Rekordzuflüsse zu den Fonds (1999 = 200 Mrd.DM) |
| stetig steigende Verschuldung der Industrie und der privaten Haushalte | seit 1996 steigende Verschuldung von Industrie und Haushalten |

| | |
|---|---|
| seit 1926 immer schneller steigender Dow | seit 1996 immer schneller steigender Dax, Dow, FTSE, NEMAX etc. |
| ab 1925 Handelsbilanzdefizit der USA | ab 1997 Handelsbilanzdefizit der USA |
| ab 1925 steigender Dollar | seit 1997 steigender Dollar |
| ab 1925 Fusionswelle der Konzerne | ab 1997 Fusionswelle der Konzerne 3000 Mrd. Dollar |
| 1927 FED-Chieff warnt vergeblich Börse vor Überhitzung und kündigt Maßnahmen an | 1999 FED-Chieff warnt vergeblich vor Überhitzung von Börse und Wirtschaft |
| ab Sommer 1929 fallende Industrieproduktion um 20 %, Überkapazitäten wegen gefallener Nachfrage | Sommer 2001 sinkende Industrieproduktion und Überkapazitäten wegen gefallener Nachfrage |
| Zahlungs- und Kreditschwierigkeiten in Landwirtschaft, Immobilienwirtschaft und einigen anderen Branchen | Zahlungs- und Kreditschwierigkeiten in Immobilienwirtschaft, Bauwirtschaft und „New Economy“ |
| 1928/29 = 800 Zusammenbrüche von Provinzbanken in USA | ab 1999 in der ganzen Welt zunehmende Banküberschuldungen, die zumeist mit öffentlichen Geldern den Bankrott verhindern |

2. Die *Konjunkturwende* im gesteigerten Superboom der zwanziger Jahre vollzog sich 1929 (Schwarzer Freitag am 29. Oktober 1929) wiederum spektakulär an der Börse – ebenso wie auch 2001 der Superboom der neunziger Jahre zuerst an der Börse sichtbar abbrach.

   Zusammen mit dem Börsencrash entwickelte sich ab 1929 die konjunkturtheoretisch normale Abschwungsentwicklung, – nur dass auch der Abschwung wegen des übersteigerten Booms ebenfalls übersteigert verlief: Mit der gleichen Entwicklung müssen wir auch jetzt wieder rechnen.

3. *Deflation:* Faule Bankenkredite, Fehlinvestitionen, eine restriktive Geldmengenpolitik der Zentralbanken und Börsenverluste reduzieren die Geldmenge und die volkswirtschaftliche Nachfrage. Zuerst kommen dadurch leichtsinnig finanzierte Unternehmen in Zahlungs- und Kapitalschwierigkeiten. Die Zahl der Konkurse wächst. Die Liquidität der Wirtschaft und der Verbraucher nimmt zunehmend ab. Verlust von Konsumentenvertrauen und Angst der Kapitalanleger lassen die Nachfrage nach Industrieprodukten, Aktien und die Börsenkurse weiter fallen. Damit geht auch die Investitionsgüternachfrage zurück. Entlassungen lassen die Beschäftigungs-, Einkommens- und Nachfragequote sinken.

4. *Sich beschleunigender Abschwung:* Die Unternehmen müssen sich der sinkenden volkswirtschaftlichen Nachfrage anpassen. Sie bauen Kapazitäten ab, auch Mitarbeiter. Die Arbeitslosigkeit wächst dadurch stärker und reduziert weiterhin die volkswirtschaftliche Nachfrage mit weiteren Kapazitätsabbaufolgen der Unternehmen (Abschwungsakzelerator). Das allgemeine Bewusstsein um den Abschwung führt zur Flucht „rette sich, wer kann". Schuldner und Auftraggeber versuchen sich vor Zahlungen zu drücken. Überschuldete Privathaushalte und Unternehmen müssen ihre Immobilien abstoßen. Die Banken versuchen, die Kredite mit Gewalt einzutreiben. Die Zahl der Zusammenbrüche der Unternehmen beschleunigt und steigert sich (Abschwungsmultiplikator). Die Preise verfallen, gleichfalls die Löhne und Gewinne. Die am meisten verschuldeten Firmen und Privathaushalte müssen zuerst aufgeben, allgemeiner Liquiditäts-Überlebenskampf.

5. *Rezession:* Aus dem Abschwung wird eine allgemeine Schrumpfungsbewegung der Volkswirtschaften, der Unternehmen und der Konsumentennachfrage. Die Wirtschaft rutscht in eine Rezession, in

welcher die Überkapazitäten abgebaut, unsolide Spekulationsgeschäfte (Derivatehandel) mit Zusammenbrüchen aufgelöst und falsche Bewertungen von Börsenkursen und Immobilien durch Abfall ihrer Kurse bzw. Preise korrigiert werden. Vor allem brechen die falschen Rahmendaten auf (Lohnsenkung, Abbau der Sozialleistungen). Zunahme der Firmenkonkurse.

6. *Depression:* Eine Depression ist die ausnahmsweise Steigerung der Rezession. Immer wenn ein Superboom besonders starke Übersteigerungen der Aktienkurse, der Immobilienwerte, der Verschuldung, der Einkommen, der Geldmengen, der Spekulation und politischer Fehlentwicklungen mit sich gebracht hat, reicht die Anpassungskorrektur einer Rezession nicht aus, sondern braucht es die Depression, um die Übersteigerungen wieder zu korrigieren. Dies gilt auch für die kommende Depression: In den vergangenen 30 Jahren haben sich die Geldwerte vervierzigfacht. Dies hat eine ungeheure monetäre Blase entstehen lassen, deren Platzen gleiches Ausmaß haben muss, wie sie vorher unnatürlich aufgebläht wurde. So ist auch in der Depression zwischen 1929 und 1934 das reale Bruttosozialprodukt in den USA und in den meisten anderen Ländern nominell um ein Drittel geschrumpft, hat sich die Arbeitslosenrate von 3,2 % auf 25 % erhöht, ist das Preisniveau um 25 % gefallen, sank das Volksvermögen um ein Viertel, gingen in den USA 85.000 Unternehmen in Konkurs und lösten sich mehr als 8 Mill. Sparkonten in Nichts auf. Mehr als ein Fünftel aller Kreditinstitute musste schließen. Der Welthandel schrumpfte sogar um zwei Drittel.

Während Rezessionen in der Regel „sanfte Anpassungen" sind, ist jede Depression eine brutale Zwangsanpassung mit in der Regel tief greifenden gesellschaftlichen Folgen. Gewinner jeder Depression waren bisher immer die Konzerne, welche sich rechtzeitig zu marktbeherrschenden Einheiten zusammengeschlossen hatten sowie die Minderheit der sog. „Reichen". Die reichsten 1 % der Einkommensempfänger in den USA sahen ihr verfügbares Einkommen während der zwanziger Jahre um 75 % anwachsen, verfügten zusammen über dasselbe Einkommen wie 42 % der ärmsten Amerikaner und besaßen am Ende der Krise 34 % aller Ersparnisse, während 80 % der Amerikaner über keinerlei Ersparnisse mehr verfügten.[12] Hauptleidtragender jeder Depression ist insbesondere der Mittelstand, welcher eine Depression in der Regel zu spät erkennt, zu spät reagiert und deshalb in die größten betrieblichen Schwierigkeiten kommt und den größten Teil seines bescheidenen Vermögens – vor allem seines monetären Vermögens – verloren hat. Nach der Depression der dreißiger Jahre war etwa die Hälfte des europäischen Mittelstandes verarmt und hatte vor allem der produzierende, gewerbliche Mittelstand die relativ größten Verluste an Vermögen und Betrieben. Diese gesellschaftlichen Folgen haben sich dann bei der neuen Wirtschaftserholung erst langsam und langfristig wieder ausgeglichen.

7. *Wiederaufschwung:* Einen Trost hat die Konjunkturtheorie: Ebenso wenig wie es einen ewigen Boom gibt, gibt es auch keine ewige Depression. Irgendwann – in der letzten Depression etwa nach 5 Jahren – sind die notwendigen volkswirtschaftlichen Korrekturen der unökonomischen Börsenhöchstkurse, der übersteigerten Immobilienpreise, der Überkapazitäten in der Industrie, des zu hohen Preis- und Lohnniveaus, der Fehlinvestitionen, faulen Kredite und faulen, überschuldeten Unternehmen und der falschen Rahmenbedingungen korrigiert und setzt wieder – wenn auch nicht notwendig auf früherem Niveau – langsam die konjunkturelle Normalentwicklung eines Wiederaufschwungs mit neuem konjunkturellem Zyklus ein. Die Depression ist also ebenso wenig Dauerzustand wie der Boom, ist vorübergehend. Wer sich konjunkturgerecht verhält, wird von einer Depression relativ weniger betroffen, kann ihre Folgen zuerst abschütteln und kann sogar eine richtig genutzte Depression zum eigenen Vorteil gestalten. Wenn alle, die nicht hören wollten, verlieren, können diejenigen, welche rechtzeitig gehört und vorbereitet haben, gewinnen.

[12] Conrad/Stahl a.a.O., S. 13

# 6. Traditionelle Vorsorgemaßnahmen

## 6.1 Defensivstrategien in den Unternehmen

Zum erstenmal in der Nachkriegsgeschichte müssen unsere Unternehmer angesichts einer Depression jetzt auch umdenken, müssen sie ihre gewohnten Wachstumsstrategien korrigieren.

Zwar behaupten die Banken, Regierung und die von ihnen bezahlten Gutachter immer noch, wir hätten auch jetzt (2006) nur eine kleine Konjunkturdelle und es ginge längst wieder aufwärts; – unabhängige Wissenschaftler sehen dagegen die größte Rezession oder sogar die erste Depression der Nachkriegswirtschaftsgeschichte.

Nach dem Superboom der Scheinblüte der „goldenen Neunziger" ist nun einmal eine stärkere marktwirtschaftliche Korrektur fällig als sonst. Die Party ist zu Ende. Nun wird abgerechnet.

Viele Konzerne haben dies zuerst erkannt und sich strategisch klug darauf eingestellt. Nahezu jeden Tag hören wir von hunderten oder tausenden Entlassungen eines Konzerns. Schon die große Fusionswelle der letzten 5 Jahre diente der Vorbereitung auf die kommenden Marktturbulenzen.

Die mittelständischen Unternehmer haben sich dagegen bisher überwiegend von den Aufschwungsparolen der Regierung und ihrer Institutionen einlullen lassen, haben meist noch nicht an ernsthaftere Korrekturen geglaubt und sich deshalb auch ungenügend darauf vorbereitet.

Traditionell werden dazu folgende Sicherungsmaßnahmen empfohlen:[13]

*1. Liquiditätssicherung*

Wenn – nach Erwartungen des Mittelstandsinstituts Hannover – mindestens 30 % unserer derzeitigen Betriebe in einer Rezession gefährdet sind und viele von ihnen zugrunde gehen, kommen von diesen Betrieben auch keine Aufträge und keine Bezahlungen mehr. Das spürt jetzt schon die Bauwirtschaft. Gibt ein Bauträger auf, bleiben meist immer Handwerker mit offenen Forderungen geschädigt. Aber auch Privatpersonen können vielfach nicht mehr zahlen, weil sie die Arbeitsstätte verloren haben oder die Rezession an ihren Einnahmen zehrt. Das Problem der offenen Forderungen wird deshalb zum Existenzproblem vieler Betriebe. Die Ausfallrate der offenen Forderungen wächst in jeder Krise dramatisch. Die Unternehmer müssen deshalb alles daran setzen, ihre Forderungen noch einzutreiben – vor allem immer zum Jahresende, an dem Verjährung droht.

Im Boom konnte man immer damit rechnen, dass man Zahlungsengpässe durch eingehende Aufträge und Forderungen wieder ausgleichen konnte. In der Rezession dagegen kann man sich Zahlungsengpässe nicht mehr leisten, wird deren Ausgleich immer schwieriger. Die Betriebe müssen also sorgfältiger ihre Liquidität planen, mehr Reserven vorsehen, auch Liquidität entweder auf dem eigenen Konto oder zumindest als Kontokorrentkredit vorhalten, um sich vor dem zusätzlichen Ausfall von Forderungen und vor Auftragsmangel zu sichern.

*2. Entschuldung*

Im Boom kann man Schulden riskieren, weil ein wachsender Umsatz die Abzahlung der Schulden erwarten lässt. In der Rezession dagegen sind Schulden tödlich. Wer höhere Schulden hat, hat höhere Zusatz-

---

[13] Hamer, Eberhard, Was ist ein Unternehmer? Seine Bedeutung für Volkswirtschaft und Betrieb, München 2001

kosten aus Zinsen und Amortisationen, wird also schon deshalb wettbewerbsunterlegen. Dazu kommt das Risiko, dass die Bank einen Kredit kündigt. Sie hat schon bei Auftragsrückgang ein außerordentliches Kündigungsrecht, findet auch sonst immer einen Grund. Nur wer keine Schulden hat, behält seine unternehmerische Freiheit, kann notfalls auch Flautezeiten am besten überleben.

Kluge Unternehmer sollten deshalb schon bei Beginn der Rezession versuchen, ihre Schulden so weit wie möglich abzuzahlen. Gelingt das nicht, sollten die Kredite umgeschuldet werden auf langfristige Kredite, damit die Bank nicht mitten in der Rezession den Kredit kündigen und dadurch den Betrieb in die Existenzkrise treiben kann. Eine solche Umschuldung empfiehlt auch der noch günstige Vorkrisenzinssatz. Jede Umschuldung sollte jedes vorzeitige Kündigungsrecht der Bank ausschließen, dem Unternehmer dagegen vorzeitige Rückzahlungen offenhalten.

### *3. Kapazitätsabbau*

Im Boom handelt der am klügsten, welcher sich rechtzeitig zusätzliche Kapazitäten sichert. In der Rezession dagegen muss man Kapazitäten rechtzeitig abbauen. Mangelnde Aufträge lassen bei vielen Betrieben zu große Kapazitäten zurück. Wer kleiner wird, kommt besser durch die Krise.

Deshalb sollten die Unternehmer bereits zu Beginn der Rezession konsequent alle sachlichen und personellen Überkapazitäten abbauen, die sie entbehren können:

- Die Betriebe haben oft Raumreserven, die sie selbst nicht brauchen, in der Rezession auch mittelfristig nicht mehr brauchen werden. Diese könnten vermietet oder verkauft werden.
- Den Maschinenpark sollte man überprüfen, welche Maschinen in der Rezession nicht mehr ausgelastet und deshalb überflüssig sind, also verkauft werden könnten. Je eher man diese verkauft, desto besser sind noch die Preise. Haben auch andere die Rezession er-

kannt, werden die Preise verfallen und sind viele Maschinen unverkäuflich.

- Auch die Läger sollten geräumt werden. In der Rezession kann man Fertigwarenvorräte schwerer verkaufen. Es ist deshalb richtiger, jetzt mit Abschlag zu verkaufen, als die Lagerprodukte zu Ladenhütern werden zu lassen.
- Ebenso sollte man die Vorratsläger räumen. In der Rezession wird alles billiger, kann man alles das, was man jetzt teuer in Vorrat hält, billiger nachkaufen, braucht also die Vorratsläger nicht. Daraus könnte zudem Liquidität gewonnen werden.
- Vor allem aber heißt Kapazitätsabbau auch Personalabbau.

Als der Autor in einem Vortrag dies mittelständischen Unternehmern riet, erntete er wütende Proteste bei Arbeitsamts- und Behördenvertretern, die Unternehmer hätten gerade jetzt eine „Verantwortung für den Arbeitsmarkt".

Wer sich als Unternehmer von solchem Funktionärsgeschwätz beeindrucken lässt, schadet sich selbst. Der Unternehmer ist nicht dazu da, die falschen öffentlichen Rahmendaten durch Inkaufnahme betrieblicher Unwirtschaftlichkeit aufzufangen, sondern er hat seinen Betrieb gesund durch die Krise zu bringen. Da er in der Krise Absatz- und Preisverluste hinnehmen muss, kann er auch nur weniger produzieren, braucht er also auch nur weniger Personal. Die großen Konzerne haben dies seit Jahren vorgemacht. Politik und Verwaltung schwiegen zu deren Massenentlassungen. Wenn aber dann der Mittelstand ebenfalls entlässt, erheben die Funktionäre großes Geschrei.

Das Mittelstandsinstitut Hannover empfiehlt den Unternehmern dazu, alle Mitarbeiter nach ihrer Entbehrlichkeit in drei Gruppen A, B, C einzustufen. A sind die unentbehrlichen Mitarbeiter und stehen nicht zur Disposition. B sind die notwendigen Mitarbeiter, die nur schwer zu ersetzen wären, von denen man sich nur bei Not trennen möchte. C sind dagegen die entbehrlichen Mitarbeiter, die man bei einem Rückgang des Umsatzes nicht mehr braucht. Von diesen sollte man sich zuerst trennen.

Der Autor weiß, dass dies gerade für mittelständische Unternehmer besonders schwer ist. In Konzernen kann neutral von oben befohlen werden, das Personal um 10 % abzubauen, ohne dass die Unternehmensführung dies selbst durchführen müsste. Ein mittelständischer Unternehmer muss jedoch seinem Mitarbeiter, mit dem er bisher täglich persönlich zusammengearbeitet hat, bei der Entlassung in die Augen sehen und hat dabei ein persönliches Schuldgefühl, weil er um das Schicksal weiß, was er seinem Mitarbeiter zwangsläufig damit beschert. Deshalb hat jeder Unternehmer bei Entlassungen viel größere Hemmungen – oft zu große. Wer aber diese Härte nicht aufbringt, wird auch seinen Betrieb nicht durch die Krise bringen.

Dabei ist das Entlassen von Mitarbeitern im mittelständischen Betrieb noch besonders kostenträchtig. Je besser die Betriebe sind, desto längerfristig sind ihre Mitarbeiter im Betrieb. Jeder langgediente Mitarbeiter hat aber im Falle der Entlassung Abfindungsansprüche. Wer 12 Jahre im Betrieb war, hat ca. 6 Monatsgehälter als Abfindung zu beanspruchen. Will also ein Handwerksbetrieb drei langgediente Mitarbeiter kündigen, kann dies über 30.000,– € kosten. Die meisten Betriebe konnten hierfür aber keine Rückstellungen machen, weil das Finanzamt dies nicht zulässt. Hier tauchen plötzlich Krisenkosten auf, mit denen während der Boomzeit niemand gerechnet hat, die allein schon zum Sinkgewicht für viele Betriebe in der kommenden Rezession werden. Um so wichtiger ist es, dass jeder Unternehmer diese Krisenproblematik der Personalkosten rechtzeitig und konsequent angeht.

*4. Organisation straffen*

Im Boom schleichen sich in jedem Betrieb eine Reihe von Organisationsnachlässigkeiten ein, die bislang erträglich waren, aber Geld kosten. Nach Forschungen des Mittelstandsinstituts Hannover lägen in fast allen mittelständischen Betrieben 10 % Gewinnreserve, wenn die Betriebe besser organisiert würden. Das fängt mit der Selbstorganisation des Unternehmers an, dass er eben nicht mehr jeden Unsinn selbst macht, sondern nur noch die wichtigsten Dinge. Das setzt sich über die

Arbeitsorganisation, die Auftragsorganisation, die Ablauforganisation im Betrieb fort. In der Rezession kommt es besonders darauf an, solche Reserven zu mobilisieren, um weiterhin wettbewerbsfähig zu bleiben. Die Rezession zwingt alle Betriebe, jeden Schlendrian abzustellen.[14]

*5. Unternehmerkapazität sichern*

Zur Vorbereitung auf eine Krise gehört immer auch, dass man sich darüber klar ist, ob der Unternehmer auch für den Krisenfall noch der richtige Mann ist. Ist er noch heiß auf Erfolg? Oder schon satt und bequem geworden? Kann er nur stürmen oder auch verteidigen? Ist er hart genug, die notwendigen innerbetrieblichen Korrekturen durchzuführen oder überfordert ihn dies menschlich? Ist er körperlich und seelisch auch noch stark genug, eine mehrjährige Rezession oder gar Depression auszuhalten oder braucht es dazu eines Nachfolgers.

Erfahrungsgemäß ist in allen Inhaberbetrieben die Unternehmerperson selbst zu mehr als der Hälfte für den Erfolg des Betriebes verantwortlich. Weil sich aber ein Unternehmer als kleiner König seines Betriebes nur selbst in Frage stellen kann, darf diese Selbstprüfung zur Vorbereitung des Betriebes auf die kommende Krise nicht fehlen.

*6. Marktsicherung*

In der Depression wird der Markt schwieriger, bricht zum Teil zusammen, wird stärker umkämpft, muss man also besondere Marketingstrategien entwickeln, wie man im Geschäft bleiben, sich Umsatz sichern kann. Dabei haben es die mittelständischen Unternehmer leichter als die Konzerne: Letztere haben nur den Konditionenwettbewerb. Mittelständische Unternehmer aber haben als wichtigste Marketingstrategie die Vertrauensschiene. Wo sie Vertrauen zu Kunden und Lieferanten aufgebaut haben, können sie auch in der Krise dieses Vertrauen mobilisieren. Ganz deutlich zeigt sich dies bei den freien Berufen: Zum Arzt oder Rechtsanwalt geht man wegen des Vertrauens zu dieser Person.

---

[14] ausführl. dazu vgl. Hamer, Eberhard, Was ist ein Unternehmer? München 2001, S. 261 ff.

Zum Handwerker ebenfalls. Wer also das persönliche Vertrauen zu seinen Kunden und Lieferanten mobilisiert, wird als mittelständischer Unternehmer am sichersten im Geschäft bleiben, wird weiter den Umsatz seiner Kunden bekommen und kann von den Kapitalgesellschaften hierbei nicht ausgestochen werden, denn Vertrauen ist eine persönliche Beziehung und besteht nur zwischen natürlichen Personen, nicht zu Kapitalgesellschaften.[15]

Es gibt also eine Reihe von Maßnahmen, sich selbst und den eigenen Betrieb auf die bevorstehende Rezession vorzubereiten. Man muss die Situation nur ernst genug nehmen, sich nicht von den falschen Parolen der Politik beeindrucken lassen und konsequent die Sicherung des Betriebes vorbereiten.

Gefährdet ist immer nur das letzte Drittel der Branche, welches sich nicht rechtzeitig vorbereitet oder im Boom zu hohe Risiken eingegangen ist (Verschuldung). Wer also rechtzeitig Sicherungsstrategien ansetzt, hat die größten Chancen, die Krise mit seinem Betrieb durchzustehen. Nach jeder Rezession kommt irgendwann auch wieder ein Boom. Wer sich bis dahin in Sicherheit gebracht hat und überleben konnte, kann dann auch wieder expandieren.

## 6.2 Vorsorge für das Privatvermögen

Wir sollten uns auch privat auf eine Depression vorbereiten und unsere Vermögensdispositionen hierauf einplanen:

1. *Von monetären Anlagen in Sachvermögen*
   Wenn der größte Korrekturbedarf bei der explodierenden Finanzblase liegt, sind unsere Finanzwerte gegenüber Sachwerten von der Zwangskorrektur eines Crash überproportional betroffen. Wir müssen also rechtzeitig vorher aus den monetären Werten in Sachwerte flüchten.

[15] ausführl. dazu vgl. Hamer, Eberhard, Was ist ein Unternehmer? München 2001, S. 196ff.

2. Dies gilt insbesondere für Rentenpapiere, vor allem für Staatsrenten. Immer haben in den vergangenen Depressionen die Staaten sich dadurch entschuldet, dass sie ihre Schulden abgewertet haben. Damit müssen wir auch jetzt wieder rechnen bis hin zu Staatskonkursen. Wir sollten also nicht bei den monetären Verlierern sein.
   Aber auch die jedem Crash üblicherweise vorausgehende galoppierende Inflation bedeutet schon, dass sich die monetären Werte schneller entwerten als die Sachwerte. Auch dabei ist bereits die Flucht von den Geldwerten in die Sachwerte angesagt.
3. Wie weit die Aktien Geld- oder Sachwerte sind, ist umstritten. Sie stellen eigentlich einen Mittelwert zwischen beiden dar, weil ihre Kurse sehr stark geldwertabhängig sind, während die Unternehmen selbst überwiegend Sachwerte darstellen. Der Wert der Aktien hängt aber nicht von den Sachwerten des Unternehmens ab, sondern von den Kursen. Diese sind Geldwerte. Insofern sind die Aktienkurse überwiegend geldwertabhängige Werte, die sich im Crash überproportional verflüchtigen, weil Aktien ja auch jederzeit beliebig vermehrt werden können (Kapitalverwässerung). Man sollte vor einem Crash rechtzeitig aus Aktien aussteigen.
4. Wenn man sowohl aus den Aktien aussteigt, wie auch aus den Rentenwerten flüchtet, würde sich Bargeld empfehlen. Dies entwertet zwar ebenfalls in der jedem Crash vorausgehenden Hyperinflation. Dafür aber ist in der Deflationsphase eines Crashs Bargeldliquidität eine entscheidende Möglichkeit, billig einzukaufen, was andere nicht mehr halten können. Insofern ist Liquidität eine traditionelle Crashvorsorge.
5. Die notwendige Liquidität kann allerdings auch indirekt gesichert werden, wenn man im Crash sichere Werte zur Kreditsicherung hätte. Hierbei ist vor allem an Gold zu denken. Mit einem Goldschatz kann man sich im Crash jederzeit Liquidität beschaffen (Verpfändung), ohne ihn abgeben zu müssen. Man würde also zwei Crashvorsorgezwecke erfüllen: Die Wertsicherung und die Liquiditätsvorsorge.

Drei Nachteile allerdings hat Gold:

- Es verzinst sich nicht,
- es verursacht Aufbewahrungskosten,
- sein Preis wird weitgehend vom Goldoligopol manipuliert.

Man sollte deshalb Gold nur anschaffen, wenn dessen Preis niedrig ist.

6. Immobilienvermögen ist zwar sicherer als monetäres Vermögen, wird aber im Crash ebenfalls zum Teil seinen Wert verlieren, weil die Vermietung schwieriger wird und weil Immobilien gegen staatliche Sonderabgaben und andere Kriminalität (Einbrüche) geschützt werden müssen. Dennoch haben sich in den vergangenen Depressionen die Immobilieneigentümer immer besser gestanden als die Inhaber monetärer Werte. Insofern sind marktgängige Immobilien eine relativ gute Sicherung für die private Vermögensanlage.
7. Wichtigste Krisenvorsorge betrifft die Alterssicherung. In jeder Krise wurden die Alterssicherungssysteme immer mitbetroffen. In der nächsten Krise werden vor allem die gesetzlichen Alterssicherungssysteme platzen, die nach dem Umlagesystem falsch konstruiert sind. Wenn nämlich jetzt drei Erwerbstätige einen Rentner finanzieren sollen, müssen in 15 Jahren 1,2 Erwerbstätige einen Rentner finanzieren. Also können die Renten nur sinken, weil höhere Beiträge von den Erwerbstätigen nicht abgefordert werden können. Wer sich also auf staatliche Alterssicherung verlässt, wird verlassen sein. Wir müssen selbst für eine ausreichende Alterssicherung vor allem durch Erwerb und Anlage von entsprechend rentierlichem Vermögen sorgen. Dabei ist die stärkste Alterssicherung immer noch das eigene schuldenfreie Haus bzw. die eigene Wohnung. Wer nämlich keine Miete zu zahlen hat, der hat von seinem verfügbaren Einkommen immer mehr übrig als derjenige, der davon noch Miete abzweigen muss.
8. Der letzte Rat ist wie für Unternehmer auch für Privatleute richtig: Kommt eine Krise, müssen wir schuldenfrei in diese Krise gehen. Wer noch zusätzliche Schulden in der Krise abzudecken hat, kommt leichter unter die Räder als der, welcher schuldenfrei disponieren kann.

Vorsorgemaßnahmen wird aber nur der ergreifen, welcher die Gefahr des Crash ernst nimmt. Bisher hat jedoch die Mehrheit der Menschen den Crash nicht ernst genommen, keine Vorsorgemaßnahmen ergriffen und wird sich deshalb unvorbereitet vom Crash überraschen lassen und ihn deshalb voll auskosten müssen.

# 7. Crashauswirkungen und Crashstrategien in speziellen Bereichen

Nach den vorstehenden Crash-theoretischen Überlegungen war es schon lange möglich oder wahrscheinlich, dass eine weltweite Wirtschaftskrise wieder einmal ausbricht.

Selbst wer aber diese Krise nicht für wirklich hält, sollt dennoch diese Situation vorausdenken, um sich rechtzeitig Strategien und Maßnahmen zurechtzulegen, mit denen die einzelnen gesellschaftlichen Bereiche, unser Unternehmen und unsere private Situation im Crashfalle gesichert werden könnten.

Welche schädlichen Wirkungen entstehen, wenn man nicht rechtzeitig Eventualitäten voraussieht und plant, hat die Wiedervereinigung gezeigt. Obwohl wir in Bonn 20 Jahre lang ein Wiedervereinigungsministerium mit mehr als 500 hochbezahlten Beamten für diesen Zweck zur Verfügung hatten, hat dieses Ministerium für den von ihm nicht vorgesehenen Fall der Wiedervereinigung auch nicht einen einzigen Plan in der Schublade gehabt, als die Wiedervereinigung dann wirklich kam.

Andererseits lag die Überlegenheit des preußischen Militärs vor allem in der Fähigkeit seines Generalstabs, rechtzeitig alternative Strategien für alle Situationen vorzubereiten, an welche andere Militärführungen nicht dachten oder die sie eigentlich nicht für möglich hielten.

Das Vorausplanen von Strategien für kritische Situationen hat aber außer seinem möglicherweise praktischen Nutzen noch den Zeitvorteil: Wer längerfristig vorausplanen kann, dem stehen mehr Alternativstrategien zur Verfügung als demjenigen, der in einer aktuellen Situation reagieren muss. Er kann nämlich schon im Vorfeld die notwendigen Grundlagen schaffen, Strukturänderungen vorbereiten und Personen sowie Institutionen oder das eigene Unternehmen bzw. sein Vermögen auf die neuen Herausforderungen vorbereiten.

Wegen der Vielfalt der Crashwirkungen und Reaktionsmöglichkeiten sind 10 wichtige Einzelbereiche in Arbeitsgruppen besonders behandelt worden. Sie haben auf Tagungen untersucht und protokolliert,

- welche Crashauswirkungen in diesem speziellen Sachbereich zu erwarten sind,
- wer oder was in diesem Sachgebiet besonderes crashgefährdet ist,
- welche Crashvorsorge für den Bereich schon besteht oder fehlt,
- welche Maßnahmen im Crash nötig, möglich und zielgerecht wären,
- mit welchen Strategien der Bereich nach dem Crash wieder saniert werden könnte
- und welche Vermögensanlagen crashanfällig oder crashbeständig sind.

Die Mitglieder der Arbeitsgruppen sind insofern Mitautoren dieses Buches. Ihnen ist die Vielfalt der Gesichtspunkte in den einzelnen Sachgebieten zu verdanken.

## 7.1 Arbeitsgruppe 1
## Finanzmärkte, Währungen, Weltwirtschaft

*Moderator*: Walter Hirt, Zürich, Herausgeber „Wirtschaft aktuell"

*Teilnehmer*: Dr. Bruno Bandulet, „Deutschlandbrief"
Thomas Brügmann, „Vertrauliche Mitteilungen"
Annerose Winkler, „Der Schmittbrief"
Prof. Dr. Eberhard Hamer, Deutsche Mittelstandsstiftung
Eike Hamer, Mittelstandsinstitut Hannover

### I. Finanzmärkte

Bei jedem Zusammenbruch – ob kurzfristig oder mittelfristig – sind bisher immer das Börsengeschehen und der Finanzmarkt Vorläufer gewesen und werden es voraussichtlich auch künftig wieder sein. Ein Crash fängt also regelmäßig an den Finanzmärkten an.

Die Finanzmärkte sind aber im Grunde keine wirklich freien Märkte, sondern weithin bis hin zur Währungssouveränität direkt oder indirekt, offen oder über Treuhänder bei zwei weltführenden Finanzgruppen organisiert (Rothschild-Gruppe und Rockefeller-Gruppe), deren Treuhändern auch eine Mehrheit in der privaten Federal Reserve Bank zugesagt wird, so dass die führenden Finanzgruppen der Welt nicht nur die mächtigste Zentralbank der Welt[16] beherrschen, sondern über diese Bank sich selbst auch ihre Zinsen, die Wechselkurse und sogar den Zeitpunkt eines Crash bestimmen können. Das Geschehen an den Finanzmärkten ist also nicht zufällig und nicht von den Anlegern bestimmt, sondern von den strategischen Überlegungen der genannten Hochfinanz.

---

[16] Die Fed ist eine private Institution mit staatlicher Kontrolle. Die privaten Bankeneigentümer schlagen z.B. den Gouverneur vor, der Staat ernennt ihn. Näher in Federal Reserve Bank of New York 2001 Annual Report.

Bei der letzten großen Wirtschaftskrise Anfang der dreißiger Jahre hat die Hochfinanz in den USA ihren Vermögensanteil von 20 auf 34 % erhöht, ist also als relativer Gewinner aus dem Crash hervorgegangen. Insofern ist auch für den kommenden Crash damit zu rechnen,

- dass dieser Crash erst dann zum Zuge kommen darf, wenn die Hochfinanz ihre Vorbereitungen dafür abgeschlossen hat,
- dass die nächste Krise nicht nur eine Vermögensvernichtung bei bestimmten Gruppen (Mittelstand) darstellen wird, sondern vor allem eine Vermögensumschichtung zugunsten der Hochfinanz,
- dass eine von der internationalen Hochfinanz gesteuerte Crash-Situation keine Rücksicht auf irgendwelche Länder nimmt, sondern global betrachtet werden muss,
- dass in einem Crash für die Betreiber nicht die Realwirtschaft, sondern die Finanzwirtschaft entscheidend ist,
- dass ein Crash sehr wohl in die Pläne der Hochfinanz passen könnte, wenn sie die übersteigerten Finanzblasen wieder korrigieren muss,
- dass sogar die den beiden Hochfinanzgruppen gehörenden Banken eine Ursache des Crash werden könnten, wenn der Crash geplant ausbrechen soll.

Umgekehrt dürfte allerdings auch ein Crash nicht ohne den Willen der Hochfinanz ausbrechen: Denn schon mehrfach haben Großpleiten von Staaten (Mexiko, Japan, Argentinien, Russland) im Grunde crashbegründende Größenordnungen gehabt, sind aber aufgefangen worden. Dies gilt auch für die aktuelle Crash-Gefahr nach dem 11. September 2001, welche sofort durch 200 Mrd.-Zuflüsse neuer Dollar aus der den beiden Hochfinanzgruppen gehörenden Federal Reserve Bank aufgefangen worden ist, weil sicher der Zeitpunkt für einen gesteuerten Crash noch nicht reif war.

Parallel zu den Finanzmaßnahmen der führenden Finanzmächte läuft die Weltbeeinflussung durch gezielte Propaganda aus den von der gleichen Macht beherrschten Medien. Die Hochfinanz kann international über die von ihr beherrschten Medien jederzeit positive oder negative Meldungen verbreiten lassen. Ihr gehört sogar das größte Telekommunikationssystem der Welt, über das sie jederzeit Nachrichten durchlassen oder unterdrücken lassen kann. Und glaubt man den berichteten Treuhandverhältnissen von angeblich selbständigen Großverlegern in der Welt, so deutet auch dies auf globale Mediensteuerung der Weltfinanzzentralen hin.

Man darf allerdings die beiden führenden Weltfinanzmächte Rockefeller und Rothschild wohl nicht als immer einig ansehen. Immerhin führen sie regelmäßig Wahlkampf gegeneinander, um den jeweiligen Präsidenten der USA als ihren Vertreter durchzusetzen. So war Clinton Vertreter der Rothschild-Seite, Bush nun Vertreter der Rockefeller-Seite. Entsprechend sind in den USA mal die Interessen von Rüstungs- und Öllobby dominierend, mal die Interessen der Rohstoffkonzerne, Banken und Medienlobby.

*1. Derivatemarkt*

Bisher ist das Spiel der Finanzmärkte durch Information, Desinformation und durch eigene Institutionen für die New Yorker Hochfinanz beherrschbar gewesen. Dazu gehört auch, dass mehr als die Hälfte aller Derivate in den USA von Banken ausgegeben wurden, die direkt oder indirekt den beiden führenden Hochfinanzgruppen zuzurechnen sind. Diese Derivate sind zumeist auf Zinssätze ausgegeben worden, die wiederum von diesen Banken bestimmt werden können, weil diese Banken die Mehrheit in der den Zins festsetzenden Federal Reserve Bank haben. Mit anderen Worten könnte eine „falsche“ Zinsentwicklung nicht ohne Willen der Derivate-Banken geschehen. Dies machte das Vergeben von Derivaten bisher so risikolos. Dies hat aber auch zugleich das Derivategeschäft explodieren lassen auf weit über 90 Billionen Dollar außerbörsliche und börsliche Papiere (per 2000).

Die Risikopotentiale der Derivate liegen vor allem darin, dass die ursprüngliche Derivate-Basis von Aktien oder anderen Werten in der Regel gar nicht bewegt wird, sondern nur spekulativ als Bezugsgröße dient. Auf Gold oder Aktien können also multiplikative Derivate-Geschäfte getätigt werden. Verändert sich allerdings dann die Wertbasis entscheidend, multipliziert sich auch immer das Risiko der Derivate. Das wird insbesondere dann zur Gefahr, wenn der Grundwert der Derivate von den Banken nicht mehr manipuliert werden kann, also Ausschläge bringen würde, die sie nicht mehr im Griff haben.

Eigenartigerweise hat sich dieses Derivate-Geschäft vor der großen Krise 1929 in gleicher Weise entwickelt und ist in der damaligen Weltwirtschaftskrise zusammengebrochen, also „bereinigt" worden.

Die Derivate stehen in der öffentlichen Diskussion etwas im Dunkeln, stellen aber das größte Finanzrisiko dar, weil sie ein Vielfaches des Eigenkapitals entscheidender Großbanken ausmachen. Würden also die Spekulationen mit den Derivaten nicht aufgehen, könnte z.B. die den beiden Finanzobergruppen gehörende Derivate-Bank J.P. Morgan Chase mit angeblich dem 34fachen ihres Eigenkapitals an Derivaterisiko nur ein 30stel dieser Spekulationsgeschäfte nicht mehr bedienen, so wäre das Eigenkapital verloren und könnte ein Zusammenbruch dieser Bank sofort eine Kettenreaktion aller mit ihr verbundenen Großbanken wie nach 1929 auslösen. Die ungezügelten Derivategeschäfte stellen also wiederum ein Sprengstofflager für den internationalen Finanzmarkt dar, das bisher beherrscht worden ist, aber nicht immer beherrschbar bleiben muss.

Gleiches gilt für die Gold-Derivate-Geschäfte. Das Gold wurde über Derivate mit Gewalt unter 300 Dollar gehalten, sogar unter Einsatz des Goldes von Staatsbanken, die zur Leihe bzw. Verkauf „überredet" worden sind (Schweizer National Bank, Bank of England u.a.). Gegenüber den beliebig vermehrbaren Finanzderivaten haben aber die Goldderivate den Nachteil, dass Gold nicht ebenso beliebig vermehrbar ist und dass die Goldproduktion mit nur 2.500 Tonnen jährlich erheblich geringer ist als die Goldnachfrage in der Welt (rund 4.000 Tonnen). Goldderivate sind also für die Banken sehr viel gefährlicher, wenn sie die weltweite Goldnachfrage und damit diesen Preis trotz ständiger publizistischer Angriffe gegen das Edelmetall nicht ewig im Griff halten können.

*2. Börsen*

Die Derivategefahr für die Finanzmärkte vollzieht sich zwar auf oberster Ebene, aber im Halbdunkel. Im Licht stehen dagegen die Börsenwerte und Börsenwertentwicklungen. Auch diese werden von den herrschenden Finanzgruppen weitgehend manipuliert, wobei sie die ihnen verpflichtete Presse darin unterstützt, gewünschte Entwicklungen angeblich vorauszusagen oder als Tatsachen zu verkünden. Hierin liegt die Erklärung, dass die meisten Äußerungen der Analysten zwar Marktbewegungen auslösen können, aber selten stimmen. Zumeist dienen solche Börsenempfehlungen den Vorteilen der eigenen Bank oder den Weisungen von ganz oben.

Innerhalb der Arbeitsgruppe gab es allerdings keine einhellige Meinung darüber, ob die Aktienmärkte zielkongruent gesteuert würden. Mit dem Hinweis darauf, dass z.B. Firmengewinne exponentielle Kursausschläge nach oben oder unten ausüben könnten, wurde der Aktienmarkt von einigen Arbeitsgruppenmitgliedern als ein zwar von außen beeinflussbares, aber im wesentlichen eigendynamisches System begriffen.

Unabhängig davon, in welchem Maße die Börse manipuliert oder eigendynamisch bewegt wird, können Übermaßreaktionen zumindest einen Börsencrash ausüben und entscheidende Rückkopplungseffekte nicht nur innerhalb der Börse selbst, sondern auch auf die übrigen Wirtschaftsbereiche ausüben.

Die Börsenentwicklung – die ja letztlich auch für die Derivate indirekt gilt – hat einen ganz entscheidenden Vorteil: sie ist immer ein Vorläufer. Ein Crash an der Börse vollzieht sich immer etwa ein halbes oder ein Jahr (Japan) vor den Crashfolgen in anderen Bereichen, etwa in der Währung, der Realwirtschaft, in den Unternehmen o.a. Der Grund liegt u.a. darin, dass die Finanzmärkte sich im Aufschwung multiplikativ ausdehnen (in den letzten 30 Jahren haben sich die Finanzwerte vervierzigfacht), während die Realwerte und die Firmenentwicklungen einschließlich der Firmengewinne sich in engeren Grenzen bewegen

(Realwerte in den letzten 30 Jahren nur vervierfacht). Der Korrekturbedarf ist im Finanzmarkt nicht nur vorrangig, sondern auch immer überproportional.

Dass die Finanzwerte sich nicht nur schneller als die Realwerte verändern, sondern auch multiplikativ, hängt u.a. auch damit zusammen, dass ein großer Teil der Finanzwerte in den Unternehmen, den Banken und in den Fonds fest gebunden ist und nur eine relativ geringe Spielmasse die Kurse bestimmt. Kommen nun relativ geringe Anteile eines Aktienbestandes auf den Markt, so bedeutet dies im Verhältnis zur freien Spielmasse eine multiplikative Kursentwicklung, weil das Angebot die Nachfrage oder umgekehrt vielfach übersteigt.

Extreme Kurserholungen kommen oft dadurch zustande, dass in engen Märkten bewusst Aktienmaterial verknappt und von den kurspflegenden Banken oder ihren Fonds selbst nachgefragt wird. Man kann also Kurse in engen Märkten mit relativ geringen Mitteln beschleunigt hochschießen lassen. Die Problematik liegt aber im umgekehrten Weg. Verliert eine Aktie oder verlieren Aktien bestimmter Branchen einmal an Wert, können die Kurse oft nicht mehr rechtzeitig von den mit begrenzten Liquiditäten ausgestatteten Fonds aufgefangen werden. Versuchen diese noch rechtzeitig auszusteigen, um eigene Verluste zu vermeiden, kommt es zu überproportionalen Abstürzen einzelner Werte oder ganzer Börsen.

Vom Börsencrash spricht man allerdings erst dann, wenn die Kurse mehr als 70 % zusammenbrechen wie z.B. am „Neuen Markt", der sogar um mehr als 80 % abwärts marschierte. Ein solcher Börsencrash kann der Auslöser für einen gesamtwirtschaftlichen Crash sein, insbesondere wenn der Börsencrash weltweit stattfindet. Er muss es aber nicht, wenn die Hochfinanz rechtzeitig gegensteuert wie z.B. nach dem 11. September 2001 durch entsprechende Dollarvermehrung („Liquiditätsanmache"). Wenn also bei übersteigerten Börsen- und Finanzmärkten entsprechender Korrekturbedarf entstanden ist, wird diese Korrektur offenbar nur dann und so durch einen Crash realisiert, wie es den herrschenden Finanzmächten vorteilhaft erscheint, wenn man also die Verluste auf die übrigen – vor allem die kleinen – Anleger abwälzen kann.

In der Weltdepression Anfang der dreißiger Jahre hat in den USA die Hochfinanz ihren relativen Vermögensanteil von 20 auf über 34 % angehoben, dagegen haben 8 Mill. Sparer sämtliche Ersparnisse und ebenso viele Millionen ihre wesentlichen Börsenwerte verloren. Der Verlust wurde also im wesentlichen auf den Mittelstand abgeladen. Diese Situation wird sich auch im kommenden Crash einstellen, weil die mittelständischen Anleger weder ausreichende Kenntnisse über die Hintergründe der Börse und der Finanzderivate haben noch beurteilen können, ob die Werte, die ihnen von den Bankenvertretern aufgeschwätzt wurden, überhaupt werthaltig sind, weil sie wie die Lemminge den Börsenkursen bestimmer Märkte weithin nachgelaufen sind. Wir werden also den nächsten Börsencrash wiederum mit einer Verarmung der mittelständischen Anleger einhergehen sehen. Viele werden ihre Ersparnisse verlieren, viele werden ihre angeblichen Börsenwerte zusammenschmelzen sehen, viele werden von der Substanz, die ihnen bleibt, nicht mehr leben können.

Dramatisch wird eine Börsencrash-Situation immer für solche Anleger, die mit Krediten operieren, wie dies vor allem in den USA üblich ist – zum Glück nicht in gleichem Maße in Europa.

*3. Fonds*

Größte Enttäuschungen hatten die Fondsanteilsbesitzer in der letzten Weltwirtschaftskrise hinnehmen müssen, weil die Fonds nicht auf Realwerten, sondern auf Scheinwerten angelegt worden sind und weil ein Zusammenbruch der Scheinwerte die Fonds überproportional trifft. Zudem haben die Fondsanleger einen Zeitnachteil: Sie kommen aus den Fonds nicht mehr rechtzeitig, oft gar nicht mehr heraus. Auch wussten die Fondsanleger selten, mit welchen Dunkelgeschäften (Derivaten) die Fondsrenditen angereichert, aber die Fonds auch in nicht bekannte Risiken getrieben worden sind. Zudem neigten die Banken bisweilen dazu, in Boomzeiten die guten Werte in die eigenen Kassen zu legen, in Absturzzeiten könnten sie deshalb Fremdanlagefonds auf den schlechten Werten sitzen, also diese überproportional abstürzen lassen. Viele Fondsanleger werden deshalb im Crash überrascht sein, dass sie nicht nur schlechte Werte in ihrem Fonds haben, sondern diese Fonds auch überproportional abstürzen und sie dadurch Hauptleidtragende des Crash sein werden.

Die Beispiele Südafrika und Argentinien zeigen auch, dass Börsencrashs oft von Hochfinanzgruppen bewusst herbeigeführt werden, um die Eigentumsverhältnisse der einheimischen Wirtschaft zu ändern bzw. um begehrte Unternehmen billig zu übernehmen oder einfach nur daran zu verdienen. Argentinien z.B. hat dadurch die Mehrzahl seiner zwanzig größten Unternehmen, die vorher in argentinischer Hand waren, an ausländische Finanzgruppen verloren. Südafrika hat mit dem wirtschaftlichen und gesellschaftlichen Zusammenbruch des Burensystems ein gleiches Ergebnis erzielt – übrigens auch eine gleiche Verarmung des weißen Mittelstandes.

### II. Weltwährungssystem

Es gibt Börsenzusammenbrüche, die das Weltwährungssystem nicht berührt haben (1987). In der Regel aber haben Weltbörsencrashs auch Auswirkungen auf das Währungssystem.

Die Währungssituationen haben sich in den letzten 70 Jahren grundlegend geändert. Hatten wir bis etwa 1930 Goldkernwährungen, so sind inzwischen fast alle Währungen nicht mehr direkt oder indirekt auf Gold gegründet, sondern freie Papierwährungen (Quantitätswährungen). Diese Währungen haben den Nachteil, dass die Zentralbanken – gleich, ob sie in öffentlicher oder privater Hand liegen – die Geldmenge frei vermehren können und auch zum Teil hemmungslos vermehrt haben. Insofern sind die Währungen zu Inflationszeiten einer stillen Auszehrung unterlegen, in angeblichen Stabilitätszeiten dagegen nur einer Stagnation oder geringeren Auszehrung.

Das derzeitige Währungssystem der Welt weist momentan ungeheure Spannungen auf:

Der Dollar wird hemmungslos vermehrt, wenn es den herrschenden Finanzkräften darum geht, konjunkturelle oder weltwirtschaftliche Manipulationen zu erzeugen (Beispiel: 11. September = plus 200 Mrd. Dollar). Wichtig ist vor allem, dass der Verschuldungsprozess der Weltwirtschaft im wesentlichen auf Dollarbasis beruht. 70 % der gesamten Dollarbestände werden von ausländischen Banken und Anlegern gehalten. Etwa 75 % des gesamten Welthandels wird in Dollar fakturiert, und die USA können sogar erzwingen, dass z.B. im Ölmarkt nicht in anderen Währungen oder in Gold, sondern ausschließlich in Dollar fakturiert werden muss, können also mit ihrer Übermacht die Dollarnachfrage in der Welt antreiben.

Man mag darüber streiten, in welchem Maße der Dollar überbewertet ist. Würde der Dollar jedenfalls abgewertet – und niemand kann die FED daran hindern, dies international durchzusetzen –, dann würden zu 70 % ausländische Gläubiger von dieser Abwertung betroffen.

Die USA haben es also in der Hand, durch einen Crash und eine Abwertung des Dollar die größte Umverteilung im Währungssystem seit 1930 durchzuführen und sich dabei gleichzeitig zu entschulden.

Solche Crash-Enteignung der ausländischen Dollargläubiger würde übrigens auch die Anleger in US-Aktienwerten treffen.

Schon in der Weltwirtschaftskrise Anfang der dreißiger Jahre haben die einzelnen Nationen ihr Heil in einem Abwertungswettlauf ihrer Währungen gesucht. Ein solcher Abwertungswettlauf ist aber jetzt für die europäischen Länder nicht mehr möglich, weil die USA die Hand auf den Goldbeständen der europäischen Länder haben, die großenteils bei der FED in Manhattan liegen. Wollen also die USA ihren Dollar abwerten, können sie erzwingen, dass die Europäer dem tatenlos zuschauen. Bei Indien, Japan und anderen asiatischen Ländern wird dies möglicherweise nicht in gleichem Maße erzwingbar sein, am wenigsten für die geschlossene Volkswirtschaft China. Immerhin würden durch die Veränderung der Währungskurse untereinander dramatische Folgewirkungen für die Wettbewerbsfähigkeit der einzelnen Länder auftreten.[17] Eine Veränderung der Währungsrelationen hat also außer dem Wertverlust der Dollar-Gläubiger auch noch Wohlstandsveränderungen aus der veränderten Wettbewerbsfähigkeit der einzelnen Länder zur Folge.

Würden andere Länder in der Welt ihre Währung aufwerten oder abwerten, würde dies nicht entfernt der Wirkung gleichen, die eine Aufwertung oder Abwertung des Dollar als derzeit noch führender Weltreservewährung hat. Erst wenn der Euro sich gleichwertig als Weltwährungsreserve durchgesetzt hätte, könnten die Folgen von Dollarmanipulationen reduziert werden. Dies ist jedoch mittelfristig nicht zu erwarten.

In der Weltwirtschaftskrise der dreißiger Jahre hatte der Dollar eine ähnliche Sicherheit wie Gold. Dies wird beim kommenden Crash nicht mehr der Fall sein, weil damals die USA die Gläubigernation waren, heute sind sie die größte Weltschuldnernation.

Wenn sich dann zu einem abgewerteten Dollarkurs noch steigende Zinsen und sinkende Börsen kombinieren, ist ein umfassender Crash in den Finanzmärkten programmiert.

Umgekehrt ist die Welt vor einer Aufwertung des Dollar dadurch geschützt, dass die USA ihre in Dollar valutierten Schulden an das Ausland nicht aufwerten wollen. Aufwertungserfolg hat nur ein Land, welches nicht in der Schuldner-, sondern in der Gläubigerposition ist. Gegen eine Aufwertung stehen zudem die Interessen der US-Exportindustrie. Jede Aufwertung vermindert die Wettbewerbsfähigkeit der einheimischen Exportwirtschaft auf den internationalen Märkten.

---

[17] vgl. unten S. 111 ff.

## III. Crashwirkungen in der Weltwirtschaft

Jeder globale Crash ist immer auch ein Zusammenbruch der Weltwirtschaft, schon deshalb, weil der Außenhandel entsprechend zusammenbricht (nach 1930 minus 30%). Dies hat einen entsprechenden Wohlstandsverlust in den Exportländern, danach aber auch in den Importländern zur Folge.

Insofern ist die Crashabhängigkeit der einzelnen Länder proportional zur Außenhandelsabhängigkeit ihrer Volkswirtschaft. Im Vergleich:

**Außenhandelsanteile**[1]

| | 1981–90 | 1995 | 1999 | 2000 |
|---|---|---|---|---|
| | in % des Bip | | | |
| USA | 7,9 | 11,6 | 13,9 | 14,8 |
| Euro-Raum | 11,9 | 14,3 | 17,6 | 19,0 |
| Japan | 7,1 | 8,4 | 9,1 | 9,9 |
| Vereinigtes Königreich | 22,9 | 28,5 | 33,9 | 35,9 |
| Kanada | 23,7 | 35,9 | 43,7 | 46,3 |
| Australien | 13,3 | 18,4 | 20,5 | 21,6 |
| Schweden | 28,4 | 37,1 | 45,0 | 47,7 |
| Schweiz | 28,8 | 33,1 | 39,2 | 41,4 |
| Handel mit Dienstleistungen/ Außenhandel insgesamt | 21,5 | 20,4 | 21,2 | 19,9 |

[1] Durchschnitt der Exporte und Importe von Gütern und Dienstleistungen, Abgrenzung nach den Volkswirtschaftlichen Gesamtrechnungen der jeweiligen Länder (in realer Betrachtung).
Quellen: OECD; Angaben der einzelnen Länder.

Die Crashwirkungen beziehen sich aber nicht nur auf die Außenhandelsabhängigkeit, sondern auch auf die internationale Kapitalverflechtung. Je mehr eine Volkswirtschaft kapitalmäßig international verflochten ist, desto mehr wird sie von einer Weltwirtschaftskrise betroffen. Länder, die international kapitalmäßig weniger verflochten sind, wie z.B. China oder Indien, werden weniger stark betroffen.

Am wenigsten werden Länder von Crashwirkungen in der Weltwirtschaft berührt, die sich als relativ geschlossener Wirtschaftsraum erhalten haben wie z.B. China oder die sich von einem importierten Crash rechtzeitig außenwirtschaftlich abschotten können.

China unterliegt nicht der Herrschaft des internationalen Großkapitals, sondern hat immer noch eine geschlossene Volkswirtschaft, die zur Not auf Im- und Export verzichten könnte. Wenn also die Weltwirtschaft um China zusammenbricht, wird der abgeschlossene Wirtschaftsraum Chinas davon nur wenig berührt, kann sich China also trotz Weltwirtschaftskrise planmäßig weiter entwickeln.

Den Weg, durch Abschottung von der Weltwirtschaft Ausblutungsfolgen zu begrenzen oder zu vermeiden, haben auch nach der ersten großen Weltwirtschaftskrise Anfang der dreißiger Jahre einige Länder – u.a. Deutschland – gesucht und nach der vorliegenden Literatur dabei auch Erfolge erzielt. Allerdings ist die Wiedererholung und ein Wiederaufschwung der Volkswirtschaften nach der ersten Weltwirtschaftskrise auch in den Ländern geschehen, die sich weiterhin marktwirtschaftlich und global offengehalten haben. Es ist deshalb nicht erwiesen, ob Länder, die bereits von der Weltwirtschaftskrise erfasst waren, mit einer verwaltungswirtschaftlich geschlossenen Wirtschaft günstiger fahren als mit einer marktwirtschaftlich offenen, obwohl die Versuchung in diesen Situationen immer groß ist, durch staatliche Maßnahmen statt durch den Markt das Beschäftigungs-, Wachstums- und Reformproblem zu lösen.

## IV. Therapie im Finanzsektor

*Vorbemerkung:*

Jeder bisher stattgefundene Crash – ob plötzlich oder in Stufen – ist zwar ein reinigendes Gewitter, dauert aber nicht ewig. Die Weltwirtschaftskrise Anfang der dreißiger Jahre hat nicht einmal 5 Jahre gedauert. Der Zusammenbruch Deutschlands nach 1945 wurde ebenfalls in den fünfziger Jahren überwunden. Immer geht es nach einem Crash auch irgendwann wieder aufwärts.

Allerdings ist die Aufwärtsbewegung nicht notwendigerweise die Fortsetzung der alten Wertekurven, sondern ist ein neuer Aufschwung in allen Bereichen ein ganz neuer Zyklus und ein neuer Anfang auf niedrigerer Basis und in einem veränderten Umfeld. Insofern ist die Vermögensvernichtung, Vermögensumverteilung und die gesellschaftliche Veränderung durch den Crash dauerhaft im Sinne einer neuen Basis für einen neuen Aufschwung.

Daraus folgt die Frage, wie nach einem Crash oder einer Depression der neue Anfang aussehen wird, was man tun könnte, um sich im neuen Umfeld ökonomisch am besten zu positionieren.

*1. Neuaufbau in den Finanzmärkten*

Bei den Börsen ist die Prognose am einfachsten. Die Börse sackt ab bis zu einem Tiefstand und wird sich irgendwann wieder langsam erholen bzw. Aufwärtstrends aufweisen. Dies wird sich allerdings langsam vollziehen, denn die Zahl der Aktieninhaber und Börsenteilnehmer wird durch einen Crash reduziert. Auch deren Vermögen ist reduziert. Insofern ist jeder Neuanfang an der Börse von großer Vorsicht der Beteiligten und von weniger Beteiligten geprägt.

Der Zusammenbruch der Börse hatte bisher immer vor allem folgende Wirkungen:

- Die meisten Börsenspekulanten, die mit Krediten arbeiteten, sind vom Markt verschwunden, mussten aufgeben.
- Die große Geldvernichtung im Crash hat auch die meisten Aktienwerte teilvernichtet und einen geringen Kurs der Aktien besorgt. Damit ist das Kurs-Gewinn-Verhältnis prinzipiell verbessert, auch wenn die Gewinne noch nicht entsprechend anfallen.
- Der Zusammenbruch der Kurse hat die Bonitäten von Firmen verändert und – so weit Aktien für Kredite hinterlegt wurden – auch das Kreditvolumen reduziert.
- In allen Crash-Fällen wurde die Aktie nach dem Crash als eine Betrugsmaschine von denen verteufelt, die daran verloren haben, ist al-

so eine grundsätzlich negative Aktienstimmung aufgetreten, die sich erst im Laufe der Zeit wieder verliert.

- Der Zusammenbruch der Börsen hat nicht nur zu einer Vermögensvernichtung, sondern auch zu einer großen Vermögensumverteilung geführt. Die Masse der Mitläufer hat verloren. Wer rechtzeitig ausgestiegen ist, hat seine Liquidität behalten, um nach dem Crash günstiger wieder anlegen zu können. Aus diesen Wiederanlagen – vor allem der Fonds – wird die erste größere Wiedererholung der Börsen kommen.
- Im Zuge des Börsencrash wird auch das Aktienmaterial reduziert, weil eine ganze Reihe von schlecht finanzierten Firmen den Crash nicht überstehen und vom Börsenzettel verschwinden. Auch diese Verknappung des Aktienmaterials führt zu einer Wiedererholung der Aktienkurse bei den verbliebenen Aktien.
- Aber das Verhalten der Aktionäre wird grundsätzlich verändert sein. Die vor dem Crash im Boom aufgetretene Dominanz von spekulativen Anlagen wird sich umschichten auf Sicherheitsanlagen, also Anlagen in möglichst sicheren Werten.

So weit die Anleger beim Zusammenbruch der Börse aus Aktienpapieren umsteigen in andere Werte (Anleihen, Fonds, Immobilien o.a.), wird sich der an der Börse immer zuerst begonnene Crash auch auf diese Bereiche ausdehnen, werden also auch diese Anleger zwar zeitverzögert, aber gleichfalls von Verlusten betroffen.

Damit soll nicht gesagt werden, dass der Crash immer an der Börse ausbricht, er könnte auch im Anleihenmarkt oder im Derivate-Markt zuerst ausbrechen. Würden z.B. wesentliche Staatskonkurse etwa in den russischen Nachfolgestaaten, in Asien, in Südamerika oder in Nordamerika (Dollarabwertung) das Vertrauen in den Rentenmarkt erschüttern, könnte auch diese Seite zum Crash-Vorläufer werden und die Börse mitreißen.

Die auf Quantitätswährungen beruhenden Finanzmärkte funktionieren eben alle nur, solange Vertrauen in sie besteht. Fangen wesentliche Gruppen an, der Geldwertillusion der Finanzanlagen zu misstrauen, bricht das System wie ein Kartenhaus zusammen.

1.1 Eine Generalkorrektur wird in jedem Falle im Derivatemarkt erfolgen müssen, denn dieser unkontrolliert explosive Markt stellt für unser Finanzsystem das größte Risiko dar. Selbst wenn es nicht, wie in Deutschland nach der ersten Weltwirtschaftskrise, zum Verbot von Finanzderivaten kommt, sollte der Staat den Banken vorschreiben, Derivate nur für solche Positionen eingehen zu dürfen, die sie als Material (Aktien, Anleihen) im eigenen Bestand verfügbar haben (also keine Aktienleihe). Damit würden die sog. „Leerpositionen" nicht mehr handelbar sein. Eine zweite Möglichkeit wäre, dass man den Derivatehändlern, wie bei Krediten, eine bestimmte Eigenkapitalbasis abverlangt, dass sie also nur entsprechend ihrem eigenen Kapitalbestand auch Handel betreiben dürfen, wie dies bei den Banken mit der Kreditvergabe auf Mindestreserve (8 % des Eigenkapitals) der Fall ist.

Für den öffentlichen Sektor sollte jedenfalls der Derivatehandel verboten werden, damit die öffentlichen Funktionäre nicht mit dem Geld ihrer Bürger spekulativ operieren und dieses Geld verlieren. Ebenso wäre zu überlegen, ob man den Derivatehandel auch für Versicherungen und gewerbliche Unternehmen verbietet und ob man nicht vorschreibt, dass die Derivateverpflichtungen in der Bilanz ausgewiesen werden müssen.

1.2 Der Zusammenbruch der Börsenwerte hat sekundär eine Verarmungswirkung auf die Kreise, welche ihre Alterssicherung auf Börsenwerte stützen. Dies gilt vor allem in den USA, aber auch zunehmend im deutschen Mittelstand, der die Renditen aus den börsennotierten Werten schon deshalb als Alterssicherung braucht, weil z.B. Selbständige aus den staatlichen Altersversorgungssystemen ausgeschlossen waren. Der Zusammenbruch der Börsenwerte entwertet also vornehmlich mittelständisches Alterssicherungsvermögen, reduziert die daraus erwarteten Einnahmen und führt zu Altersarmut der Kreise, die den Aktienboom vorher vor allem getragen haben.

In dieser Situation der allgemeinen Enttäuschung und Wut über die Vernichtung der Finanzvermögen können Regierungen allzu leicht auf den Ausweg von kriegerischen Maßnahmen verfallen, um auf einen fremden Feind hinzuweisen und sich selbst aus der Verantwortung für den Crash zu stehlen. Krieg kurbelt die Konjunktur immer wieder an.

1.3 Noch eine weitere Wirkung haben alle bisherigen Crashs und Krisen nach sich gezogen: Sie haben immer den Staats- und Verwaltungsanteil erhöht. 1910 hatte Deutschland einen Staatsanteil am Bruttosozialprodukt von 10 %, 1914 von nur 14 %, in den USA lag die Quote noch niedriger. In den Krisen hat es seitdem immer einen Schub von zusätzlicher Staatsverwaltung gegeben, um die angeblich versagenden Kräfte des Marktes zu regulieren. Der heutige Staatsanteil am BSP in Deutschland von 51 % ist in diesem Sinne eine traurige Spitze, aber sicher noch steigerbar, wenn die Leute vom Markt enttäuscht sind und wenn die private Alterssicherung im Crash mindestens teilweise geschwunden ist.

1.4 Wenn schon die nach dem Kapitaldeckungsverfahren organisierten Versicherungen durch Verminderung des Kapitalstocks Verluste erleiden, ist die Situation der nach dem Umlageverfahren konstruierten gesetzlichen Versicherungen noch viel dramatischer. Die staatlichen Renten-, Kranken- und Unfallversicherungen haben ein so hohes Potential von Anspruchstellern, dass schon zu Boomzeiten deren Finanzierung aus Erwerbstätigkeit zum Problem wurde. Nachdem im Crash zusätzliche Massenarbeitslosigkeit auftritt, brechen die Umlagesysteme zusammen. Dies hat Nachteile für die Rentner und Leistungsempfänger dieser Versicherungen, weil sie die früheren Leistungen nicht mehr bekommen können, hat aber Vorteile für die Jugend, die dadurch von den Altansprüchen befreit wird. Insofern bringt der Crash gerade für solche staatlichen Zwangsumlagesysteme ein Ende und einen Neuanfang, der die Scheinwelt von angeblich eigentumsgleichen Ansprüchen in von anderen zu zahlenden Renten beendet.

Wir haben ein noch nicht altes Beispiel für den Zusammenbruch der Alterssicherung mit staatlicher Garantie: Die Rentenversicherung und die Renten der alten DDR wurden vorsätzlich mit dem Gewerkschaftsbund (FDGB) aufgelöst, der mit seinen Gewerkschaftsbeiträgen gleichzeitig die Rentenbeiträge eingezogen hatte und die Rentenverpflichtung eigentlich hätte erfüllen müssen. Die vorsätzliche Auflösung dieses FDGB ließ die Rentner im Regen. Wäre nicht die westdeutsche Rentenversicherung eingesprungen, hätte es bereits damals den Feldversuch für den Zusammenbruch eines Umlagesystems gegeben.

Wenn bisher immer davon ausgegangen wurde, dass sich die Finanzmärkte nach einem Crash irgendwann mittelfristig wieder erholen und wieder einen Aufschwung nehmen, so geschieht dies nicht zwangsläufig. Es kann durchaus sein, dass wiederum, wie in den zwanzig Jahren vor 1982, die Aktienmärkte in Stagnation verharren und dass Aktienanlagen wenig rentierlich bleiben. Dies trifft dann die Fondsanlagen um so mehr, weil diese ja noch mit zusätzlichen Verwaltungskosten belastet sind, die sie möglicherweise kaum noch erwirtschaften. Fondsanlagen wären dann noch unrentabler als Aktienanlagen.

So weit man aus der Vergangenheit ableiten kann, würden folgende Branchen am meisten verlieren und sich am schwierigsten wieder erholen:

Baugewerbe
Möbel und Hausrat
Automobile
Touristik.

Am besten sind bisher immer durch eine Rezession gekommen, sofern sie nicht verschuldet waren:

Nahrungsmittel
Industrie
Einzelhandel
Gesundheitssektor
Versicherungen
Tabakindustrie
Telekommunikation.

Die Entwicklung nach dem Crash hängt für andere Branchen sehr von den Reaktionen der Politik ab. Wenn z.B. der pharmazeutische Markt zusammenbricht, weil das Gesundheitssystem nicht mehr finanzierbar ist, wird dies auch zu einem Umsatzeinbruch der pharmazeutischen Firmen führen. Andererseits könnte aber auch der Staat die notwendigen pharmazeutischen Medikamente gleichsam beschlagnahmen, d.h. die Firmen zwingen, diese Produkte zu Mindestpreisen abzugeben, wie dies der Bayer-Konzern bereits in den USA (Anthrax) und in Südafrika (Aids-Präparat) erfahren hat.

*2. Wiederaufbau des Weltwährungssystems*

Bei allen Crashturbulenzen ist das Weltwährungssystem betroffen, vor allem aus den zuerst und am stärksten zusammenbrechenden Ländern, mit deren entsprechend zusammenbrechenden Währungen (Japan). Die offene Außenflanke des gesamten Währungssystems ist das internationale Fluchtkapital, welches sich dramatisch und fluchtartig in solche Währungen zu retten versucht, welche am wenigsten zusammenbruchsgefährdet erscheinen. Am wenigsten werden solche Währungen vom Crash betroffen werden, die nur gering international verflochten sind wie z.B. China, Island, Russland u.a., vor allem so weit diese Länder keinen freien Kapitalverkehr hatten und haben. Dabei ist zu berücksichtigen, dass sich bisher schon gut drei Viertel des Weltkapitals in einer Währung (Dollar) versammelt haben. Dies ist kaum steigerbar, ohne Eruptionen in anderen Währungsräumen nach sich zu ziehen. Würde also der Weltfinanzstrom weiter in den Dollar fließen, würde dies zu Zwangskorrekturen in den übrigen Währungen führen müssen. Diese Finanzströme sind allerdings beliebig umkehrbar, wenn die führenden Finanzgruppen der USA den Dollar abwerten und damit das zugelaufene Fremdvermögen entwerten.

Solche Devisenkursveränderungen haben aber auch Folgen für alle Geschäfte, die in einer Fremdwährung abgeschlossen worden sind. Damit könnte vor der Korrektur ein Währungsgewinn realisiert werden. Nach der Korrektur müssen dann evtl. entsprechende oder höhere Verluste in Kauf genommen werden.

Man muss bei unserer Vorstellung von frei floatenden Devisenkursen berücksichtigen, dass diese nur dann frei floaten, wenn und so lange es den führenden Finanzmächten so passt. Durch den Ölpreis, durch die Zinspolitik der FED und durch die Anlagepolitik von Fonds und Großversicherungen können jederzeit die Kurse manipuliert, d.h. nachhaltig verändert werden, so dass die Weltfinanzströme daraufhin reagieren und die Devisenkurse die Währungswerte verändern. In den letzten Jahren ist diese Manipulation zugunsten einer Aufwertung des Dollar (Finanzierung der Auslandsschulden) gelaufen. Nach dem nächsten Crash wird mit einer Abwertung – möglicherweise massiven Abwertung – des Dollar zu rechnen sein und es werden sich dadurch die Wechselkurse entsprechend ändern mit allen Folgen für den Weltaußenhandel, für die Exporte und Importe sowie deren Wohlstandsfolgen für die Länder.

Die große Währungsgefahr jeder Nachcrashphase liegt in den Möglichkeiten der einzelnen Regierungen – auch im Maastricht-Vertrag vorgesehen –, den freien Kapitalverkehr wieder zu sperren. Zu diesem Mittel wird vor allem dann gegriffen werden, wenn man nachteilige Weltwährungsfolgen für die eigene Währung damit kurz- oder mittelfristig ausschließen will. Würden etwa die USA den Wert des Dollar halbieren, so könnten andere wichtige Außenhandelsländer den auf sie zukommenden Schaden dadurch abzuwenden versuchen, dass sie entweder ebenfalls abwerten (Abwertungswettlauf) oder ihre Grenzen für den freien Kapitalverkehr schließen bzw. kontrollieren. Die letzteren Maßnahmen haben nach dem Crash der dreißiger Jahre zu einem Zusammenbruch des Außenhandels von mehr als 30 % geführt und damit einen entscheidenden Wohlstandsverlust für die Welt verursacht.

### *3. Weltwirtschaftsaufbau nach dem Crash*

Da jeder Crash bzw. jede Depression als globale Depression verstanden wird, hat sie immer auch einen erheblichen Zusammenbruch der Weltwirtschaftsströme zur Folge.

Am meisten betroffen wird von einer Weltwirtschaftskrise immer der Außenhandel. Der Außenhandel als sensibelster Bereich funktioniert nur bei geordneten Verhältnissen. Einbrüche im Finanzbereich, im Währungsbereich oder im politischen Bereich haben immer auch weltweite Außenhandelseinbrüche zur Folge.

Hinsichtlich des Welthandels ist auch zu berücksichtigen, dass wichtige Exportländer ihre angesammelten Kapitalreserven weitgehend verloren haben werden, z.B. die Ölexportländer, und nun nur zu verminderten Preisen noch liefern können, dass andererseits die allseitig gesunkenen Produktenpreise auch sinkende Rohstoffpreise zur Folge haben und dadurch Produktionsbereiche in Schwierigkeiten geraten, die bis zum Crash als rentabel galten, z.B. Produktion von Kupfer, Zink u.a.

Es wird hinsichtlich wichtiger Rohstoffe, wie z.B. Energie, Öl, Wasser, zu neuen Verteilungskämpfen kommen, weil viele Länder bestimmte Rohstoffe in höherem Maße benötigen, als sie diese bezahlen können (Öl, Wasser). Dies könnte zu kriegerischen Auseinandersetzungen um die benötigten Rohstoffe – insbesondere um Wasser – führen wie früher um den freien Boden.

Größtes Bestreben aller internationalen Organisationen muss deshalb nach einem Crash sein, darauf hinzuwirken, dass sich Autarkie und Abschottungsbestrebungen der einzelnen Länder in Grenzen halten bzw. verhindert werden, dass also eine neue oder wieder gewonnene Außenhandelsfreiheit den Wohlstandseffekt des Außenhandels wiederherstellt. Wenn und so lange der Außenhandel nach einem Crash behindert wird, würde sich ein neuer alter Wohlstandspegel nicht wieder herstellen lassen.

## 7.2 Arbeitsgruppe 2
## Öffentliche Finanzen

*Moderator:* Hartmut Möllring, MdL Hildesheim

*Teilnehmer:* Prof. Dr. Rainer Gebhardt, Mittelstandsinstitut Hannover
Prof. Dr. Rolf Kretzer, Bielefeld
Dr. Eberhard Schmiege, Staatssekretär a.D., Springe
Prof. Dr. Eberhard Hamer, Deutsche Mittelstandsstiftung

In der Arbeitsgruppe wurde zunächst darüber diskutiert, wie man einen Crash definieren müsse nach Absturz, Ausmaß und Dauer. Es gab dazu zwei Alternativen:

- Ein Crash könnte sich durch Schrumpfungsraten von 2 bis 10 % über mehrere Jahre entwickeln.
- Ein Crash könnte sich aber auch kurzfristig innerhalb eines Jahres auf 20 bis 30 % Schrumpfung der Realwirtschaft zeigen.

Die ökonomischen und sozialen Anpassungskonsequenzen sind natürlich unterschiedlich. Letztlich führen aber beide Schrumpfungsprozesse zu einer volkswirtschaftlichen Gesamtschrumpfung, die der Arbeitskreis aus den Erfahrungen der dreißiger Jahre mit 20 bis 30 % Absturz angenommen hat. Die Entwicklung der öffentlichen Einnahmen und Ausgaben wurde unter dieser Schrumpfungsprämisse diskutiert.

### I. Entwicklung der öffentlichen Einnahmen

Betrachtet man unter der vorgenannten Voraussetzung die einzelnen Steuern nach ihrem Einnahmeverlust, so

- ist die Körperschaftssteuer seit Jahrzehnten in Deutschland von abnehmender Bedeutung und geringer als die an die Kapitalgesellschaften gehenden Subventionen. Zur Zeit ist die Körperschaftssteuer sogar absolut negativ (Rückzahlungen). Im Crash kann jedenfalls nicht mit Einnahmen aus der Körperschaftssteuer gerechnet werden, eher mit Rückzahlungen.

- Bei der Gewerbesteuer ist der Fall ähnlich. Auch deren Aufkommen ist bereits zur Zeit negativ. Sie wird im wesentlichen nur noch von den mittelständischen Firmen bezahlt und steht deshalb auch steuersystematisch in der Diskussion. Gehen die Umsätze und Gewinne der Betriebe zurück, wird auch die Gewerbesteuer entsprechend zurückgehen – soweit sie als Steuer die nächsten Jahre überhaupt überstehen sollte. Praktisch ist sie bei der Großwirtschaft schon bedeutungslos und sogar für viele Kommunen als Einnahmequelle längst hinter die Einkommensteuer zurückgefallen.
- Die Einkommensteuer wird im Crash durch Gewinnabsturz, durch geringere Löhne und Gehälter und durch steigende Arbeitslosigkeit sinken. Eine Arbeitslosigkeit von 20 bis 30 % führt eben auch zum Absinken der entsprechenden Lohn- und Einkommensteuern (wegen des Progressionstarifs sogar überproportional). Zusätzlich lässt der Schrumpfungsprozess auch die Gewinne der Unternehmen fallen bzw. ausfallen, so dass auch der Mittelstand, der bis jetzt etwa 80 % netto der öffentlichen Finanzen trägt, diese nicht mehr oder nur noch vermindert tragen kann.
- Ein Crash betrifft auch die Umsatzsteuer. Es lässt sich nicht exakt messen, wie stark die Umsätze fallen werden. Bei sinkenden Einkommen, sinkender Kaufkraft und sinkender volkswirtschaftlicher Nachfrage werden jedenfalls auch die Umsätze und damit die Umsatzsteuern drastisch zurückgehen.
- Umsatz- und Einkommensteuer werden zusätzlich im Crash noch dadurch vermindert, dass der Schwarzmarkt über den Sektor Arbeit (Schwarzarbeit) hinaus auch in anderen Marktbereichen dramatisch ansteigen wird. Schwarzgeschäfte sollen ja nicht Leistung und Gegenleistung vermindern, sondern vor allem Abgaben einsparen. Ein dramatischer Anstieg der Schwarzarbeit von jetzt ca. 20 % des BSP auf vielleicht 40 oder mehr Prozent des BSP wird folglich zu entsprechenden zusätzlichen Steuerverkürzungen führen.
- Ein relativ crash-sicherer Posten für die Kommunen sind die Grundbesitzabgaben. Sie sind so lange auch im Crash fest, wie die Immobilieneigentümer sie überhaupt noch zahlen können. Es könnte zwar sein, dass die Kommunen diese Grundsteuer vermehrt zwangsweise

eintreiben oder durch Zwangshypotheken sichern müssten. Dies stellt aber nur eine Zeitverschiebung der Probleme dar. Solange die Immobilien von der kommunalen Steuerverwaltung mit Grundsteuern gegriffen werden können, kommt auch das Geld irgendwann ein. Allerdings spielt es für die Grundsteuer und ihre Erhöhungen eine große Rolle, ob der Crash sich schrittweise oder plötzlich vollzieht. Im letzteren Fall wird die Grundsteuer kaum wesentlichen Finanzausgleich für die Kommune geben können.

In welchem Maße die Kommunen aus Sozialmitteln den Mietern die für sie durch Grundsteuerüberwälzung erhöhten Umlagen wieder erstatten müssen, ist schwer abzuschätzen.

- Gebühren spielen nur bei Kommunen und auf Länderebene eine wesentliche Einnahmerolle, bei den Ländern ca. 10 %, bei den Kommunen allerdings etwa ein Viertel der Gesamteinnahmen. Da solche Gebühren für Verwaltungs- oder Sachleistungen (Wasser, Energie u.a.) erhoben werden und diese existenznotwendigen Leistungen immer wieder anfallen, dürften die Gebühren sich im Crash ähnlich wie die Grundsteuern rechnerisch stabil halten. Drehen die Kommunen dagegen zu stark an der Gebührenschraube, werden sie die Krise und die Verarmung der Bevölkerung in ihrer Region dadurch verschärfen.
- Sinken werden auch die Mineralöl- und Kraftfahrzeugsteuer im Crash. Schon allein dadurch, dass die Haushalte weniger Kraftfahrzeuge kaufen, Zweitwagen abmelden und ihre verbleibenden Kraftfahrzeuge weniger nutzen werden, sinken die kraftfahrzeugabhängigen Steuern. Darüber hinaus werden wegen des sinkenden Konsumniveaus voraussichtlich auch die Mineralölpreise fallen und damit einen zusätzlichen Steuerausfall bringen.

Neben den Steuern sind haushaltsrechtlich auch die Kredite Einnahmen der Gebietskörperschaften. In den dreißiger Jahren lag hier das größte Einnahmeproblem für alle öffentlichen Körperschaften. Weil der vorausgegangene monetäre Crash die verfügbaren Geldmittel reduziert hatte, konnten die Banken und Kapitalsammelstellen Kredite nicht mehr in früherem Maße geben. Darüber hinaus haben die öffentlichen Körperschaften nicht nur neue Zusatzkredite zu beschaffen (Nettoverschuldung), sondern auch fristablaufende Altkredite umzuschulden. Der gesamte jährliche Kreditbedarf ist also ein Vielfaches der Nettoneukreditaufnahme. Jede öffentliche Körperschaft müsste also, um aus Krediten überhaupt noch Nettoeinnahmen zu erzielen, zunächst die Altkredite durch neue Kredite ersetzen; erst danach stellt sich das Zusatzproblem neuer Zusatzkredite. Im Crash ist dagegen davon auszugehen, dass der Staat keine oder nur geringe Kredite überhaupt bekommt, also nicht einmal seine Altschulden umschulden, geschweige denn noch Zusatzkredite bekommen kann.

Eine öffentliche Kreditaufnahme wird auch dadurch noch erschwert werden, dass im Crash die alten Ersparnisse entwertet sind und während der Depressionsphase entspart werden muss. Deshalb verfügen die Kapitalsammelstellen selbst auch nur noch über zu geringere Liquidität, um überhaupt Kredite vergeben zu können.

In welchem Maße die Bürger ihre Bankkonten auflösen, ihre Ersparnisse in Bargeld umwandeln können, hängt von der Auszahlungsfreiheit ab. Würde diese wie in Argentinien auf einen bestimmten Betrag pro Monat begrenzt, würde der Ersparnisabfluss von den Kapitalsammelstellen damit zeitlich reduziert. Das elektronische Geld wird aber auch durch eine vorgenannte Auszahlungsbeschränkung kaum gesperrt werden können, selbst wenn es nicht in Bargeld umtauschbar wird.

Es bleiben also nur zwei Steuereinnahmen, die relativ fest auch in der Depression einkommen: die Grundbesitzabgaben und die Gebühren. Alle anderen Abgaben werden etwa im Rahmen der Depression nur noch reduziert einkommen. Die Staatseinnahmen brechen in der Krise vielmehr durch die Schwierigkeiten neuer Kreditaufnahmen überproportional ein. Der Staat wird also durch die Kreditverluste nur noch mit weniger Einnahmen rechnen können, als das Crashvolumen rechnerisch ausmachen würde.

## II. Auswirkungen auf die öffentlichen Ausgaben

Die verminderten Einnahmen aller öffentlichen Körperschaften werden sie zu drastischen Ausgabenkürzungen zwingen. Eine pauschale Senkung aller Ausgabepositionen um den gleichen Prozentsatz, in welchem sich die Einnahmen des Staates verkürzt haben, wird aber nicht möglich sein. Voraussichtlich würde sich der Sparzwang vorrangig auf folgende Positionen auswirken:

1. Zuerst werden solche Positionen gekürzt werden, welche im Pauschalansatz liegen wie z.B. Gebäudeunterhaltung und ähnliche Ausgaben, für die keine rechtliche Dauerverpflichtung besteht.
2. Dazu werden freiwillige öffentliche Aufgaben gekürzt oder ganz aufgegeben (privatisiert).

Welche anderen Sparmaßnahmen für öffentliche Haushalte möglich sind, hängt davon ab, ob der geltende Rechtsrahmen noch eingehalten werden muss/kann oder ob die Politik durch massive Gesetzesänderungen das Eigentum der Bürger sowie die eigenen Zahlungsverpflichtungen reduzieren kann.

3. Unter grundsätzlicher Einhaltung des Rechtsrahmens wären folgende konkrete Sparmaßnahmen möglich:

- Haushaltssperre für alle geplanten und bereits im Bau befindlichen Investitionsmaßnahmen, so weit sie nicht schon vertraglich gebunden sind,
- Schließen von Bädern, Theatern, Opern, Büchereien und ähnlichen freiwilligen öffentlichen Einrichtungen.
- Freiwillige Fördermaßnahmen können eingestellt werden, so weit nicht Rechtspflichten dazu bestehen oder Rechtsansprüche der Empfänger bereits begründet sind.
- Auf Bundesebene wären Zuschussleistungen an andere Länder einsparbar, so weit nicht gesetzliche Verpflichtungen bereits dafür eingegangen worden sind oder verfassungsrechtliche Zwänge dazu bestehen. Das gilt auch für die Höhe der Beiträge an internationale Organisationen wie EU o.a.

- Einstellungsstopp auf allen Ebenen in allen öffentlichen Körperschaften.

Die vorgenannten Einsparungsmöglichkeiten machen kaum große Volumina aus, liegen insgesamt unter 10 % des Haushaltsvolumens und würden nur für das Anfangsstadium eines Crash ausreichen. Eine sich verschärfende Depressionswirkung kann nur durch massive Änderung des gesetzlichen Rahmens Ausgaben stoppen und die Leistungen des Staates und seine Verpflichtungen massiv reduzieren. Wo dann eingegriffen wird, hängt von der jeweiligen Regierung ab. Eine sozialistische Bundesregierung würde z.B. eher die Bundeswehr abschaffen als Sozialleistungen zu streichen oder würde eher die Subventionen kürzen als die Verwaltungen verkleinern. Umgekehrt würde eine bürgerliche Regierung eher privatisieren als Zukunftsinvestitionen zu kürzen. Man kann deshalb keine eindeutigen Prognosen geben, wo eine Regierung bei den durch Änderung von Gesetzen notwendigen Einschnitten die Schwerpunkte setzen würde.

4. Generell möglich wären Leistungs- und Aufgabenverminderungen des Staates unter entsprechenden Gesetzesänderungen bei

- Abschaffung bestimmter Verwaltungsbereiche insbesondere im erweiterten Sozial- und Gesellschaftsbereich wie z.B. Umweltbürokratie, Erziehungs-, Gleichstellungs-, Lebenshilfe- oder Suchtberatung o.ä.
- Änderung der Sozialhilfegesetzgebung zur Eingrenzung der Sozialhilfeberechtigten, der Sozialhilfehöhe und der Art der Sozialhilfeleistung (vor allem Sachleistungen, statt Geldleistungen).
- Reduzierung der Verpflichtung des Bundes zum Ausgleich der Sozialkassendefizite. Dies setzt allerdings zugleich eine Senkung der Leistungsverpflichtungen der Sozialkassen voraus (vgl. Arbeitsgruppe 7.3).
- Sofern es gelingt, die notwendigen Grund- und Beamtengesetze zu ändern, könnte auch wieder wie in den dreißiger Jahren eine Gehaltskürzung der öffentlichen Diener auf das gleiche verminderte Niveau wie in der Privatwirtschaft eingeführt werden.

- Vor allen Dingen werden die Kommunen eine Fülle solcher Dienstleistungsaufgaben nach gesetzlicher Ermächtigung stilllegen, abgeben oder reduzieren müssen, weil sie inzwischen zu etwa 80 % nicht Hoheitsaufgaben, sondern freiwillige Dienstleistungsaufgaben durchführen.
- Mit gesetzlicher Grundlage wäre die Streichung der meisten Subventionen möglich. Dies würde allein fast 50 Mrd. Euro jährlich ersparen können.
- Auch die sozialen Leistungsgesetze müssen überprüft werden, wo Einsparungen möglich wären.
- Der Staat ist geschaffen für Hoheitstätigkeiten. Danach ist er strukturiert, optimiert (Rechtskontrolle) und legitimiert. Wo er aber Leistungsangebote der normalen Daseinsvorsorge anbietet, ist die staatliche Organisation unwirtschaftlich, könnte also durch Privatisierungen von wirtschaftlichen Organisationen – privaten Unternehmen – eine gleichwertige, regelmäßig sogar billigere Lösung gefunden werden.

Die Privatisierungsforschung hat seit langem darauf hingewiesen, dass z.B. die Privatisierung folgender Bereiche erhebliche – im Durchschnitt 30–40 % – Rationalisierungen erbringen könnte:

- Kommunale Bäder sind in öffentlicher Form klassische Zuschussbetriebe mit jährlich 100.000 bis 500.000 Euro Zuschuss. Privat sind sie gewinnträchtig.[18]
- Auch Erschließungsaufgaben sind nur bei öffentlicher Durchführung defizitär. Private Freiberufler erledigen dies in halber Zeit und fast zu halben Kosten (82,6 %).[19]
- Öffentliche Reinigungsdienste arbeiten bei Gebäudereinigung mit durchschnittlich 66 % Mehrkosten als die Privatwirtschaft.[20]
- In der öffentlichen Grünflächenpflege liegen die Mehrkosten des Staates bei durchschnittlich 55 %.[21]

[18] ausführl. Hamer/Gebhardt, Privatisierungspraxis, Hannover-Essen, 1992, S. 223
[19] vgl. Hamer/Gebhardt, a.a.O., S. 226/227
[20] vgl. Hamer/Gebhardt, a.a.O., S. 227/228
[21] vgl. Hamer/Gebhardt, a.a.O., S. 228/229

- Durch Privatisierung der Krankenhäuser könnte etwa ein Drittel dieser Kosten gespart werden.[22]
- Auch die Müllabfuhr ist in Regiebetriebsform 10 bis 50% teurer als die Privatwirtschaft.[23]

Die Privatisierungsforschung hat gleiche Kostenersparnismöglichkeiten für Schlachthöfe, Straßenreinigung, alle handwerksgleichen Regiebereiche, für Sportanlagen, Stadtplanung, Straßenbeleuchtung, Theaterbetrieb, Büchereien, Restaurants, Friedhöfe, Hochschulen, Verkehrsplanung und etwa 30 weitere Bereiche durch nationale und internationale Erfahrungen nachgewiesen. Die Erfahrungen sind so eindeutig, dass generell mit einer Kostenersparnis zwischen 30 und 50% bei der Privatisierung von öffentlichen Aufgaben gerechnet werden kann.[24]

Eine solche Privatisierungswelle erfordert aber ein eindeutiges Privatisierungsgebot. Es darf nicht nur wie in den Kommunalordnungen heißen, dass privatisiert werden *soll*, sondern dass immer dann privatisiert werden *muss,* wenn der öffentliche Verband nicht nachweist, dass er die Aufgabe besser und billiger durchführen kann (Beweisumkehr).

Die Privatisierung von öffentlichen Aufgaben und Leistungsbereichen hätte noch den Zusatzvorteil, dass statt steuerverzehrender öffentlicher Betriebe steuerzahlende Privatbetriebe entstehen, also der öffentliche Sektor nicht nur einspart, sondern er auch noch Zusatzsteuern (Einnahmen) erwarten kann.

Sollte sich in der Privatisierung ein privater Übernehmer nicht finden lassen und sollten auch die Mitarbeiter den entsprechenden zu privatisierenden Bereich nicht übernehmen (Auslagerung), dann sollten solche freiwilligen Leistungen oder Aufgabenbereiche reduziert oder ganz aufgegeben werden.

---

[22] vgl. Hamer/Gebhardt, Privatisierungspraxis, Hannover-Essen, 1992, S. 230/231
[23] vgl. Hamer/Gebhardt, a.a.O., S. 231/232
[24] vgl. Hamer/Gebhardt, a.a.O., S. 221 ff.

- Die Statistik sollte entweder privatisiert, zumindest aber sonst auf Stichproben reduziert werden. Dies würde die Betriebe im Schnitt um hundert Stunden Statistikarbeiten jährlich entlasten.
- Die Berufsgenossenschaften sollten abgeschafft, die betriebliche Unfallversicherung den privaten Versicherungen übertragen werden, die dies gleichwertig für die Hälfte der Kosten zu übernehmen in der Lage sind.
- Der gesamte öffentliche Wohnungsbestand und die Wohnungsverwaltung sollten nicht nur ausgegliedert, sondern – möglichst an die Mieter – abgegeben werden. Dies würde nicht nur öffentlichen Ärger und öffentliche Korruption vermindern, sondern auch Verwaltungswirtschaft durch Marktwirtschaft ersetzen.
- Viele Teile des Erziehungs- und Bildungswesens gehören in private Hände. Öffentliche Bildungseinrichtungen sind angebotsorientiert, oft mehr für die Lehrenden als für die Lernenden da. Private Einrichtungen dagegen sind nachfrageorientiert, vor allem wenn sie danach subventioniert werden.
- Auch die kulturellen Einrichtungen (Museen, Theater, Büchereien, Konzerte u.a.) würden in privater Hand ganz andere Kulturangebote bringen, als jetzt durch öffentliche Kulturfunktionäre. Die öffentlichen Einrichtungen verschlingen unverhältnismäßige Subventionen. Private Einrichtungen würden sich selbst tragen müssen, deshalb kundennäher operieren.
- Der gesamte Sozialbereich braucht nicht in Regieform durchgeführt zu werden. Hier hat sich eine Armee von Sozialfunktionären ein teures Reservat geschaffen. Alten- und Pflegeheime, Jugendhilfe, Waisenhäuser, Kindergärten, Behindertenbetreuung, Krankenversorgung und Sportanlagen gehören in die Hände privater Manager und privater Träger. Es genügt, wenn der Staat sie kontrolliert und notfalls subventioniert. Er braucht diese Einrichtungen nicht selbst vorzuhalten.
- Bei den öffentlichen Versorgungseinrichtungen (Strom, Gas, Wasser, Fernwärme, Hafenbetriebe) besteht ein öffentliches Interesse daran, dass diese Versorgung gewährleistet ist. Es besteht aber kein öffentliches Interesse daran, dies auch durch öffentliche Diener anbieten

zu lassen. Private Versorgungsfirmen versorgen billiger, schneller und besser. Der Staat muss nur die Versorgung gesetzlich und durch behördliche Auflagen garantieren.

- Eine Ausnahme könnte die Wasserversorgung sein. Seit das amerikanische Großkapital die Wasservorräte der Welt in den nächsten 20 Jahren zu monopolisieren verkündet hat,[25] sollten Wasserwerke und Wassereinrichtungen nicht mehr privatisiert werden, um sie nicht politischen oder monopolistischen Machtzwecken des internationalen Monopolkapitals auszuliefern.[26]

Man muss sich darüber klar sein, dass alle Ausgabenverminderungen durch den Staat auch Auswirkungen auf den Verlauf der Depression haben, diese in der Regel sogar verstärken. Der Staat steht also mit den möglichen Ausgabeersparnismöglichkeiten oft gleichzeitig in dem Zwang, etwa entlassene Mitarbeiter durch das Sozialsystem wieder auffangen zu müssen. Die Nettoersparnis kann dabei sogar zeitweilig negativ werden. Dennoch wird der Staat um die vorhandenen Sanierungszwänge nicht herumkommen, weil er nicht nur für den Crash saniert, sondern auch für die Zeit danach. Der Crash ist gleichsam nur der Auslöser und die politische Gelegenheit, Staatssanierungsmaßnahmen durchzusetzen, die längst notwendig gewesen wären, die im Boom aber nicht durchsetzbar waren oder im nächsten Boom erst recht nicht mehr durchsetzbar wären.

Ein Beispiel für solche nur in einer Krisenzeit durchführbaren Ausgabenersparnis des Staates wäre die Arbeitszeitverlängerung aller im öffentlichen Dienst stehenden Beschäftigten auf wieder 45 oder 48 Stunden pro Woche. In der Rezession haben die öffentlichen Diener praktisch keine Chance, dem zu widersprechen oder dies durch Streik zu verhindern. Damit würde der Staat zwar kurzfristig nur im Rahmen des Fluktuationsprozesses Stellen und Personalkosten einsparen, sofern er Massenentlassungen vermeiden will. Langfristig aber würden da-

[25] Brzezinski, Zbigniew, Die einzige Weltmacht, Amerika-Strategie der Vorherrschaft, Frankfurt, 2002

[26] vgl. ausführl. dazu Hamer/Gebhardt, Privatisierungspraxis a.a.O., S. 115 ff.

durch ein Viertel der öffentlichen Stellen und der Personalkosten überflüssig und einsparbar werden.

Problematisch wird im Crash die Privatisierung von öffentlichem, nicht mehr für die staatlichen Zwecke notwendigem Anlagevermögen, denn üblicherweise sind die Preise für Immobilien im Crash auch verfallen und würde der Staat zu Billigstpreisen verkaufen müssen, also in der Crashphase die ungünstigste Preissituation antreffen, um sich von überflüssigem Anlagevermögen zu trennen. Aus diesen Gründen sollte mit der Privatisierung von öffentlichem Vermögen bis zum nächsten Boom gewartet werden.

Wo Sanierungsmaßnahmen zur Verminderung der öffentlichen Ausgaben nicht mit aller Kraft durchgeführt werden, wird es in den unterschiedlichen Ebenen zum öffentlichen Konkurs kommen. Dies tritt immer dann ein, wenn eine öffentliche Körperschaft nicht mehr zahlungsfähig ist, wenn sie mangels ausreichender Einnahmen ihren Zahlungsverpflichtungen bei den Ausgaben nicht mehr nachkommen kann. Auch in der Vergangenheit und in anderen Ländern sind solche Staatskonkurse immer wieder aufgetreten.

Ein Staatsbankrott würde aber umgekehrt Entlastung bei der Tilgung der öffentlichen Schulden und bei den Zinszahlungen bringen. Allein die Aussetzung der Zins- und Tilgungszahlungen würde auf unteren Ebenen eine Ersparnis von etwa 10 % der Ausgaben ergeben, auf Bundesebene sogar mehr als 20 %.

Nach einem Staatsbankrott werden auch die Altschulden in der Regel prolongiert und irgendwann vergleichsweise geregelt, kann also der Staat langfristig auch mit mindestens einer Teilentschuldung rechnen. So weit sich der Staat im Inland verschuldet hat, schädigt er damit nur seine eigenen Bürger. So weit er sich allerdings im Ausland verschuldet hat, wird er seine Entschuldung schwerer durchsetzen und zudem kurzfristig kaum mit neuen Krediten rechnen können.

## III. Die Staatsfinanzierung nach einem Crash

Der Crash bringt mit seinem Zwang zur Ausgabenkürzung der Gesamtbevölkerung eine Chance, die Staatsquote am Bruttosozialprodukt nicht nur für die Crashzeit drastisch zu reduzieren, sondern auch für die Zeit danach. Im Interesse der Bürger läge es deshalb, wenn die nächste Boomzeit nicht wieder dazu missbraucht werden könnte, die Staatsaufgaben, die staatliche Umverteilung und die Staatsquote wie üblich zu erhöhen, sondern den Bürgern mehr eigenen Leistungsertrag zu belassen. Hilfreich wäre dazu auch ein grundsätzliches Verbot der Kreditaufnahme für den Verwaltungshaushalt.

Im nächsten Boom nach dem Crash werden die Einnahmen des Staates wieder steigen, da Gewinne, Löhne, Gehälter und Umsätze wieder steigende Steuern bringen. Je stabiler dann die im Crash reduzierten Ausgaben gehalten werden, desto größer wird die freie Finanzmasse für die Rückzahlung von Altschulden und für politische Aufgaben.

Auch für den Staat könnten demnach ein Crash zur „schöpferischen Zerstörung“ jahrzehntelanger falscher Finanzpolitik und im Falle drastischer finanzpolitischer Korrekturen die Chance zur Wiedergesundung der öffentlichen Haushalte werden.

## 7.3 Arbeitsgruppe 3 Sozialsysteme

*Moderator*: Prof. Dr. Klaus Jäger, Berlin

*Teilnehmer:* Prof. Dr. Martin Heilmann, Rostock
Wolfgang Straßmeir, Berlin, FVDZ
Eike Hamer, Mittelstandsinstitut
Prof. Dr. Eberhard Hamer, Deutsche Mittelstandsstiftung

### I. Crashanalyse für die Sozialsysteme

Die Arbeitsgruppe diskutierte zunächst darüber, wie ein Crash wirke. Sie war sich einig, dass zunächst die Mengen absinken und erst danach die Preise nach unten tendieren. Den sinkenden Preisen folgt dann weitere Mengenreduktion.

Für die Sozialsysteme bedeutet dies, dass aus einem schrumpfenden Mengenfluss der Volkswirtschaft zunächst eine Reduktion auch der eingesetzten Menge des Faktors Arbeit resultiert, es also zu Entlassungen kommen muss. Diese führen zu verstärkter Arbeitslosigkeit, zu verminderten Lohneinkommen, entsprechend verminderten Aufkommen aus Steuern und Sozialbeiträgen. Die gesamten Finanzierungsspielräume aller Teile des Sozialsystems werden mehr oder weniger drastisch eingeschränkt.

Dieser verminderten Finanzbasis stehen, wie in Rezessions- und Krisenphasen üblich, vermehrte Anforderungen auf der Leistungsseite der Sozialsysteme gegenüber, zunächst als Folge der vermehrten Arbeitslosigkeit (Arbeitslosenversicherung und Arbeitslosenhilfe) und längerfristig als wachsende Ansprüche gegenüber anderen Sozialleistungen.

Der Staat versucht dann üblicherweise eine beginnende Mengenschrumpfung und den damit einhergehenden Rückgang der regulären Einnahmen durch zusätzliche Schuldenaufnahme zu bekämpfen, also durch Geldmengenvermehrung. Die zunächst eingetretene Deflation wird so zu einer Inflation mit rasch zunehmender Geldentwertungsrate umgekehrt. Die galoppierende Inflation findet dann ihren Abschluss in einer Währungsreform, also endet dann üblicherweise in der Währungsreform, also einer definitiven Entwertung der in Geldeinheiten ausgedrückten Vermögenswerte. Wie lange und bis zu welchem Grade diese Form der Enteigung der Geldvermögensbesitzer getrieben werden kann, hängt dann davon ab, wie lange die Bevölkerung diese Beraubung durch den Staat mit sich treiben lässt und am Vertrauen in den Staat festhält.

Die Finanzierung der Sozialsysteme kann grundsätzlich nur über zwei Wege erreicht werden:

1. *über steigende Beiträge bzw. Beitragssätze.* In Zeiten der Rezession und Krise ist diese Strategie aber nicht möglich und politisch nicht durchsetzbar; denn in dem Maße, wie die Einkommensbasis der Beiträge als Folge der sich ausbreitenden Arbeitslosigkeit schrumpft, können die Beitragssätze nicht erhöht werden, um das benötigte Aufkommen zu sichern.
2. *durch die Entwertung der Sozialleistungen* mittels Inflation. Dies ist der einzige und üblichste Weg, die Sozialleistungen zu entwerten. Je höher die Inflation, desto geringer sind die realen Sozialleistungen. Auf diese Weise bleibt der Staat überhaupt finanzierungsfähig.

Darüber hinaus sind auch reale Kürzungen im Sozialsystem dort möglich, wo Realleistungen erbracht werden, etwa bei der Sozialhilfe oder beim Gesundheitssystem. Hier wird man an Kürzungen der Ansprüche bzw. Leistungen, insbesondere der Sachleistungen, nicht vorbeikommen.

Wenn sich also der Staat im Sozialbereich dem Crash nur über Inflation, also Entwertung des Geldes anpassen kann, bedeutet dies für die staatlichen Sozialausgaben eine nominell gleich bleibende Leistung, die sich aber ständig real vermindert. Mit anderen Worten: Die Anspruchsberechtigten bekommen nominell gleich bleibende Geldbeträge, mit denen sie aber immer weniger kaufen können.

Hier kommt es zu folgenden Wirkungen in den einzelnen Sozialleistungsbereichen:

1. Die Renten bleiben nominell gleich oder werden nominell erhöht. Der Realwert der Renten sinkt aber durch die Inflation ständig ab, so dass die Rentner eine ständig sinkende Realrente bekommen und zunehmend verarmen bzw. in Not geraten.
2. Die Entwertung betrifft aber auch die anderen monetären Sozialleistungen des Staates von Arbeitslosengeld und -hilfe bis hin zu den Geldleistungen in der Sozialhilfe. Alle diese Leistungen unterliegen der inflatorischen Wertauszehrung, werden also real geringer. Der Staat wird das bisherig gebotene Niveau des Existenzminimums also nicht mehr sichern können. Es muss deutlich abgesenkt werden.

Davon werden folgende Bevölkerungsgruppen zuerst und am meisten betroffen sein:

- Die Sozialhilfeempfänger werden nicht mehr die alte Zumutbarkeitsgrenze bei ihren Sozialleistungen bekommen, sondern eine neue verminderte Zumutbarkeitsgrenze akzeptieren müssen. Sie werden nur noch mit dem Minimum unterstützt. Dies wird eine Reihe insbesondere älterer Sozialhilfeempfänger klaglos und leidend hinnehmen müssen.
- Dagegen werden wohl andere Sozialleistungsempfängergruppen – insbesondere die zum Zwecke der Sozialleistung zu uns gekommenen Ausländer und die arbeitslosen, auf Sozialhilfeniveau angewiesenen Einheimischen – in Schwarzarbeit, zum Teil in Kriminalität und/oder aktiven Widerstand ausweichen. Ihnen bleibt auch gar nichts anderes übrig, als solche Auswege aus ihrer Existenznot zu suchen.
- Betroffen sein werden auch die Armeen von Sozialfunktionären sein, die nicht mehr finanziert werden können, aber auch in andere, produktive Berufe nicht überwechseln können oder wollen und deshalb ebenfalls in Not geraten.

3. Viele Rentner, die mit Mindestrenten nicht mehr leben können, werden zunächst versuchen, durch Verkauf ihres restlichen Vermögens

oder ihrer Wertgegenstände Zusatzeinnahmen zu erzielen, um damit überleben zu können. Sind diese verbraucht, werden diese Rentner in Not geraten. Wir müssen also damit rechnen, dass nicht nur die Renten sinken, sondern aus den Rentnergruppen zusätzliche Notverkäufe auf die Marktpreise von Immobilien und Wertsachen einwirken. Unter den Rentnern sind zunehmend auch ehemalige Berufsgruppen, die sich auf staatliche Renten verlassen haben (unselbständiger Mittelstand) und damit überproportional verlieren, weil sie den gegenüber früheren Zahlungen erwarteten Differenzbetrag der Rente nicht mehr bekommen (Mindestrente). Ebenso gilt dies für die Beamten, deren Pensionen ebenfalls nicht mehr wertgleich bezahlt werden können. Die Aushöhlung der Zahlungen durch Inflation trifft auch die Pensionen. Die unteren Pensionsgruppen werden zuerst verarmen, die mittleren ihnen im Abstieg folgen. Dann liegen eigentlich nur noch diejenigen Gruppen über dem Existenzminimum, die noch Zusatzvermögen haben, aus dem sie irgendwelche anderen Erträge erzielen können (Geld, rentierlicher Immobilienbesitz o.a.). Vor Existenznot sind auch weitgehend die Bevölkerungsgruppen gesichert, die in einem schuldenfreien eigenen Haus oder einer Wohnung sitzen, die also mit Mietersparnis von Mindesttransferzahlungen leichter überleben können.

Die Situation der Rentner aus Privatrenten von Versicherungen ist prinzipiell nicht anders. Auch diese Versicherungen sind Nominalbeträge, die der Inflationsauszehrung unterliegen. Die Privatrenten werden also zwar in gleicher Höhe bezahlt, aber immer weniger wert. Inwieweit die Versicherungen selbst aus dem mit den Beiträgen angesparten Vermögenswerten hier noch einen Ausgleich schaffen können und überhaupt wollen, ist nicht abzusehen.

4. Der Markt der gesetzlichen und privaten Gesundheitsvorsorge mit mehr als 255 Mrd. Euro pro Jahr wird im Crash ebenfalls eine inflatorische Entwertung der Honorare der Ärzte hinnehmen müssen. Dazu sind die Krankenkassen wegen der zunehmenden Arbeitslosigkeit und der sinkenden Beiträge noch weniger als jetzt in der Lage, die bisherigen Anforderungen zu bedienen. Der Gesundheitssektor wird also zwangsweise sowohl in den Honoraren als auch in den Leistun-

gen schrumpfen müssen. Dies wird zunächst über die Frage geschehen, was „notwendige Leistungen" sein sollen. Es wird sich aber nicht vermeiden lassen, diese immer stärker abzusenken. Dabei muss es zu einer nach der individuellen Zahlungsfähigkeit weit stärker als bisher differenzierten Versorgung mit Gesundheitsgütern kommen (Schlagwort: Zweiklassenmedizin). Wer sich noch aus privatem Vermögen freie Ärzteleistungen leisten kann, wird sie selbst bezahlen müssen. Wer auf die staatlichen Systeme angewiesen ist, wird nur noch Mindestversorgung bekommen.

In der Stunde der Not wird die Diskussion um eine Zwangsverpflichtung der Ärzte oder Verstaatlichung des Gesundheitssystems wieder auftauchen. Dies würde aber allenfalls zu einer weiteren Verschlechterung der Gesundheitsversorgung führen, weil öffentliche oder Zwangsfunktionäre nicht mehr Zusatz- bzw. Sondereinsatz erbringen. Die Verstaatlichung wäre also auch in der Krise keine echte Lösung.

In der Krise rächt sich eben, dass das Gesundheitssystem nicht schon in den Phasen anhaltenden Wirtschaftswachstums mit erheblichen Einkommenszuwächsen in wesentlichen Leistungsbereichen nach marktwirtschaftlichen Prinzipien reformiert worden ist, sondern fast durchgängig nach Prinzipien einer sektoralen sozialistischen Verwaltungswirtschaft betrieben wird. Der verbliebene Unterschied zwischen der praktizierten verwaltungswirtschaftlichen Ordnung der Gesetzlichen Krankenversicherung und einer völligen Verstaatlichung des Gesundheitswesens in eine Staatsgesundheitsverwaltung ist so gering, dass in der Stunde der Not die Politik diesem Scheinausweg folgen dürfte.

- Die Finanznot der Gesundheitssysteme wird zuerst die nicht zur Aufrechterhaltung der Lebens- und Arbeitsfähigkeit notwendigen Leistungen drosseln z.B. Rehabilitationen, Kuren, psychotherapeutische Behandlungen und ähnliche über den Notfall hinausgehende wohlfahrtsmedizinische Zusatzversorgung.
- Zur quantitativen Verminderung des Gesundheitssystems wird das Gesundheitssystem auch qualitativ heruntergefahren werden – ganz

gleich, ob es sich weiterhin um ein privates oder um ein staatliches Gesundheitssystem handelt.

Geht man vom Gesamtergebnis aus, würde nach dem Crash das Gesundheitssystem anders aussehen als vorher, würden alle nicht notwendigen Leistungen darin zwangsabgebaut sein und die notwendigen auch nicht mehr allgemein in der alten Qualität angeboten werden.

- Die Gesundheitsversorgung wird auch nicht mehr für alle Einwohnergruppen garantiert bleiben können. Wer nur zum Zwecke der Gesundheitsreparatur einreist, wird die freie Gesundheitsversorgung von unserem System nicht mehr erwarten können (Ende des passiven Gesundheitstourismus).
- Es könnte eine weitere mentale Veränderung unserer Gesundheitspolitik einsetzen, die bisher schon im real existierenden Sozialismus üblich war. Dort hat man nur die aktiven Arbeiter optimal geschützt, nicht mehr die Alten und Rentner. Diese Einstellung könnte sich bei den Sozialpolitikern auch in der Depression wieder einstellen. Sie würde dazu führen, dass die Alten nicht mehr alle notwendigen teuren Behandlungen bekämen, um ihr Leben zu verlängern, dass also die Alten und Rentner eine verschlechterte medizinische Versorgung bekämen. (Ob eine solche Entwicklung aber mit den Prinzipien des GG und der Rechtsprechung des Bundesverfassungsgerichts noch in Einklang gebracht werden könnte, ist zweifelhaft.)
- Dies gilt auch für die Schwerkranken und Dauerkranken. Ein Prozent unserer Bevölkerung bekommt nämlich 30 % der Gesundheitskosten. Diese Schwer- und Dauerkranken werden im Crash nicht mehr wie bisher unterstützt werden können.
- Nicht nur bei den direkt Betroffenen wird das Sozialsystem durch den Crash teilweise zusammenbrechen bzw. zurückgefahren werden; – betroffen wird auch indirekt die in den Boomjahren dramatisch vermehrte Sozialverwaltung. Wenn der Staat bankrott ist oder nur noch eingeschränkt zahlen kann, wird er auch die üppige Sozialverwaltung (auf 7 Sozialfälle ein Funktionär) nicht mehr tragen können, sondern abbauen müssen. Dies führt zu zusätzlicher Arbeitslosigkeit

gerade dieser bisher privilegierten Funktionärsgruppen, zumal diese ohne negative Folgen für die staatliche Hoheitsverwaltung am leichtesten abgebaut werden könnten.

Der Zusammenbruch der öffentlichen Finanzierung des Sozialsystems wird gesellschaftliche Folgen haben. Nur im Wohlstand konnte man sich erlauben, die alten und kranken Familienmitglieder in teure Heime abzuschieben und dem Sozialsystem zu überlassen. Wenn dies nicht mehr bezahlbar ist, werden die Familien ihre kranken Familienmitglieder wieder selbst pflegen müssen und die Alten auch in ihren Familien halten. Der Mehr-Generationen-Haushalt wird wieder wie schon früher immer üblicher werden, weil er allein noch finanzierbar ist. Dieses Wiederkommen des Mehrgenerationenhaushaltes wird nicht nur für die Alten und Pflegebedürftigen kommen, sondern auch für die Rentner, die von der Minimalrente nicht mehr eine eigene Wohnung bzw. einen eigenen Hausstand unterhalten können, die also mit einer Minimalrente nur bei ihren Kindern überleben können.

Die Arbeitsgruppe unterstellte, dass die sinkende Lohnquote durch Entlassungen und durch Lohnsenkungen einen ständig steigenden staatlichen Anteil der Finanzierung in den Sozialsystemen über die jetzigen 25 % hinaus auf 50 oder mehr Prozent erfordert. Da der Staat selbst kein Geld mehr hat, ist dies nur über Geldmengenvermehrung (Verschuldung) finanzierbar, bedeutet aber, dass sich das Umlagesystem selbst ad absurdum führt, dass immer weniger die Beiträge das Sozialsystem finanzieren und immer mehr staatliche Scheinfinanzierung eintreten muss. Am Ende des Crash hat sich das Umlageverfahren damit diskreditiert und steht eine grundsätzliche Reform der Finanzierung aller Sozialsysteme zwangsweise an – eine Folge, welcher die Sozialpolitik in den Boomjahren immer zu entgehen versuchte.

Die Arbeitsgruppe hat auch überlegt, welche Wirkung Wanderungsbewegungen auf die Sozialsysteme haben könnten. Dies gilt einmal für die Zuwanderung: Die wachsende Zuwanderung, insbesondere aus dem Osten, wird die Sozialsysteme zusätzlich belasten, weil selbst in einem generellen weltweiten Crash noch relative Wohlstandsunterschiede zwischen einzelnen Ländern fortbestehen werden. So wird damit zu rechnen sein, dass aus den Ländern Osteuropas auch im Crash oder gerade im Crash die Zuwanderung in das immer noch relativ höher versorgte Zentraleuropa (insbesondere nach Deutschland) sich verstärken wird. Es werden diejenigen verstärkt zu uns kommen, die am wenigsten Überlebenschancen in ihrem Land haben, also Sozialleistungen am stärksten brauchen. Ob und in welchem Maße aber die nationalen Sozialsysteme solche Sozialzuwanderer noch aufnehmen und ihnen noch Sofortansprüche auf Sozialleistungen gewähren können, wird zum Verteilungskampf in den Sozialsystemen werden.

Ein zusätzlicher Verteilungskampf wird sich neu zwischen den deutschen Bürgern und den immigrierten Einwohnern entfachen. Wenn schon die einheimischen Bürger dramatische Einschränkungen in den Sozialsystemen tragen müssen, werden sie nicht mehr einsehen, dass die Sozialimmigranten den gleichen oder sogar höheren Standard wie sie erhalten und weiterhin Sozialimmigration stattfindet. Die Immigranten werden deshalb relativ bald auf ein Mindestniveau der Sozialunterstützungen absinken – oder (wie in den USA) ganz ausscheiden. Dies könnte sogar bewusst geschehen, um sie dadurch zur Wiederauswanderung zu veranlassen.

In welchem Maße jedoch die ca. 10 Mill. eingewanderten Ausländer in der Krise wieder in ihre Heimatländer zurückwandern, wird davon abhängen, ob sie dort bessere Überlebenschancen sehen bzw. ob sie dort in den Familienverbänden einen Ausgleich für die bei uns verlorenen Sozialleistungen finden können. Solange jedenfalls die Sozialleistungen in Deutschland höher bleiben als in den Heimatländern der Immigranten, wird eine nennenswerte Rückwanderung zumindest aus Sozialsystemgründen nicht stattfinden – allenfalls aus politischem Druck des wachsenden gesellschaftlichen Verteilungskampfes.

Darüber hinaus ist nicht abzusehen, in welchem Maße der vermögende Mittelstand Deutschland verlassen wird, um in Länder mit billigerer

Dienstleistung, mit günstigerem Klima und mit höherer persönlicher Sicherheit auszuwandern. Wenn, wie angenommen, der Crash global wirkt, also auch solche rentnerbevorzugte Gebiete betrifft, dürften die Möglichkeiten weiterer Auswanderung eng begrenzt sein. Hinzu kommen die gesellschaftlichen Probleme der Eingliederung und die Probleme der medizinischen Versorgung, die gerade den noch vermögenden Mittelstand abhalten könnten, im Alter noch auszuwandern. Insofern würde daraus jedenfalls keine Entlastung der Sozialsysteme zu erwarten sein.

## II. Private Vorsorgestrategien beim Zusammenbruch der Sozialsysteme

Die Problematik der privaten Vorsorge für einen Zusammenbruch der Sozialsysteme liegt darin, dass man alle Leistungen auch im Crash bekommen kann, wenn man nur über Mittel verfügt, sie bezahlen zu können. Somit erscheinen Sicherungsstrategien ratsam, bei denen auch in der Krise Vermögensreserven erhalten bleiben, die im Unterschied zu anderen den einzelnen auch im Crash in die Lage versetzen, sich die zur Lebensführung benötigten Konsumgüter, Gesundheitsleistungen und andere Güter beschaffen zu können.

Generell werden solche Bevölkerungsgruppen in Zeiten zusammenbrechender staatlicher Sozialsysteme noch Sozialleistungen einkaufen können,

1. die noch entsprechendes Vermögen gerettet haben
2. oder die Kenntnisse bzw. Fertigkeiten haben, mit denen sie Leistungen erbringen können, für die sie wiederum Sozial- oder Gesundheitsleistungen einkaufen können.

1. Die Frage der Vermögenssicherung gegen soziale Notfälle hängt davon ab, ob die privaten Eigentumsrechte auch im Crash und im Zusammenbruch der Sozialsysteme noch respektiert werden oder ob der Staat in das Privateigentum eingreift.

1.1 Geht man einmal davon aus, dass die Eigentumsrechte noch staatlich respektiert bleiben, dann würden solche Eigentümer auch im Crash noch Sozialleistungen bezahlen können, also überleben können:

- Wer Goldmünzen hat, kann damit jederzeit Ärzte bezahlen, Altersheime bezahlen oder Sozialleistungen, die er braucht, einkaufen.
- Wer ein eigenes Haus hat, kann darin Pflegepersonal oder Kinder aufnehmen, die ihn gegen Wohnleistung im Alter pflegen.
- Wer fremdgenutzten Grundbesitz hat, hat dadurch – wenn auch vermindert – Mieten, aus denen er eigene Notlagen abdecken, auch Gesundheitsleistungen oder ähnliche Sozialleistungen bezahlen kann.
- Schlechter dran sind Menschen, die Aktien haben, denn sie können diese Aktien im Crash nur zu Mindestpreisen verkaufen, sind also kaum liquide und deshalb auch nicht zahlungsfähig.
- Gleiches gilt für die Inhaber von Rentenpapieren. Auch diese sind im Wert zusammengebrochen, kaum veräußerbar, sichern jedenfalls nicht mehr für Notfälle.
- Das Sparbuchvermögen ist durch Inflation zwar entwertet, aber garantiert noch eine gewisse Zahlungsfähigkeit. Insofern ist Barvermögen eine bessere Privatstrategie als Wertpapiere.

Per Saldo gilt also:[27] Der Privatanleger kommt um so besser durch den Crash, je stärker er in Sachwerten gesichert ist. Für den Sozialfall bedeutet dies, dass der Anleger von Sachvermögen weniger in soziale Not geraten wird und für Sozialleistungen zahlungsfähiger bleibt, als der Anleger von monetären Werten.

1.2 Geht man von einer Aushöhlung des Eigentumsrechts durch den Staat aus, weil jede Krise in Demokratien meist zu neuen sozialpolitischen Umverteilungsmaßnahmen führt, also ein räuberischer Staat das Eigentum seiner Bürger nicht mehr respektiert, dann würden die vorgenannten privaten Sicherungen dadurch beeinflusst:

- Ein privater Goldbestand wird möglicherweise rückgabepflichtig. Der Staat kann aber das Gold seiner Bürger nicht aufspüren, wird al-

[27] vgl. ausführlich: Kap. 7/Arbeitsgruppe 1, S. 101

so auch mit der Abgabepflicht nicht durchdringen. Insofern ist ein privater Goldbestand relativ sicher vor räuberischen Staatsmaßnahmen, aber auch vor Crashwirkungen. Mit Goldmünzen bleibt man immer zahlungsfähig, auch im Zusammenbruch.

- Bei Immobilienvermögen besteht die Gefahr, dass der Staat Enteignungen oder Teilenteignungen (Lastenausgleich) oder Steuerbelastungen durchführt, die dieses Immobilienvermögen entziehen, teilentziehen oder belasten und damit einen Teil des Wertes dieser Vermögensvorsorge für den Crash und die Umverteilung in Anspruch nimmt. Schon einmal hat der Staat nach dem letzten Krieg durch Lastenausgleich die Immobilieneigentümer langzeitbelastet. Nicht belastet worden ist das land- und forstwirtschaftliche Vermögen. Dies ist auch kaum mit Sonderlasten zu belegen, weil es zu niedrig rentierlich ist. Würde der Staat also Sonderlasten auf land- und forstwirtschaftliches Vermögen legen, würde er damit viele Betriebe in den Ruin treiben. Landwirtschaft braucht man aber besonders im Crash.

Es geht also im wesentlichen um das rentierliche Immobilienvermögen, welches die Bürger zum Zwecke der Erzielung von Mieten und Pachten halten. Selbst wenn der Staat hierauf Sonderlasten und Teilenteignungen nimmt, dürften diese Lasten immer noch geringer bleiben, als die Wertkorrekturen des Finanz- und Monetärvermögens. Insofern ist auch bei der Annahme eines räuberischen Staates und der Aushöhlung des Eigentumsrechts Immobilienvermögen voraussichtlich noch weniger betroffen als Geldvermögen, bietet also keine optimale, aber immer noch eine bessere private Strategie gegen soziale Notfälle als andere Vermögensanlagen.

- Bei monetärem Vermögen vollzieht der Staat die Enteignung durch Staatsbankrott bzw. Abwertungen (Währungsreform ganz oder teilweise). Insofern sind die monetären Vermögen im Crash gegen Staatswillkür am gefährdetsten und bieten die geringste Vorsorge gegen Notfälle.
- Im Crash werden allerdings wieder ganz andere Werte eine zunehmende Bedeutung und Notfallsicherung werden: die Familienbin-

dungen. Wo die Familienbindungen in Ordnung sind, werden die Familien sich untereinander weiterhelfen, werden sie Notfälle miteinander ausgleichen oder zu bestehen versuchen und wird der Einzelne in der Familie in Notfällen oder Krankheitsfällen abgefedert. Wer eine intakte Familie hat, kommt besser durch Notfälle als die Singles oder Dinkies, die nur sich selbst gelebt haben, die keine Familienbindungen wollten und in der Not auch keine Familienhilfe bekommen werden. Dies wird möglicherweise zu einer sozialpolitischen Wende im Denken der Menschen führen. Die Gemeinschaft wird wieder neu bewertet. Wer keine Gemeinschaft hat, ist nicht mehr wie in den vergangenen Jahrzehnten bevorteilt, sondern benachteiligt. Die Gemeinschaft der Familie wird wieder gesucht werden und die aufgelösten Sozialbindungen werden möglicherweise wieder neu aufgewertet und geknüpft.

2. In Notfällen ist auch derjenige stärker gesichert, wer persönliche Fähigkeiten hat, mit denen er auch im Crash Einkommen erzielen kann und damit seine Nachfrage befriedigen kann.

- Handwerker z.B. können immer durch ihre Fertigkeiten entweder legal oder schwarz irgendwo leisten, wo sie Zusatzerträge erzielen und damit sich vor Not schützen können. Ohnehin wird der Schwarzmarkt solcher Leistungen im Crash dramatisch wachsen, wird also ein großer Teil der bisher weißen Handwerkerleistungen in den Schwarzmarkt abwandern und den begünstigen, der diese Leistungen anbieten kann.

Es werden auch solche Dienstleistungen im Crash nachgefragt, die zur Existenzsicherung notwendig sind. Dazu gehören nicht nur Ärzte und Krankenhäuser, sondern auch Sicherheitsdienstleistungen. Pflegedienste werden, so weit sie auch im Crash gebraucht werden, Einnahmen erzielen und damit ihre eigene Notsituation lindern oder vermeiden können. Dies gilt nicht für solche Dienstleistungen, die entbehrlich sind wie z.B. Anwälte, Steuerberater, Gutachter und ähnliche Berufe, die im Boom überproportional verdienen konnten, aber in der Baisse nicht existenznotwendig erscheinen.

- Wer land- oder forstwirtschaftlichen Besitz hat, kann daraus immer im Crash Leistungen anbieten, die andere brauchen und gegen deren Ertrag er eigene Not vermeiden bzw. Gesundheitsleistungen einkaufen kann. Die Land- und Forstwirtschaft wird mit am besten durch den Crash kommen.
- Kaufleute kommen üblicherweise nicht nur gut durch den Boom, sondern auch gut durch eine Depression, weil sie immer Wege finden, durch Ein- und Verkauf – notfalls auf dem Schwarzmarkt – die notwendigen Güter fürs tägliche Leben zu bekommen und auch in der Lage zu sein, Gesundheitsleistungen privat einzukaufen. Beim Handel kommt es allerdings darauf an, ob er Lagerhaltung hat oder nicht, denn nur wer Handelsgüter hat, kann damit Existenzbedarf decken.

3. Sozialpolitische Sanierungsstrategien

Die gesamten Sozialsysteme werden daran zusammenbrechen, dass ihr angeblicher „Vertrag der Generationen" finanziell nie stattgefunden hat, dass ihr Umlageverfahren im Grunde immer ein „Betrug der Generationen" ist, weil die Zahler nicht für die eigene Altersversorgung oder spätere Gesundheitsvorsorge zahlen, sondern für Empfänger der früheren Generation. Was die Zahler später selbst bekommen, hängt von der nächsten Generation und deren Belastbarkeit und Solidaritätsbereitschaft ab.

Wer jetzt im Umlagesystem keine eigenen Kinder aufzieht, sondern sein gesamtes Einkommen für sich verwendet, wird durch Doppelrenten begünstigt, während die Familien mit Kindern, die also künftige Rentenzahler unter eigenen Opfern heranziehen, mit nur einer Rente bestraft – also sie selbst jetzt und ihre Kinder später zugunsten der Kinderlosen ausgebeutet werden.

Kein Wunder, dass die Bevölkerung auf dieses falsche Anreizsystem durch Kinderverzicht reagiert hat. Ein Drittel der Bevölkerung ist inzwischen Singlehaushalte ohne Kinder, ein weiteres Drittel sind Zweiverdienerhaushalte, so genannte Dinkiehaushalte (double income no kids) ohne Kinder. Ein Drittel der Bevölkerung hat Kinder, davon nur 6 % mehr als 2 Kinder (Regenerationsrate). Die Masse der Bevölkerung verlässt sich also auf die Kinderleistung einer Minderheit und glaubt davon selbst später doppelte Renten und Gesundheitsleistungen kassieren zu können. Während heute zwei Erwerbstätige einen Rentner zu finanzieren haben müsste im Jahre 2015 jeder Erwerbstätige einen Rentner finanzieren. Dies wäre nur möglich mit entweder doppelten Beiträgen oder halbierten Renten. Der Crash entlarvt den Generationenbetrug.

**Rentner auf 100 Erwerbstätige**

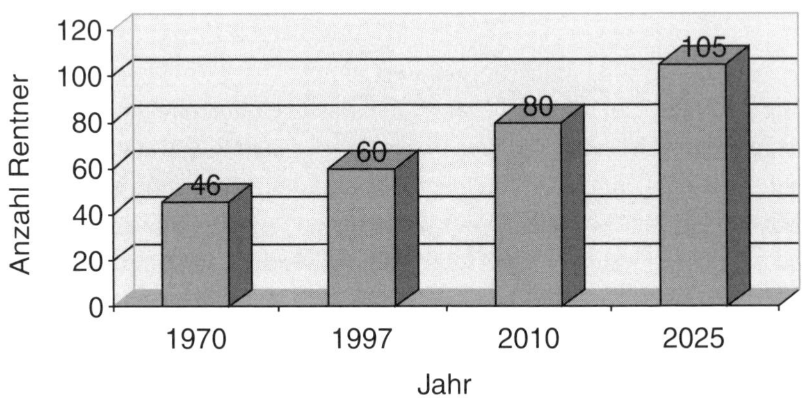


Auch die derzeitige Pflegeversicherung ist nach dem Umlagesystem falsch konstruiert und deckt ohnehin nur einen Bruchteil der Pflegekosten. Die Arbeitsgruppe hat sich deshalb dafür ausgesprochen, die Pflegeversicherung als Teil der Altersversorgung anzusehen und über die private Altersvorsorge mit absichern zu lassen.

Die Arbeitsgruppe hat darüber diskutiert, ob es überhaupt noch eine öffentliche Regelsozialversorgung geben sollte oder ob man dies nicht privatisieren müsse. Privatisierte Altersversorgungssysteme gehen nach dem Kapitaldeckungsverfahren vor, geben also keine falschen Versprechungen ab, sondern haben den solidaren Umlagecharakter nur innerhalb der Zahler.

Es entspricht eigentlich marktwirtschaftlichen Prinzipien, dass die Menschen ihre Altersversorgung je nach Wünschen selbst in unterschiedlicher Weise (Versicherung oder Vermögen) sichern sollen. Die Arbeitsgruppe sprach sich deshalb überwiegend dafür aus, den Wiederaufbau von Alterssicherungssystemen vor allem der privaten Versicherungswirtschaft zu überlassen und der individuellen privaten Vorsorge der Bürger.

Natürlich muss eine staatliche Sicherung dort einsetzen, wo die einzelnen Bürger eine Alterssicherung selbst nicht schaffen können. Das kann aber nur Nothilfe sein, nicht Regelversorgung. Der Crash wird dazu führen, vom alten Umlagesystem notgedrungen zum Kapitaldeckungssystem voll überzugehen und die staatliche Unterstützung auf die Notfälle zu konzentrieren.

Ein anderer Teil der Arbeitsgruppe sprach sich dafür aus, eine gemeinsame öffentliche oder private Altersversorgung wieder zu installieren, diese aber nicht mehr nur auf Beiträge zu konzentrieren, sondern auf die beiden Säulen jeder vernünftigen Alterssicherung:

- auf die Regenerationsleistung
- und auf die Beitragsleistung.

Der Generationenbetrug lag ja gerade darin, dass den Leuten vorgemacht wurde, die Beiträge allein genügten für die Altersvorsorge. Dabei ist verschwiegen oder übersehen worden, dass die Regenerationsleistung die zweite Säule der Altersversorgung ist. Wer eben nur eine Säule bedient hat, dürfte nicht mehr eine volle Rente bekommen, sondern höchstens die halbe, weil er nur die Hälfte der Voraussetzungen erfüllt hat. Unter diesen Gesichtspunkten war das alte System falsch, mit falschen ökonomischen Anreizen, mit intergenerativem Betrug und deshalb korrekturbedürftig.

Die Politiker, die den Rentenbetrug begangen haben, sind längst nicht mehr im Amt und leider auch nicht persönlich haftbar. Insofern kommt nur eine völlige Neuordnung des Systems als Sanierungsmaßnahme in Frage.

Wenn man den Menschen grundsätzlich privat überlässt, wie und wie hoch sie ihre Rente sichern wollen, muss man alle alterssichernden Maßnahmen einschließlich des Immobilienvermögens als Altersvorsorgeleistung anerkennen und steuerlich berücksichtigen.

Wenn aber die Privaten aus ihren Ersparnissen ihre Altersvorsorge ansparen wollen und müssen, muss dem Staat umgekehrt die Macht genommen werden, diese Altersvorsorge entwerten zu können z.B. durch Inflation oder Vermögensbesteuerung. Nur wenn das Eigentum unangetastet und das Alterssicherungsvermögen unbesteuert ist, können die Bürger es wagen, privat ihre Altersvorsorge aufzubauen. Eigentumsrechte und Altersvorsorgeschutz müssten also grundgesetzlich stärker gesichert werden, damit auch politische Mehrheiten nicht an das angesparte Altersvermögen der Bürger können.

Die Arbeitsgruppe hat darüber nachgedacht, ob zur Vermeidung von drastischen Vermögensverlusten einzelner eine zusätzliche private Notkasse aufgebaut werden sollte entsprechend dem schon bestehenden für Konkursfälle der Unternehmen gedachten Pensionssicherungsverein, also ein von den Einkommen unabhängiges Notfallnetz, welches dann eingreift, wenn private Vermögenseigentümer aus irgendwelchen Gründen dieses Vermögen ihrer Altersvorsorge verloren haben. Ein Ergebnis wurde nicht erzielt.

Davon unabhängig ist die Nothilfe im Alter für solche Bevölkerungskreise, die keine Alterssicherung selbst aufgebaut haben. Diesen darf auch im Alter nur eine Mindestsozialhilfe zugute kommen d.h. eine aus Steuern finanzierte Nothilfe.

Diese von der Arbeitsgruppe angedachte grundsätzliche Abkehr von der staatlichen Altersvorsorge hin zur privaten erfordert natürlich einen Mentalitätswandel der Bevölkerung vom Verlassen auf staatlichen Schutz hin zu eigener Vorsorge, Eigeninitiative und Eigenverantwortung. Die Arbeitsgruppe glaubte aber, dies der Bevölkerung abverlangen zu können, weil der Staat in seiner Altersversorgung schon mehrfach versagt hat und private Alterssicherungssysteme wegen des Kapitalsammelverfahrens solider konstruiert sind als die staatlichen Umlagesysteme.

Dabei entsteht die Nebenfrage, wie die Altersvorsorge von Immigranten und solchen Gruppen gesichert werden soll, denen der Staat Versprechungen macht, ohne dass jemand dafür etwas hinterlegt oder vorgesorgt hat. Die Arbeitsgruppe war der Ansicht, dass der Staat, wenn er solche Versprechungen macht, auch selbst dafür einzutreten habe, dass er dies nicht auf die Versicherten abwälzen dürfe. Diese Zusagen müssen also steuerfinanziert werden (Fremdrenten).

Auch für das Gesundheitssystem hat die Arbeitsgruppe eine prinzipiell private Vorsorge als Ausweg aus dem Crash empfohlen. Die private Krankenversicherung ist so leistungsfähig, dass sie die Gesamtbevölkerung bedienen könnte und auch individuell bedienen kann. Wenn man eine Grundversorgung als Haftpflicht für die Gesundheit erhebt und Zusatzversorgungen einführt, kann man jede gewünschte Gesundheitsversorgung gewährleisten. Dies würde allerdings bedeuten, dass dann solchen Menschen, welche sich selbstverschuldet in der Gesundheit schädigen, einen Risikozuschlag zumuten müsste (Risikosportlern, Rauchern u.a.).

Würde auch die Krankenversorgung grundsätzlich privatisiert, hätte der Staat nur noch für Sozialhilfeempfänger, die keine eigenen Beiträge zahlen können, Krankennotvorsorge zu sichern.

Die Arbeitsgruppe hat auch darüber diskutiert, ob die privaten Krankenversicherer wie bei der Kfz-Versicherung ein Bonus-Malus System einführen sollten, nach welchem geringere Inanspruchnahme des Gesundheitssystems honoriert und höhere Inanspruchnahme durch entsprechend höhere Beiträge zusatzbelastet würde, wie z.B. die Höherstufung und Herabstufung der Kraftfahrtversicherungsprämien.

Eine andere Lösung läge in der Eigenbeteiligung für jeden Fall einer Inanspruchnahme von Gesundheitseinrichtungen (Ärzte, Krankenhäuser, Medikamente). Eine solche Eigenbeteiligung würde jedenfalls den Missbrauch beenden, der immer dadurch einsetzt, dass etwas nichts kostet und deshalb im Übermaß über die echte Marktnachfrage hinaus in Anspruch genommen wird. Insofern war das Krankenscheinsystem ein Anreiz zur Unwirtschaftlichkeit, weil sich die Gesundheitsanbieter (Ärzte) selbst dadurch ihr Einkommen erhöhen konnten, dass sie mehr Krankenscheine sammelten und niemand eine Kontrolle darüber hatte, wie viel echte und falsche Leistungen nachgefragt bzw. bezahlt wurden. Eine Selbstbeteiligung der Versicherten würde zumindest eine geringe Preis-Leistungs-Mentalität wieder beleben können und die Versicherten veranlassen, keine überflüssigen Gesundheitsleistungen nachzufragen.

Man kann natürlich über eine langsam ansteigende und sozial abgefederte Selbstbeteiligung (Ersatzselbstbeteiligung) – auch allmählich vom staatlichen auf das private Gesundheitssystem übergehen, indem man langsam die Selbstbeteiligungssätze anhebt, bis nachher die private Versicherungswirtschaft das Gesamtrisiko alleine übernehmen kann.

Natürlich würde im Falle der Umstellung auf ein privates Kranken- und Altersversorgungssystem ein ganzer Bürokratiezweig („Selbstverwaltung" der GKV) mit Hunderttausenden von Beschäftigten arbeitslos werden. Dies wäre aber zu verkraften, weil einerseits die privaten Institutionen ausgebaut werden müssten, also wieder zusätzliche Kräfte einstellen werden, zum anderen die Sozialverwaltungen ohnehin zu den ineffizientesten Verwaltungen gehören und längst hätten reduziert werden müssen.

Die finanzpolitische Problematik aller Reformmodelle der Umwandlung der Systeme aus staatlich-bürokratischer Lenkung in Systeme privater und eigenverantwortlicher Gestaltung liegt darin, dass auch nach einem Crash dies nur langsam verändert werden könnte. Es muss also ein über ein Jahrzehnt dauernder Übergang von staatlichen zu privaten Alters-, Regel- und Gesundheitsvorsorgesystemen erreicht werden. Vielleicht muss anfangs noch eine staatliche Grundversorgung garantiert werden mit öffentlichen Beiträgen oder aus Steuermitteln, die stufenweise zurückgenommen wird, während schrittweise die private Altersvorsorge oder Gesundheitsvorsorge in die Stelle der staatlichen treten müsste.

Inwiefern ein grundsätzlicher Mentalitätswandel in der Bevölkerung erreichbar ist von der allgemeinen Forderung, dass der Staat für sie sorge hin zu der Eigenverantwortung, dass sie selbst für sich sorgen, ist auch eine politische Frage. Man muss jedenfalls dazu die Macht der Sozialfunktionäre beenden, die aus egoistischen Herrschaftsgründen ihre „Herrschaft durch Betreuung“ über Sozialuntertanen nicht nur als System etabliert, sondern auch zur herrschenden Meinung erklärt haben. Dieses veraltete sozialistische und verwaltungswirtschaftliche System muss durch Marktwirtschaft und Eigenverantwortung ersetzt werden. Dass dies möglich ist, hat das Wirtschaftswunder nach 1947 gezeigt. Auch damals behaupteten die Sozialfunktionäre, Marktwirtschaft würde nicht funktionieren. Sie hat funktioniert. Sie hat uns sogar den größten Wohlstand geschaffen. Der noch gebliebene Restbereich von Verwaltungswirtschaft in den Sozialsystemen muss deshalb ebenfalls auf Marktwirtschaft umgestellt werden und würde in marktwirtschaftlicher Struktur ebenso zum Erfolg werden. Dazu wäre hilfreich, wenn man den Übergang abfedert und die Umstellung vom öffentlichen auf ein privates Sozialsystem zeitverzögert. Jede Umstellung wird aber nicht vermeiden können, die Ansprüche der nach dem alten falschen Umlagesystem Überversorgten zu reduzieren. Ein Crash würde der Bevölkerung gleichzeitig zeigen, dass die alten Systeme nicht mehr funktionieren und eine Umstellung vom staatlichen Umlagesystem auf privatwirtschaftliche Sozialsysteme möglich machen (Schöpferische Zerstörung).

Die Arbeitsgruppe hat auch darüber nachgedacht, ob es nicht wie in den USA richtig wäre, die Beschäftigten selbst nicht nur über ihre Sozialversicherung entscheiden, sondern auch ihre Sozialbeiträge selbst überweisen zu lassen. Dies würde mehr Bewusstsein für die Kosten der Sozialversorgung wecken, zugleich aber auch die Unternehmen von Sozialbürokratie und von ihrer Haftung für diese Beitragsleistungen entlasten. Wie in den USA könnte die Kontrolle über die Selbstabführung der Sozialbeiträge dadurch gewährleistet werden, dass jeder Arbeitnehmer auf einer Sozialkarte die Beiträge verzeichnet hat und nachweisen kann. Diese Karte müsste er im Januar vorzeigen, um weiter beschäftigt zu werden. Wer die Beiträge im alten Jahr nicht abgeführt hat, kann nicht weiter beschäftigt werden. Was in den USA reibungslos möglich ist, müsste auch bei uns möglich sein.

Die Arbeitsgruppe hat sich zusätzlich mit den Berufsgenossenschaften beschäftigt. Sie hält diese für längst überholt. Würde dieser viel zu teure Rest-Sozialfeudalismus privatisiert, also die betriebliche Unfallversicherung den privaten Krankenversicherungen übertragen, könnte die gleiche Leistung zum halben Preis erzielt werden. Würde man den Arbeitsschutz wie in der privaten Kraftfahrzeugversicherung mit Bonus- und Malusregelungen von Beiträgen privater Versicherungen regeln, könnte man die gesamte Kontrollbürokratie damit abschaffen, weil der Betrieb, der Arbeitsunfälle hat, eben mehr Versicherung zahlen muss, als der, welcher richtig dafür vorsorgt. Die Kontrolle wäre finanziell statt personell. Auch für die Berufsgenossenschaften gilt, dass nach einem Crash eine solche überlebte Bürokratie nur bedingt weiter existieren könnte.

Zu einer Umkehr von Staatswirtschaft auf Privatwirtschaft im Rahmen der Sozialsysteme zwingt immer mehr der globale Wettbewerb. Wenn andere Länder weniger Sozialkosten haben als wir, werden wir weniger wettbewerbsfähig. Wenn andere Länder um uns herum ein besseres Preis-Leistungs-Verhältnis für die Sicherung von Alter, Gesundheit und Berufskrankheiten haben als wir, werden unsere Bürger entweder sozial benachteiligt oder übermäßig belastet. Das führt zu internationalen

Wanderungsbewegungen für die Inanspruchnahme der Sozialsysteme. Der internationale Wettbewerb zwingt also dazu, dass unser Sozialsystem so effizient wie möglich gestaltet wird. Eine Effizienz ist aber mit staatlichen Institutionen nicht erreichbar. Dies hat der Zusammenbruch aller zentralverwaltungswirtschaftlichen Systeme erwiesen. Folglich ist ein marktwirtschaftliches System nicht nur in anderen Bereichen, sondern auch im Sozialbereich effizienzüberlegen.

## 7.4 Arbeitsgruppe 4 Arbeitsmarkt

*Moderator:* Dr. Udo Jansen, Consultant, Emden

*Mitglieder:* Prof. Dr. Eberhard Hamer, Deutsche Mittelstandsstiftung und andere ungenannt

### I. Beschäftigung und Arbeitslosigkeit

Die Problematik einer Depression im Arbeitsmarkt hat zwei Seiten:

*1. Die Beschäftigung*

Das ist die Beschäftigung in einer Volkswirtschaft zahlenmäßig und qualitativ. Die Beschäftigungssituation kann steigen, auch wenn gleichzeitig die Arbeitslosigkeit zunimmt. Sie hängt von den verfügbaren Arbeitsplätzen in einer Volkswirtschaft ab.

*2. Die Arbeitslosigkeit (Arbeitslosenstatistik)*

Sie zeigt an, ob genügend Normarbeitsplätze für die vorhandenen Erwerbstätigen in einer Volkswirtschaft zur Verfügung gestellt werden, also das Verhältnis von Arbeitsplätzen zu Erwerbsfähigen. Die Differenz ist Arbeitslosigkeit.

Jede Crash-Situation im Arbeitsmarkt muss unter beiden Gesichtspunkten betrachtet werden. Solange die Beschäftigung positiv bleibt, kann nicht von Crash geredet werden. Erst wenn die Beschäftigung stark einbricht und gleichzeitig die Arbeitslosigkeit steigt, kann dies arbeitsmarktpolitisch als Crash-Situation definiert werden.

## Zeitreihe Arbeitslose/Sozialversicherungspflichtig Beschäftigte in der BRD

| | 1991 | 1992 | 1993 | 1994 | 1995 | 1996 |
|---|---|---|---|---|---|---|
| Arbeitslose | 2.602.203 | 2.978.570 | 3.419.141 | 3.698.057 | 3.611.921 | 3.965.064 |
| Soz.Vers. Beschäftigte | | | | 28.238.193 | 28.118.137 | 27.738.996 |
| | **1997** | **1998** | **1999** | **2000** | **2001** | |
| Arbeitslose | 4.384.456 | 4.279.288 | 4.099.209 | 3.888.652 | 3.851.636 | |
| Soz.Vers. Beschäftigte | 27.279.577 | 27.207.804 | 27.361.444 | 27.825.624 | 27.819.923 | |

### Arbeitslose (Jahresdurchschnitt)

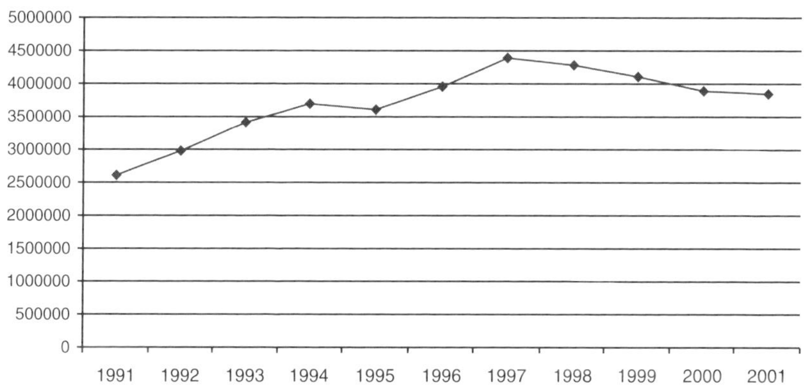


### Sozialversicherungspflichtig Beschäftigte

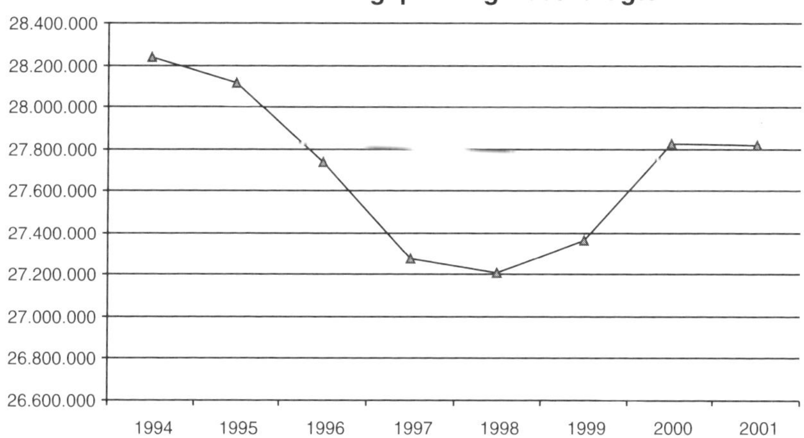

Betrachtet man diese beiden miteinander zum Teil konkurrierenden, zum Teil zusammenhängenden Kurven, so hängt die Beschäftigung auf der Arbeitsseite z.B. ab von der Konjunktur, auf der Nachfrageseite etwa von der Nachwuchsfrage, von der Überalterung, von der Zuwanderung und von der Bevölkerungsstruktur.

Die Arbeitslosenstatistik dagegen hängt mehr von der Veränderung der Arbeitslandschaft ab z.B. Wegfall der gering qualifizierten Arbeitsplätze und/oder Verlagerung zu High-Tec-Arbeit. Die Arbeitslosigkeitsquote zeigt aber auch die wirtschaftliche Situation der Betriebe an, insbesondere der mittelständischen Betriebe, die 80 % der Arbeitsplätze der Wirtschaft stellen.

Der Arbeitsmarkt ist ein sehr sensibler Indikator für die volkswirtschaftliche und für die konjunkturelle Entwicklung. Insofern sind die Arbeitsmarktstatistiken nicht nur statistischer Ausdruck der Wohlstandstendenz, sondern sie signalisieren auch zugleich Veränderungen in anderen Bereichen der Wirtschaft (Einkommen, Konsumkraft, Steuerleistung, Sozialbeitragsleistungen) und der Wirtschaftsgesellschaft. Allerdings lässt sich z.B. aus Durchschnittszahlen, etwa dass jeder Erwerbstätige im Schnitt 1,4 mal in seinem Leben arbeitslos wird, keinesfalls die tatsächliche gesellschaftliche Problematik ableiten, denn die Arbeitslosigkeit betrifft zu mehr als der Hälfte nur 10 % der Beschäftigten, die eben immer wieder arbeitslos werden.

Im historischen Verlauf hat eigentlich jede auch kleinere Rezession eine danach höhere Stufe von Dauerarbeitslosigkeit geschaffen, weil jede Rezession verstärkt zur Rationalisierung – Ersatz von Arbeit durch Kapital – geführt hat.

Insofern sind absolute Höhen von Arbeitslosenziffern allein noch kein Crash-Indikator. Ein Zusammenbruch würde erst dann vorliegen, wenn durch massenhafte Firmenzusammenbrüche die Normalität der Fluktuation verlassen und – entweder mit einem Schlage oder in aufeinander folgenden Abwärtsschritten – ein Zusammenbruch wesentlicher

Teile unserer Betriebe – also Arbeitsplätze – und damit auch der Gesamtbeschäftigung eintreten würde.

Wenn z.B. in der Krise Anfang der dreißiger Jahre ca. 30 % der Betriebe schließen mussten und die Arbeitslosigkeit von 1931 auf 1932 wiederum um 35 % stieg, war dies außerordentlich, war dies die Depression. Würde also ein Betriebssterben wieder zu außergewöhnlichen Massenentlassungen führen, wäre eine sprunghafte Steigerung der Arbeitslosigkeit ein Indikator für einen Crash bzw. für den Zusammenbruch. Dann erst würde die Arbeitslosigkeit über die 10 % Dauerwechsler hinaus verstärkt auch solche Beschäftigtengruppen treffen, die bisher selbst bei Rezessionen als Kernmannschaft ihrer Betriebe nicht zur Disposition standen.

*1. Der Arbeitsmarkt im Crash*

Im Crash ist folgendes anders als normal:

1. Die Arbeitslosenzahlen steigen dramatisch an und zeigen, dass der Arbeitsmarkt strukturell gestört ist.
2. Betriebsschließungen, Massenentlassungen von Großbetrieben und vor allem Massensterben von mittelständischen Betrieben führen zwangsläufig zu Massenarbeitslosigkeit.
3. Entgegen normalen konjunkturellen Wechsellagen zeichnet sich ein Crash auf dem Arbeitsmarkt dadurch aus, dass fast <u>alle</u> Branchen einschließlich des öffentlichen Dienstes, betroffen sind, dass also Entlassungen in einzelnen Branchen durch Arbeitsaufnahmen in anderen Branchen nicht mehr ausgeglichen werden.
4. In der Crash-Situation steigt nicht nur der Zugang zur Arbeitslosigkeit dramatisch, sondern hört der Abgang aus der Arbeitslosigkeit völlig auf.
5. Mit steigender Arbeitslosigkeit und aufhörender Schaffung neuer Arbeitsplätze im Crash wird Druck auf die Löhne ausgeübt, insbesondere bei höheren Lohngruppen. Entlassungen in höheren Qualifikationsebenen führen gleichzeitig zu einem verstärkten Druck auf die jeweils tiefere Qualifikationsebene. Sowohl die Arbeitslosen als

auch die zu niedrigeren Einkommen Weiterbeschäftigten haben Einkommensverluste. Die Einkommensquote der Volkswirtschaft sinkt signifikant ab.

6. Die sinkende Einkommensquote der Volkswirtschaft hat wiederum zur Folge:

- sinkende Steuereinnahmen des Staates,
- sinkende Sozialbeiträge für Krankenkassen, Rentenkassen,
- höhere Ausgaben der Sozialsysteme, insbesondere der Arbeitslosenversicherungen,
- Akzeleratorwirkung der Einkommensverluste durch sinkende Konsumkraft, sinkende Konsumnachfrage, sinkende Umsätze in der Wirtschaft.

Der Arbeitsmarkt ist der Sektor, welcher bisher noch am stärksten vor den Nivellierungen der Globalisierung zu schützen versucht worden ist. Im Crash brechen die Zäune und die Globalisierung wird manche nationalen Sondersituationen schleifen.

Die Globalisierung wirkt im Crash-Falle mehrfach auf einen nationalen Arbeitsmarkt ein:

1. Im Crash bricht ein großer Teil Außenhandel weg, kommt es zu Nachfrageabstürzen, Betriebsreduzierungen, Einkommensreduzierungen, zusätzlichen Entlassungen mit langfristiger Nachwirkung.
2. Im Crash wird sich der Markt voraussichtlich wie folgt entwickeln: Die Global-Konzerne verschärfen die Verlagerung ihrer Produktionsstätten in Billiglohnländer mit entsprechenden Freisetzungen in Hochlohnländern und entsprechendem Lohndruck dort.
3. Auftragsverluste der Zulieferbetriebe und betriebsnahen Dienstleister verstärken den Zusammenbruch mittelständischer Betriebe und deren Entlassungen. Dies wiederum setzt sich depressiv auf die übrigen Wirtschaftsbereiche bis hin zu den freien Berufen fort.
4. Die Firmenzusammenbrüche, Entlassungen, Lohnsenkungen und Verarmungen führen auch im öffentlichen Sektor zu sinkenden Einnahmen, dadurch zu Entlassungen und Gehaltskürzungen.

5. Jeder Crash hat immer verstärkte Armutswanderungsbewegungen im Gefolge. Millionen von Menschen, die zu Hause keine Überlebenschancen mehr sehen, werden sich in solche Länder aufmachen, in denen sie höheren Lebensstandard zu erreichen hoffen. Sie werden damit entsprechenden Druck auf den dortigen Arbeitsmarkt, auf die Löhne, auf die Durchschnittseinkommen ausüben, was die Lohnsenkungstendenz zusätzlich verstärkt.
6. Anfang der dreißiger Jahre haben auch einheimische Arbeitslose Billigst- oder Teiljobs übernommen, um überhaupt etwas zu verdienen, oft bei ganz geringem Einkommen oder für Kost und Logis. Diese Situation würde sich wiederholen, wenn die Sozialsysteme im Crash ebenfalls zusammenbrechen (siehe USA). Allerdings wird der Markt für niedrig entlohnte Dienstleistungen trotz der in ihnen noch steckenden Möglichkeiten (häusliche Dienstleistungen, Sozialdienstleistungen, Gastronomie u.a.) begrenzter als früher bleiben.
7. Ein großer Teil der einfachen Arbeitsplätze ohne berufliche Qualifikation – insbesondere im Produktionsbereich – ist aber in den vergangenen Jahrzehnten endgültig weggefallen und wird auch im Crash nie mehr wiederkommen. Auf die restlichen vorhandenen unqualifizierten Arbeitsplätze wird ein ungeheurer Ansturm der einheimischen und bereits zugewanderten unqualifizierten Arbeitskräfte treffen. Hier liegen erhebliche gesellschaftspolitische Risiken. Wenn diese gering qualifizierten Arbeitslosen keine Beschäftigungschancen mehr haben, kommt es zu gesellschaftlichen Spannungen bis zur Revolution.
8. Im übrigen findet auch ein Verdrängungswettbewerb nach unten hin statt. Sogar qualifizierte Arbeitskräfte bewerben sich lieber um einen unqualifizierten Arbeitsplatz, als überhaupt nichts zu haben. Dies verschärft die Situation im unteren Arbeitsmarktsegment.
9. Gerade dieses Segment wird auch durch den Abbau oder Zusammenbruch der Sozialsysteme überproportional betroffen. Wer eben keine Arbeit mehr hat und auch nicht mehr die derzeitige Sozialhilfe bekommt, gerät in Not und sucht entweder den grauen oder schwarzen Markt mit Noteinkommen oder radikalisiert sich. In den dreißiger Jahren hat dies zur Radikalisierung des Proletariats mit den entsprechenden politischen Folgen geführt.

10. Das Tarifsystem ist ein „Schönwettersystem", welches schon in den neuen Bundesländern nicht mehr durchsetzbar war und Erschütterungen kaum überleben würde. Bricht die Allgemeinverbindlichkeit von Tarifverträgen und der Tarifzwang, so werden die Betriebe nicht nur in verstärkte Preiskonkurrenz, sondern vor allem in verstärkte Lohnkonkurrenz kommen. Dies hat Lohnsenkungsfolgen unter die Tariflöhne. Die drastisch verminderte Nachfrage nach Arbeit und die Konkurrenz der Betriebe wird große Teile der Arbeitskräfte unterhalb der Tariflöhne drücken. Das Tarifsystem bricht.
11. Ein anderer Teil der verminderten Nachfrage wird in die Schwarzarbeit abwandern.

Schwarzarbeit wird sich neben einer normalen Arbeit als Zusatztätigkeit wie in anderen Ländern (Zweit-Dritt-Viert-Job) schon deshalb entwickeln, weil die Menschen mit allen Mitteln versuchen werden, ihren Lebensstandard halbwegs zu halten.

Eine zusätzlich wachsende Variante der Schwarzarbeit wird die Tätigkeit von Arbeitslosen ohne Meldung, ohne Versteuerung, ohne Sozialabgaben. Weil die Sozialsysteme im Crash ebenfalls zusammengebrochen sind, geraten viele Menschen in Not und werden notgedrungen versuchen, sich mit Schwarzarbeit über Wasser zu halten.

In einer dritten Variante werden illegal Ausländer beschäftigt werden, denn der Zuzug von Armutsflüchtlingen aus Ländern, in denen es noch schlechter aussieht, nach Deutschland, wird trotz der Depression anhalten, vor allem aus dem Osten.

Ein Teil der in Not geratenen Bevölkerung wird auch versuchen, sich durch Schwarzhandel mit irgendwelchen eigenen oder fremden Gütern Einnahmen zu verschaffen oder durch Tauschwirtschaft und Naturalwirtschaft zu überleben.

12. Immer hat in Krisenzeiten auch die Vermögenskriminalität drastisch zugenommen und wird beim kommenden Crash für alle, die noch etwas besitzen, zu einem Problem werden. Dies hat allerdings einen wachsenden Sicherheitsmarkt und zusätzliche Beschäftigung in ihm zur Folge.
13. Die derzeitige Arbeitsverwaltung würde im Crash große Teile ihrer Aufgaben verlieren und erheblich reduziert werden. Andererseits ist Arbeitsverwaltung dort weiter notwendig, wo sie Sozialverwaltung darstellt (Arbeitslosenunterstützung, Arbeitslosenhilfe o.a.). Der Crash wird nicht nur Druck auf die Arbeitsverwaltung, sondern auch auf die Sozialverwaltung ausüben. Es werden zwangsläufig beide Systeme zusammengeführt, um die Grundbedürfnisse der Arbeitslosen und der Sozialhilfeempfänger abzusichern. Die klassische Arbeitsverwaltung im bisherigen Stil ist das nicht mehr. Statt der früheren Aufgabe, die Menschen vor allem wieder in den ersten oder zumindest den zweiten Arbeitsmarkt hineinzuqualifizieren wird nach dem Crash mehr ordnungspolitische Grundversorgung und temporäre Beschäftigung im Vordergrund stehen, um ein soziales Abgleiten und eine Radikalisierung der Arbeitslosen zu verhindern. Von der Förderung der Arbeitslosen wird verstärkt zur Forderung an die Arbeitslosen übergegangen (Therapiegesichtspunkt).
14. Der Crash bringt so viel Verarmung und Not mit sich, dass es künftig keine Alimentation mehr ohne Eigenleistung geben wird. Der Sozialstaat wird sich ändern. Auch die Dauer der Alimentation wird nach amerikanischem Vorbild reduziert werden. Es wird keine grundsätzliche Dauerleistung von Sozialunterstützungen mehr geben. Im übrigen ist eine Gesamtabsenkung aller Sozialunterstützungen bis hin zum Überlebensminimum schon wegen der allgemeinen Not und Finanzkrise nötig.
15. Die bisher gültigen Arbeitsschutzgesetze z.B. Kündigungsschutzgesetze, Mutterschutzgesetz, Schwerbehindertengesetz, Betriebsverfassungsgesetz mit absolutem Kündigungsschutz der Betriebsräte u.a. führen dazu, dass es einem Arbeitgeber zugemutet wird – überspitzt ausgedrückt – seinen reduzierten Betrieb schließlich mit Schwerbehinderten, werdenden Müttern, freigestellten und nicht

freigestellten Betriebsräten und mit nicht mehr entlassbaren Altmitarbeitern führen zu müssen. Deshalb unterläuft der Crash auch diese Schutzgesetze, hebt sie faktisch auf.

16. Bisher war der Faktor Arbeit in Deutschland mehr als alle anderen Produktionsfaktoren und mehr als anderswo mit gesetzlichen Bürokratiepflichten belastet (Meldungen, Kontrollen, Bescheinigungen, Statistiken u.a.). Auch diese Pflichten werden die Arbeitgeber im Crash nicht mehr zu übernehmen bereit sein. Zieht der Staat sie nicht freiwillig zurück, werden sie durch den Crash weitgehend fortgespült. Dies würde allerdings für eine nachfolgende Wiedererholungsphase eine entsprechend günstige Vorbedingung für den Arbeitsmarkt schaffen, falls die Gesetzgebung den Fakten folgt und diese gesetzlichen Zwänge durch Aufhebung der entsprechenden Vorschriften beseitigt. (Beendigung der „Überrregulierung")
17. Betrachtet man Einzelsituationen wie z.B. den jetzt geltenden Anspruch der Mitarbeiter auf Teilzeitarbeit, so wird der Crash auch solche Ansprüche, wenn nicht gesetzlich, doch faktisch ad absurdum führen. Der Unternehmer wird eine solche Macht durch die Möglichkeit der Vergabe eines Arbeitsplatzes gewinnen, dass er Sonderansprüche nicht mehr akzeptieren muss. Der Nachfragermarkt wird auch auf dem Arbeitsmarkt in einen Anbietermarkt umschlagen.
18. Eine Sondersituation hat bisher immer der öffentliche Dienst gehabt. In den dreißiger Jahren wurden jedoch nicht nur die Stellen des öffentlichen Dienstes drastisch reduziert, sondern auch die Gehälter. Diese werden sich zurückentwickeln und dem öffentlichen Dienst einen Teil der wirtschaftlichen Attraktivität nehmen.
19. Der Crash hat noch eine mentale Wirkung: Die vielfach bei uns vorherrschende Mentalität, dass es Sache des Staates sei, einen Arbeitsplatz für jeden zu besorgen, nicht aber die Sache der Einzelperson, sich selbst um seinen Arbeitsplatz zu kümmern, wird schlagartig beendet sein. Der Staat sorgt nicht mehr für Arbeit, kann nicht mehr für Arbeit sorgen. Wer sich dann nicht selbst um Arbeit kümmert, wird vom Staat verlassen bleiben.

Diese vorstehenden Betrachtungen sind von einem statischen Arbeitsmarkt ausgegangen. Es könnte aber sein, dass der Arbeitsmarkt durch politische Veränderung (Osterweiterung der EU) eine zusätzliche Schockwelle bekommt, die einem doppelten „Arbeitsmarkt-Crash“ gleich käme. Würden z.B. die nach den Prognosen zu erwartenden etwa 6 bis 8 Mill. Osteuropäer nach einem Beitritt der osteuropäischen Staaten kurzfristig gen Westen ziehen und dort Arbeitsrecht haben, so würden damit alle Endsendegesetz-,Tarifvertrags- und Arbeitsschutzbarrieren kurzfristig überrollt werden. Dies liegt offenbar in der Absicht der europäischen Kommission oder der Großwirtschaft, um die Überregulierung des deutschen Arbeitsmarktes auf diese Weise aufzubrechen. Das liegt allerdings nicht im Interesse der deutschen Arbeitnehmer, weil es sie in zusätzliche Konkurrenz auch mit qualifizierten Billigarbeitern bringt und weil dies nicht nur zum landesweiten Lohndumping, sondern auch zu weiterer Arbeitslosigkeit für die bisher noch Beschäftigten führt. Diese dynamische Betrachtung wird politisch noch ausgespart, verschwiegen, weil sie einen Sprengstoff in sich bietet und dadurch die von der EU-Kommission und der Großwirtschaft geforderte Osterweiterung bei der Mehrheit der Bevölkerung in Frage stellen könnte. Man darf sie jedoch als Arbeitsmarktrisiko nicht übersehen. Sie steht schon lange im Hintergrund aller Bestrebungen, mit einem Zuwanderungsgesetz irgendwelche Dämme gegen solchen Massenzustrom billiger Arbeitskräfte einzurichten.

Ein Zuwanderungsgesetz würde sich aber kaum gegen aufgenommene EU-Staaten und deren Bürger richten können, sondern allenfalls gegen die Zuwanderung aus Nicht-EU-Staaten. Insofern bleibt das Zusatzrisiko dynamischer Arbeitsmarktveränderungen durch die EU bestehen und könnte sämtliche bisher bestehenden Regulierungen und Bedingungen des Arbeitsmarktes de facto schlagartig verändern.

Innerhalb der Arbeitsgruppe wurde darüber diskutiert, ob der Massenzuzug aus den künftigen neuen EU-Ländern in den deutschen Arbeitsmarkt zur Verstärkung der Wirtschaft oder nur zur Verstärkung der Arbeitslosigkeit führen würde. Erinnert wurde an die ähnliche Situation der Flüchtlingsströme nach dem Zweiten Weltkrieg, die problemlos in den Arbeitsmarkt eingegliedert werden konnten und zum Wirtschaftswunder geführt haben. Damals aber war die Situation anders als heute:

- Wir hatten damals 9,2 Mill. mittelständische Betriebe mit Arbeitskräftebedarf, heute haben wir insgesamt nur noch 3,85 Mill. Betriebe insgesamt in Deutschland. Es fehlen also die Betriebe, die zusätzliche Arbeitsplätze schaffen könnten.
- Damals hatte Ludwig Erhard die Steuerfreiheit der im Unternehmen verbleibenden Gewinne durchgesetzt. Dies führte dazu, dass die Betriebe mit ihren Gewinnen vor allem Wachstum und Arbeitsplätze finanzierten. Inzwischen aber werden die Gewinne der Betriebe zu mehr als zwei Drittel abgesteuert. Wären seinerzeit den Betrieben kaum Gewinne übrig geblieben, hätten sie auch aus eigenen Gewinnen das damalige Wachstum überhaupt nicht realisieren können.

Insofern würde Massenzuwanderung nicht mehr wie damals ein Wirtschaftswunder, sondern eher einen Ersatz der teuren deutschen Mitarbeiter durch zugewanderte Billigmitarbeiter – also eine Lohnsenkung – bringen.

Für den Zeitverlauf kommt es also darauf an, ob ein gesamtwirtschaftlicher Crash kurzfristig eintritt, dann würde

- ohne Zuwanderung – statisch – der Arbeitsmarkt intern implodieren,
- mit Zuwanderung – dynamisch – der Arbeitsmarkt durch die externen Verstärkungen möglicherweise explodieren.

Würde dagegen eine Depression sich erst mittel- oder langfristig entwickeln, so würde

- ohne Zuwanderung – statisch – die Problematik entschärft durch die zurückgehende Erwerbsbevölkerung,
- bei Zuwanderung – dynamisch – dagegen die Arbeitsmarktproblematik entsprechend der Zuwanderung sich auf Dauer verschärfen.

Einen großen Teil der vorgenannten schädlichen Folgen für den Arbeitsmarkt könnte man verhindern, wenn man sich rechtzeitig auf einen

Crash vorbereiten, d.h. entsprechende deregulierende rechtspolitische und strukturelle Sanierungsmaßnahmen treffen würde. Dies scheint aber politisch leider ausgeschlossen, weil Bevölkerung und Politik mit einem Crash nicht rechnen und der tatsächliche Korrekturbedarf gegen die mächtigen kooperativen Interessengruppen ohne den äußeren Zwang eines realen Crash nicht durchsetzbar sein dürfte.

## II. Arbeitsmarktstrategien aus dem Crash

Jede künftige Arbeitsmarktstrategie muss eigentlich die Vorfrage beantworten, für wen Arbeitsmarktpolitik betrieben werden soll. Früher war es unstreitig, dass Arbeitsmarktpolitik im Sinne der Optimierung der Arbeitsmarktbedingungen für die deutsche Bevölkerung gemeint sei. Dies hat sich in den letzten 20 Jahren ausgeweitet im Sinne einer Optimierung der Arbeitsmarktbedingungen für die in Deutschland Lebenden einschließlich der Zuwanderer. Die großen Konzerne haben jedoch immer schon globale Arbeitsmarktpolitik gefordert, d.h. offenen Arbeitsmarkt für alle Menschen der Welt. Der statische oder fast statische Arbeitsmarkt solle also voll dynamisch werden. In diesem Sinne werden dann Arbeitsmarktbedingungen nicht mehr zugunsten der Beschäftigten, sondern zugunsten der Konzerne optimiert. Diese Bedingung wird von mächtigen Konzerngruppen der Politik abgefordert, ist aber nicht mehrheitsfähig, liegt nicht im Interesse der deutschen Bevölkerung und Wähler. Wie sich dieses Spannungsverhältnis lösen wird, ist noch nicht abzusehen und hängt davon ab, ob die kapitalistischen Konzerne ihre politische Vormacht auch nach dem Zusammenbruch des Kapitalismus noch behaupten können.

Die folgenden Überlegungen unterstellen dennoch einen dynamischen Arbeitsmarkt einschließlich Zuwanderung, allerdings ohne Völkerwanderungsbewegungen wie etwa durch die Osterweiterung befürchtet.

Eine Wiederbelebung des Arbeitsmarktes nach dem Crash setzt voraus, dass die im Crash faktisch außer Kraft gesetzten Regulierungen nach dem Crash auch formal außer Kraft gesetzt werden. Dies gilt sowohl für

1. die Überregulierung des Arbeitsmarktes als auch
2. für die Überbürokratisierung des Arbeitsmarktes.

*Zu 1:*

Zur Überregulierung des Arbeitsmarktes gehört Befreiung in folgenden Bereichen:

- Tarifvertragsfreiheit, insbesondere von Flächentarifverträgen,
- Reduzierung von Arbeitnehmerschutzrechten auf ein für die Betriebe tragfähiges Maß,
- mehr Zugangsfreiheit für die Beschäftigung statt Verhinderung von Abgang aus der Beschäftigung,
- drastische Reduzierung der Lohnzusatzkosten durch Abbau der Sozialkosten einerseits und Umlagerung der Sozialkosten weg vom Faktor Arbeit,
- Abbau von Sozialkontrollinstanzen und Privatisierungen von Sozialvorsorge (z.B. Berufsgenossenschaften).

*Zu 2:*

Abbau der Überbürokratisierung im Arbeitsmarkt und in der Wirtschaft insgesamt:

- Die Gesamtbelastung der Firmen mit mehr als tausend Stunden Bürokratiepflichten, von denen die Hälfte arbeitsabhängig ist, müssen drastisch reduziert werden z.B. durch
- Selbstabführung von Steuern und Versicherungen durch die Arbeitnehmer. Dann wüssten die Arbeitnehmer wenigstens, wie hoch ihre Gesamtkosten und wie hoch die Steuern und Sozialkosten überhaupt sind und würden einer Erhöhung mehr Widerstand entgegensetzen.
- Privatisierung der Sozialinstitutionen würde ihnen den Zwangscharakter nehmen und sie zur Kostensenkung durch Wettbewerb zwingen (vgl. Sozialsysteme).
- Einfügung der Arbeitsgerichtsbarkeit in die ordentliche Gerichtsbarkeit, um ihren inzwischen eingetretenen Sonderweg (Abfindungsbörsen) zu korrigieren.

- Arbeitsschutzgesetze und Arbeitsbürokratie müssen sozialverträglich so stark wie möglich abgebaut werden. Dies wird um so besser gelingen, je stärker sich ein Wiederaufbau durchsetzt und damit der Arbeitsmarkt sich wieder zum Arbeitsnachfragemarkt entwickelt.
- Abschaffung aller Melde-, Kontroll- und Statistikpflichten der Unternehmer für die Behörden durch Verlagerung in die – möglichst privatisierten – Institutionen selbst.
- Entlastung der Arbeitseinkommen von allen politischen Lasten z.B. Fremdrenten u.a.

Zu einer neuen, aktiven Arbeitsmarktpolitik nach dem Crash würden gehören:

- Veränderung der bisherigen dominanten Konzernförderung durch konsequente Mittelstandsförderung, um Arbeitsplätze zu schaffen, statt Kapital zu subventioniren. Solche Mittelstandsförderung bestand bis 1956 wirksam in einer einzigen Maßnahme: Steuerfreiheit der im Unternehmen verbleibenden Gewinne. Würde diese Form von Wirtschaftsförderung wieder eingeführt, würden die Gewinne zuerst zur Verstärkung der Betriebe und der Arbeitsplätze verwandt werden können, statt sie überwiegend in die unproduktive staatliche Umverteilung zu lenken.
- Degressiver Abbau aller Förderungen für Arbeitslose und Sozialhilfeempfänger, um sie zu Eigensuche von Arbeit zu motivieren.
- Der Abbau der Arbeitsverwaltung und der Abgabenzwänge auf den Faktor Arbeit würde auch den derzeitigen Sektor der Schwarzarbeit auflösen können. Dies wird vor allem dadurch geschehen, dass die „Weißarbeit“ nach Neuordnung der Sozialsysteme und der Steuerlast billiger wird. Hinzu könnten weitere steuerliche Maßnahmen treten wie z.B. Abzugsfähigkeit der Kosten für häusliche Dienstleistungen oder Mehrwertsteueranerkennung auch für Privathaushalte. Damit würde vor allem auch der Niedriglohnsektor aus der Schwarzarbeit verstärkt in die Weißarbeit zurückgeführt.

Eine Strategie zur Belebung des Arbeitsmarktes, zu mehr Wirtschaftswachstum und zu mehr Produktivität wäre auch die Privatisierung aller staatlichen Aufgaben, die nicht hoheitlichen Charakter tragen. Dies würde den derzeitigen öffentlichen Dienst von etwa 6 Mio. Mitarbeitern auf weniger als eine halbe Mio. Mitarbeiter reduzieren können, würde andererseits die privatisierten Mitarbeiter zu effizienterer, produktiverer Tätigkeit bringen und durch Ersatz des öffentlichen Dienstrechtes (Rechtskontrolle) mehr Leistungsmentalität (Leistungskontrolle) erzwingen.

So weit für Hoheitsfunktionen eine Beamtenabsicherung notwendig oder weiterhin zweckmäßig ist (Rechtskontrolle), sollte überall dort, wo jemand Hoheitsfunktion nur auf Zeit ausübt (kommunale Wahlbeamte), der Beamtenstatus nur auf Zeit gegeben und in den Folgen wie eine Privattätigkeit behandelt werden (Rente statt Pension, persönliche Haftung für Misswirtschaft).

Jede Maßnahme und jede Strategie zum Wiederaufbau des Arbeitsmarktes nach einem Crash wird allerdings langfristig nicht vermeiden können, dass wiederum Verharschungen, Feudalsituationen und legislative sowie bürokratische Verkrustungen den Arbeitsmarkt überziehen. Es wird deshalb eine politische Daueraufgabe nach einem Crash sein, dafür zu sorgen, dass die im Crash gewonnenen Freiheiten dauernd neu gesichert werden und dass auch die Mentalität der Bevölkerung im Arbeitsmarkt von öffentlicher Sozialfürsorge zur Eigenfürsorge endgültig gewendet wird. Dass dies möglich und erfolgreich ist, zeigen Länder mit dereguliertem Arbeitsmarkt wie z.B. die USA oder Neuseeland. Es ist also eine vor allem politische Aufgabe, die im Crash gewonnene Flexibilität des Arbeitsmarktes zu sichern.

## 7.5 Arbeitsgruppe 5 Innere Sicherheit

*Moderator*: Prof. Dr. Bernd Hamer MdL, Vors. Innenausschuss Hess. Landtag

*Teilnehmer:* Gerd Schultze-Rhonhof, Generalmajor a.D.
Reinhard Uhle-Wettler, Brigadegeneral a.D.
Prof. Dr. Eberhard Hamer, Deutsche Mittelstandsstiftung
und andere ungenannt.

Die Arbeitsgruppe ging davon aus, in vier Schritten zu diskutieren:

1. Wie ist die Lage im Crash (Bedrohungstatbestand)?
2. Welche Objekte, Ziele, Bereiche sind bedroht?
3. Welche Sicherheitskräfte haben wir gegen die Bedrohung zur Verfügung?
4. Mit welchen Strategien könnte man die Bedrohung am besten bekämpfen?

*Interne Bedrohungsvoraussetzungen*

Die Arbeitsgruppe war sich darüber einig, dass es sicherheitspolitisch aufs gleiche Ergebnis hinausläuft, ob der Crash kurzfristig einsetzt oder in mehreren Stufen sich über mehrere Jahre entwickelt. In beiden Fällen würde folgende Situation entstehen:

- Mit zunehmendem Crash wird die Massenarbeitslosigkeit die Arbeitsmarktsituation verschärfen und vor allem denjenigen keine Chance mehr lassen, die nur unqualifizierte Arbeit anzubieten haben.
- Mit wachsender Notlage der Bevölkerung kommt es auch zu dramatischen Ausfällen der Staatsfinanzen und Sozialbudgets, so dass die bisherigen Sozialleistungen nicht mehr gezahlt werden können.
- Davon sind vor allem die unteren Bevölkerungskreise betroffen, insbesondere der unqualifizierte ausländische Bevölkerungsanteil.

- Die Existenzprobleme zunehmend verarmender Bevölkerungsteile werden diese zu Reaktionen bringen, nicht nur zu Eigentumsübergriffen, sondern auch zu gewaltsamen Auseinandersetzungen bis hin zum Generalstreik oder zum Bürgerkrieg.
- Vor allem von folgenden Gruppen werden Reaktionen zu erwarten sein

  von den nicht integrierten Minderheiten,
  von den verarmten Arbeitslosen,
  von den nicht mehr von dem Sozialsystem wie bisher versorgten Bevölkerungsteilen,
  von denen, die im Crash ihr Vermögen verloren haben.

Aus diesen Gruppen wird die Vermögenskriminalität ebenso dramatisch steigen, wie die gesellschaftlichen Direktauseinandersetzungen untereinander bis hin zur Gewaltanwendung.

- Diese Crashsituation wird ausgenutzt werden von kriminellen und extremistischen Gruppierungen, welche sich die Situation zu Nutze machen wollen, um Sondervorteile für sich zu erwerben.
- Wo europäische Länder offene Grenzen haben mit Armutsländern, in denen eine frühere oder stärkere Verelendung stattfindet, wird von dort aus ein wachsender Immigrationsdruck stattfinden.
- Andererseits werden die bereits eingesessenen Zuwanderer nicht wieder in ihre Heimatländer zurückwandern, weil der globale Crash sich auch dort in gleicher Weise auswirkt und sie keine Verbesserung ihrer Situation dort erwarten können.
- Die moderne Telekommunikation mit ihren Wohlstandsbildern der „reichen“ Länder wird weltweit dafür sorgen, dass jede Verelendung in einem Land sofort zu entsprechenden Wanderungsbewegungen und zum Verarmungsausgleich führt.

### I. Von welchen Gruppen droht im Crash eine Sicherheitsgefahr?

1. Es ist damit zu rechnen, dass Asylbewerber, illegale Einwanderer und ähnliche Gruppierungen, die ohne dauerhaftes Recht in Deutschland weilen, im Crash nicht mehr wie bisher mit Sozialleis-

tungen versorgt werden. Von diesen Gruppen würde dann eine Gefahr ausgehen, weil sie sich gewaltsam das holen werden, was sie zum Überleben brauchen und bisher als Sozialleistungen auch bekommen haben.

2. Eine zweite Gruppe, die in Existenznot steht und deshalb zu Reaktionen kommen dürfte, sind die Arbeitslosen, die nicht mehr so hoch wie bisher mit Arbeitslosenunterstützung versorgt werden, die also in Not geraten und möglicherweise mit illegalen Mitteln versuchen werden, diese Not für sich selbst zu lindern.
3. Die Leute, die ihr Vermögen in der Bank verloren haben, werden versuchen, dies gewaltsam zu reklamieren bzw. zurückzuerhalten. Sie werden jedenfalls den Verlust nicht tatenlos hinnehmen.
4. Es ist auch nicht sicher, ob im Crash die Gewerkschaften ruhig bleiben oder ob sie wie in den dreißiger Jahren versuchen, ihre Macht mit Generalstreik und Massendemonstrationen zur Geltung zu bringen.
5. Aus den vorgenannten Gruppen werden sich radikale-extremistische Gruppen bilden, die „das kapitalistische System“ für ihre persönliche Not verantwortlich machen und deshalb das gesamte Staatssystem mit Gewalt verändern wollen.
6. Der wirtschaftliche Zusammenbruch ist das Biotop für eine sich ausbreitende organisierte Kriminalität, die ihren Mitgliedern das gewaltsam oder illegal verschaffen versucht, was sie legal nicht mehr erreichen konnten. Diese Kriminalität wird insbesondere den Tausch- und Schwarzhandel beherrschen. Das Beispiel Russland zeigt, wie schnell im Crash die organisierte Kriminalität eine Parallelwirtschaft aufbaut.
7. Der Staat versucht zunächst, die geringer werdenden Ressourcen zentral zu verwalten (Verwaltungswirtschaft). Dies hat aber bisher nirgendwo funktioniert und könnte nur mit drakonischen Strafen aufrechterhalten werden. Da dies ein demokratischer Staat nicht schafft, werden sich vor allem von der organisierten Kriminalität nicht nur schwarze Parallelwirtschaftsbereiche, sondern auch Kämpfe um die Ressourcen und Märkte entwickeln.

## II. Welche Objekte, Ziele, Bereiche sind bedroht?

Im Crash entsteht aus der bisherigen Überflussgesellschaft eine Mangelgesellschaft. Der Staat wird versuchen, diese Mangelgesellschaft durch Verwaltungsmaßnahmen zu regeln, um eine halbwegs gerechte Verteilung zu organisieren. Selbst wenn er darauf vorbereitet wäre, würde dies jedoch nur anteilig gelingen. Die Menschen brauchen also zusätzliche Existenzgüter, die sie im freien oder staatlichen oder legalen Markt nicht mehr bekommen. Es wird also wieder ein zweiter illegaler schwarzer Markt entstehen. Dieser wird der staatlichen Versorgung zusätzliche Güter entziehen und den Mangel verstärken.

Darunter werden vor allem zuerst solche Gruppen betroffen werden, die sich am schwersten wehren können: die Alten, die Kranken, die Rentner, die kinderreichen Familien, die Sozialbedürftigen.
Für diese Gruppen entsteht eine direkte Existenzbedrohung.

In der Arbeitsgruppe wurde unterschiedlich darüber diskutiert, ob der Staat in der Lage sei, im Crash die Mangelwirtschaft zentralverwaltungswirtschaftlich zu lösen, so dass jeder sein Existenzminimum gesichert bekommt. Politische Vorbereitungen dazu sind aber nicht erkennbar, nicht einmal das Bewusstsein für eine Sicherheitspolitik gegen diese mögliche Gefahr.

Unabhängig davon, in welchem Maße der Staat oder dezentral die Kommunen verwaltungswirtschaftlich eine Versorgung ihrer Bevölkerung noch lösen können, wird jedenfalls wie in jeder Verwaltungswirtschaft die Korruption dramatisch steigen und wichtige Ressourcen umlenken, also der legalen Verteilung entziehen.

Während in der Weltwirtschaftskrise der dreißiger Jahre die Bevölkerung noch aus der Nahversorgung lebte, haben wir heute eine Fernversorgungsgesellschaft. Wenn also Transport, Erfassung und Produktion und die Verteilung nicht mehr ausreichend funktionieren, ist eine Fernversorgungsgesellschaft noch anfälliger als eine Nahversorgungsgesellschaft, wird es also Bevölkerungsgruppen geben, die nicht mehr das Notwendige bekommen können. Wie solche Versorgungslücken wirken, können wir zur Zeit in Russland sehen. Die Bevölkerung kann sich dort nur auf dem Lande und nur dort selbst helfen, wo sie noch landwirtschaftsnah lebt.

## III. Welche Sicherungskräfte stehen uns zur Aufrechterhaltung der inneren Sicherheit zur Verfügung?

Es wurde uneinheitlich darüber diskutiert, ob die privaten Sicherheitseinrichtungen der Firmen und die privaten Sicherheitsdienste mangels Geldmangel eingespart werden oder ob nicht die gewachsene Bedrohung gerade zu ihrer Ausdehnung führt. Voraussichtlich werden die wohlhabend gebliebenen Konzerne und vermögenderen Bevölkerungsteile sich verstärkt gegenüber der wachsenden Kriminalität und gesellschaftlichen Revolutionsgefahr durch eigene Schutzbereiche und durch eigene Schutzorganisationen sichern wollen. Damit kommt es zu einer Aufspaltung zwischen denen, die sich privaten Sicherheitsschutz leisten können und geschützt bleiben und denen, die der wachsenden Kriminalität und Revolutionsgefahr schutzlos ausgeliefert sind.

Bei einem akuten Crash wird sehr bald – wahrscheinlich schon in wenigen Tagen – die Phase kommen, in welcher die Polizeikräfte eines Landes oder aller Länder gemeinsam nach Art. 91 GG die Gefahrenabwehr und den Schutz ihrer Bürger nicht mehr gewährleisten können, so dass zur Wiederherstellung der öffentlichen Sicherheit und Ordnung zusätzliche Sicherheitskräfte benötigt werden. Selbst der für diesen Fall von der Bundesregierung zusätzlich einsetzbare Bundesgrenzschutz kann dann diese Lücke auch nicht mehr schließen. Wie schwer sich die Polizei schon bei Bedrohungssituationen begrenzten Ausmaßes bisher getan hat, kennen wir z.B. aus den Chaostagen in Hannover oder den Aktionen der radikalen Atomgegner bei den Transporten des Atommülls nach Gorleben.

Es wird also bald der Ruf nach der Bundeswehr als zusätzlicher Hilfe für die innere Sicherheit kommen.

Für diesen Fall des inneren Notstandes sind die rechtlichen Hürden des Art. 87 a GG allerdings sehr hoch gesetzt. Lediglich „zur Abwehr einer drohenden Gefahr für den Bestand oder die freiheitlich-demokratische Grundordnung des Bundes oder eines Landes" kann die Bundesregierung subsidiär als ultima ratio zu den Polizeikräften und dem Bundesgrenzschutz die Streitkräfte beim Schutze von zivilen Objekten und bei der Bekämpfung organisierter und militärisch bewaffneter Aufständischer einsetzen, keinesfalls bei Streiks oder gar einem Generalstreik oder Revolten von Minderheiten.

Für eine effektive Hilfe bei gesellschaftlichen Unruhen ist bisher die Bundeswehr rechtlich nicht vorbereitet. Dies müsste also überhaupt erst gesetzlich normiert werden. Ob aber dazu überhaupt parlamentarische Mehrheiten rechtzeitig bei einer konkreten Gefahr mobilisiert werden können, ist mehr als fraglich.

Die Bundeswehr ist aber schon jetzt auf Grund ihrer über Jahre ständig reduzierten Stärke und veraltetem Material, ihrer immer kürzer gewordenen Ausbildungszeit und der Krisenreaktionseinsätze von fast 30.000 Soldaten zum Friedensdienst im Ausland zu zusätzlichen Gefahrenabwehr im Inland mit den Restbeständen der Truppe völlig überfordert.

Darüber hinaus ist es fraglich, ob die Bundeswehr mental und strukturell überhaupt einsatzfähig wäre, um gegen Aufstände oder Revolutionen im Inland eingesetzt zu werden – selbst wenn dies durch Grundgesetzänderung rechtlich zulässig gemacht würde. Jedenfalls ist die Bundeswehr auf solche Einsätze der inneren Sicherheit zur Zeit in keiner Weise vorbereitet und wegen ihrer personellen Reduzierung sowie sachlichen Auszehrung heute weniger als früher in der Lage.

Es wurde dann in der Arbeitsgruppe gegensätzlich darüber diskutiert, ob eine Berufsarmee gegenüber der derzeitigen Wehrpflicht-Armee krisengeeigneter wäre. Dies wurde mit der Ansicht begründet, dass Berufssoldaten eine unabhängigere und auch härtere Einsatzbereitschaft hätten. Die Berufssoldaten sind universeller einsetzbar, also auch für die innere Sicherheit. Die Gegenmeinung wies jedoch darauf hin, dass ein Berufsheer immer kleiner sei als eine Wehrpflichtarmee und dass es gerade darauf ankomme, möglichst viele Sicherheitskräfte im Crash zur Verfügung zu haben. Ob jedoch der Einsatz einer Wehrpflichtarmee gegen die eigenen Miteinwohner mehr innere Sicherheit gewährleisten könne, erscheine sehr fraglich und hinge wesentlich von ihrer Ausbildung und Führung ab.

Auch ist sehr fraglich, ob bei nationalen Unruhen Streitkräfte der Europäischen Union oder der Nato eingesetzt werden, weil sich ein Crash nicht auf nationale Ebene begrenzen lässt, sondern sehr bald europa- und weltweite Dimensionen erlangen wird und in jedem Land eigene innere Notstandssituationen bewältigt werden müssen.

Einig waren sich alle in der Auffassung, dass romanische Länder mit ihrer Guarda Civil oder Gendarmerie Nationale sehr viel umfangreichere Polizeikräfte hätten, in denen auch Wehrpflichtige integriert seien. Sie hätten dadurch für den Fall innerer Unruhen mehr und bessere Sicherheitskräfte zur Verfügung. Dies wäre auch eine Modell-Forderung für Deutschland.

Vorrangig notwendig erschien der Arbeitsgruppe, dass die rechtlichen Voraussetzungen für die innere Sicherheit verbessert werden müssten. Die „Notstandsartikel" des Grundgesetzes und die Schubladengesetze für die Sicherung lebenswichtiger Einrichtungen reichen für die Bedrohungen innerhalb eines Crash nicht aus, müssten also ergänzt werden, um

- Zusammenfassung aller Sicherheitskräfte von Polizei, Bereitschaftspolizei, Bundesgrenzschutz, Bundeswehr, Technisches Hilfswerk, Feuerwehren usw. und deren konkrete Einsatzmöglichkeit beim inneren Notstand, wie dies nach Art. 87 a bzw. Art. 91 GG theoretisch teilweise zwar möglich, aber nicht vorbereitet und eingeübt ist.

- Die Arbeitsgruppe hält es für dringend geboten, statt der derzeitigen Wehrpflicht eine allgemeine Dienstpflicht für alle jungen Menschen einzuführen, um auf diese Weise nicht nur Bundeswehrreservisten, sondern auch dienstpflichtige Reservisten anderer Organisationen zu bekommen. Dann gäbe es nicht nur mehr Einsatzkräfte, sondern wären sie auch lokal verfügbarer.
- Die materielle Ausrüstung sowohl der polizeilichen, der Bundeswehrkräfte und aller anderen Hilfskräfte zur Aufrechterhaltung der inneren Sicherheit mit allen notwendigen Sicherheitseinrichtungen müsste vervielfacht und gegenseitig zwischen Polizei und Bundeswehr und den anderen Hilfsorganisationen harmonisiert werden.

Die politische Führung müsste längst mindestens ein nationales, wenn nicht ein europäisches Gesamtkonzept für die innere Sicherheit entwerfen, welches die Crashsituation als neue Bedrohung vorsieht. Dazu gehört auch die Vernetzung aller Sicherheitskräfte und zentralen Einsatzstellen, die gleichsam als Krisenzentralstab für Krisenzeiten vorgehalten werden müssen. Ungelöst ist auch, wer im Crashfalle die erhöhten Gefahren an den Landesgrenzen bzw. EU-Grenzen (Masseneinwanderungen u.a.) löst, wer dafür zur Verfügung steht und welche Zusatzkräfte hierfür zur Verfügung gestellt werden könnten. Auch diese Frage erschien der Arbeitsgruppe bisher von der Politik weder überlegt noch vorbereitet.

## IV. Notwendige Vorsorgestrategien für einen Crashfall

Eine Reihe von Maßnahmen sind jetzt schon notwendig, selbst wenn der Crash noch in weiter Zukunft käme. Dazu gehören:

1. Schaffung der notwendigen Eingriffsgesetze (Grundgesetz, Notstandsgesetze), damit die Bundeswehr, die bisher nur für äußere Gefahr und Sachnotstand gedacht ist, auch für innere Gefahr einsatzfähig wird.

Dazu gehört auch die Überprüfung der Notstands- und „Schubladen-Gesetze“ aus den sechziger Jahren, ob sie noch in der Lage sind, die Versorgung und die Ordnung für die Bevölkerung im Notfalle zu sichern.

2. Überprüfung, ob die gegenwärtigen föderativen Führungsstrukturen geeignet sind, in einer Crashsituation rechtzeitig und richtig zu reagieren oder ob ein zentraler oder sogar europäischer Krisenstab eingerichtet werden müsste.
3. Vorbereitung zur Verstärkung der Sicherheitskräfte durch

- evtl. Hinausschieben des Pensionsalters bei Sicherungskräften um ein oder zwei Jahre, um sofort ausgebildete Zusatzkräfte zu haben,
- Erfassung und Mobilisierung aller öffentlicher und privater Sicherheitseinrichtungen bis hin zu Feuerwehr und privaten Sicherheitsdiensten, um kurzfristig zusätzlichen Personalbedarf rekrutieren zu können,
- Personalverstärkung von Bereitschaftspolizei und Bundesgrenzschutz und Schaffung einer Reservistenstruktur aus ehemaligen Bereitschafts- und Grenzschutzbeamten für Kriseneinsätze, evtl. Zuweisung von Bundeswehrreservisten zu den jeweiligen polizeilichen Einheiten.
- Verstärkung der Bundeswehr und strukturelle Vorbereitung der Bundeswehr auf innere Sicherheitsaufgaben einschließlich ihrer Reservisten.
- Zusätzliche Materialreserven der Bundeswehr und polizeilichen Einheiten zur Vorbereitung von Krisensituationen.
- Es sollte geplant werden, welche sachlichen Voraussetzungen an Kasernen, Material u.a. notwendig wären, um neben den normalen Bundeswehrkräften noch eine erhebliche Anzahl von Reserven in der Krise einzuberufen (Nachrüstung). Dazu wäre vor allem erforderlich, vorhandene Kasernen nicht weiter zu verkaufen, sondern sie vor allem in der Nähe von Ballungsgebieten und möglichen Krisenzentren funktionsfähig zu erhalten.
- Vereinheitlichung von Telekommunikation und Meldestrukturen zwischen Bundeswehr und Polizeieinheiten, um im Notfall gegenseitig erreichbar zu sein.

- A-B-C-Analyse, welche Bewachungs- und sonstigen Hilfsaufgaben im Krisenfall noch notwendig sind oder zugunsten der Freistellung der Einsatzkräfte aufgegeben werden müssen.

Die Arbeitsgruppe hat auch darüber diskutiert, ob europaweit die Sicherungskräfte vereinheitlicht oder die Führungsstrukturen zentralisiert werden sollten. Sie sieht darin noch keine Verbesserung, weil bisher ohnehin die Zusammenarbeit auf europäischer Ebene noch nicht reibungslos funktioniert. Jedenfalls muss aber die Kommunikation über die Grenzen hinaus funktionieren, weil einzelne Bedrohungssituationen in Europa in andere Länder überschwappen können.

### V. Sicherungsstrategien im Crash

In der Krise braucht man Eingriffsrechte, die auch bisherige Freiheiten begrenzen.

- Evtl. müsste das Schengener Abkommen sofort ausgesetzt und müssten die Grenzen zu Unruhegebieten für bestimmte Personengruppen gesperrt werden.
- Die Polizei muss überall in Deutschland wie in Bayern das Recht haben, verdachtsunabhängige Kontrollen im ganzen Land durchzuführen und muss diese Kontrollen verschärfen, damit ein verstärkter Fahndungsdruck entsteht und dadurch Kriminalität und Unruhen verhindert.
- Alle Unruheherde müssen konzentriert von Polizei und Bundeswehrkräften gemeinsam abgeriegelt und aufgelöst werden können. Dazu sind vorbereitete Reserven im Crash zu mobilisieren.
- Krisenfälle müssten vorher gemeinsam von Polizei, Bundeswehr und Katastrophenschutz geübt werden, um die Zusammenarbeit im Krisenfalle zu gewährleisten.
- Die Katastrophenschutzgesetze müssen um die Crashvorsorge erweitert werden. Katastrophe ist eben nicht nur eine Naturkatastrophe, sondern auch ein wirtschaftlicher und gesellschaftlicher Zusammenbruch.

- Die im Crash zunehmende Massenkriminalität und Unruhen müssen durch Schnellgerichte von Einzelrichtern innerhalb kürzester Zeit behandelt und abgeurteilt werden.
- Eine von der Politik unabhängige zentrale Krisenreaktionsstelle muss im Crash die notwendigen Maßnahmen koordinieren und der Politik zuarbeiten.
- Im politischen Bereich sollte eine Krisenregierung aus Regierungs- und Fraktionsmitgliedern für kurzfristige Eilentscheidungsfähigkeit der Politik sorgen.
- Die Bundeswehr wird in Fällen ziviler Versorgungsnotlagen mit ihren Transportkapazitäten und Verteilungsmöglichkeiten eintreten müssen, die also daraufhin verstärkt werden müssen.
- Spätestens in der Krise muss eine allgemeine Dienstpflicht eingeführt werden, damit nicht nur die Bundeswehr entsprechend verstärkt werden kann, sondern auch die für die materielle Versorgung und die Gesundheitsvorsorge notwendigen zivilen Dienste krisenfähig bleiben.

Da sich das Sicherheitsproblem mit Ende der Krise auch wieder reduziert, brauchen für die Zeit nach der Krise nicht neue Strategien entwickelt zu werden, sondern müssen nur die Strategien vor der Krise nach den Krisenerfahrungen angepasst und verbessert werden.

## 7.6 Arbeitsgruppe 6 Staatsordnung, Verwaltung

*Moderator*: Ferdinand Neitzert, Kommunikationsberater

*Teilnehmer:* Jutta Wendland, Hamburg, Unternehmerin
Michael Dickgießer, Pinneberg, RA
Prof. Dr. Rainer Gebhardt
Dr. Hans Georg Hess, Wunstorf-Idensen, RA
Paul-R. Heydenreich-Ehringsdorf, Bremervörde, Unternehmer

### I. Crashwirkungen auf die Staatsordnung

Der wirtschaftliche Zusammenbruch bringt die betroffenen Staaten in eine Doppelschere:

- Die finanziellen Mittel für die Erfüllung von Staatsaufgaben schwinden durch sinkende Steuer- und Sozialbeitragseinnahmen. Es kann also nicht mehr alles das finanziert werden, was bisher finanziert worden ist, wie oben bereits in der Arbeitsgruppe „Öffentliche Finanzen" dargestellt worden ist (vgl. oben AG 7.2.).

Zum anderen aber nehmen die Anforderungen an den Staat in Krisenzeiten zwangsläufig zu, nicht nur die finanziellen Anforderungen, weil Verarmung und Not der Bevölkerung höhere Sozialleistungen erzwingen und schon dadurch die Anforderungen an die Staatsführung steigern. Zusätzlich könnten die von der Arbeitsgruppe „Innere Sicherheit" angedachten gesellschaftlichen Unruhen oder sogar revolutionäre Bewegungen entstehen, weil die Sozialleistungen nicht mehr wie bisher bezahlt werden können. Der Staat wird also zusätzliche Zwangsmittel einsetzen müssen – wobei streitig diskutiert worden ist,

- ob der Staat überhaupt darauf vorbereitet ist, mit Zwangsmitteln einzugreifen,
- welche Zwangsmittel dem Staat überhaupt zur Verfügung stehen (Notstandsgesetze)

- und welche Institutionen (Bundeswehr, Bundesgrenzschutz, Polizei) überhaupt in der Lage sind, notfalls staatlichen Zwang gegen marodierende Bevölkerungsgruppen durchzusetzen.

Dies führte zu der Vorfrage, ob überhaupt unser demokratischer Staat für Krisenzeiten strukturiert ist oder ob es sich bei unserer Demokratie eigentlich um einen „Schönwetterstaat" handelt, der nur dann reibungslos funktioniert, wenn und so weit der Staat mit üppigen öffentlichen Mitteln selbst leben und Sozialleistungen verteilen kann.

Dabei wurde auch über die Voraussetzungen der Theorie des Sozialcrashs diskutiert, dass demokratische Staaten wegen der Abhängigkeit von der Zustimmung der Bürger letztlich unfähig seien, Korrekturen wie den Abbau von Sozialleistungen an die Bürger bzw. die Subventionen der Wirtschaft durchzuführen, weil dies zu Wahlreaktionen der Bürger führt und die jeweilige Regierung aus dem Amt kegelt. Also kann in einer Demokratie nur in einer Richtung ohne eigene Schwierigkeiten für die herrschende Elite operiert werden:

→ Mehr Umverteilungsleistungen an die Bürger,
→ mehr soziale Wohltaten auch gesetzlicher Art (z.B. Mietrecht),
→ deshalb höhere Steuern einer Minderheit (Mittelstand), um die höheren Einnahmen für die Umverteilung zu erzielen,
→ mehr unsichtbare (durch die Unternehmen selbst schon abgeführte) Sozialbeiträge, um die steigenden Sozialwohltaten zu verschleiern,
→ vor allem aber mehr Diäten und Fraktionszuweisungen an die herrschenden Parteien, um deren Machtmittel und Einflussmöglichkeiten zu steigern.

Schon früher wurde im Mittelstandsinstitut Hannover die These erarbeitet, dass letztlich die Sozialbeiträge keine Beiträge, sondern Steuern seien, die sich theoretisch nur erhöhen, nicht aber vermindern könnten, weil die Sozialleistungen nicht gesenkt werden können.[28] Diese jeder Demokratie immanente Verteilungsstruktur hat eine Doppelwirkung dadurch,

---

[28] vgl. Hamer, Eberhard, Wer finanziert den Staat?, Hannover-Minden 1982, S. 47 ff.

- dass die Großwirtschaft mit immer höheren Subventionen finanziert werden muss
- und dass umgekehrt die Arbeiterschaft mit immer höheren Sozialleistungen befriedigt werden muss.

Der Grund für die Begünstigung von Großwirtschaft und Arbeiterschaft liegt darin, dass beide mit Wirtschaftsverbänden und Gewerkschaften über die gesellschaftlich mächtigsten Armee verfügen, welche ihnen diese Vorteile verschafft und erhalten haben, während der aufgesplitterte Mittelstand ohne gleichwertige Machtposition entsprechend ausgebeutet wird und in Folge dessen inzwischen über 80 % der gesamten Staatslast, der Subventionen und der Sozialleistungen zu zahlen hat.

Wer immer die Subventionen kürzt, wird von den mächtigen Lobbygruppen der Großwirtschaft kritisiert, verliert nicht nur deren Wahlspenden, sondern riskiert auch die Produktionsverlagerungen dieser globalisierten Konzernbetriebe.

Wer dagegen an die Sozialleistungen geht, riskiert, dass die davon direkt und indirekt Abhängigen von „sozialer Kälte“, von „Abbau sozialer Rechte“ u.a. schreien und die Bevölkerung gegen diejenigen aufhetzen, welche das überwucherte Sozialsystem reduzieren wollen.

Im Ergebnis kann sich also eine vom Wählerwillen abhängige demokratische politische Elite nicht leisten, die einmal aufgebauten Überversorgungstatbestände selbst wieder zu korrigieren, weil der Entzug von Wohltaten hundertfachen politischen Schaden bringt gegenüber dem Nutzen, der vorher mit der Verteilung der Wohltaten erzielbar war.

Ein demokratischer Staat ist also in seinem Umverteilungssystem in Normalzeiten nicht reformierbar.

Deshalb ist auch eine ausgeprägte Umverteilungs- und Sozialleistungsdemokratie auf Krisenzeiten nicht eingerichtet, als Krisenordnung nicht brauchbar.

Jede unvorbereitete Krise trifft insofern die Grundfesten des Staates,

- weil Vorbereitungen für einen Fortgang des Staates auf verminderter finanzieller Basis nicht getroffen sind,
- weil nicht einmal eine Prioritäten-Analyse für die Wichtigkeit der Staatsaufgaben und das Streichen der überflüssigsten Staatsaufgaben feststeht.
- weil auf Basis eines zusammenbrechenden produktiven Wirtschaftsteils der in Wohlstandszeiten übersetzte unproduktive Staatsverwaltungsteil überproportional abgebaut werden müsste (um dem produktiven Teil wieder Lebensraum zu schaffen), aber weder abgeschafft noch etwa in den Bezügen vermindert werden könnte, ohne Grundgesetzänderungen vorher zustande zu bringen (für die es auch in Krisenzeiten kaum Mehrheiten gibt),
- weil jedes Regieren mit Notverordnungen wie Anfang der dreißiger Jahre zwangsläufig die Demokratie aushebelt – soweit sie nicht schon durch die Eurokratie eingeschränkt ist,
- weil in Wohlstandszeiten die anpassungsfähigen und konturlosen Politiker gefragt sind, man in der Krise jedoch die durchsetzungsfähigen Politiker benötigt. Solche Politiker hat eine Gefälligkeitsdemokratie traditionell eher verhindert als eingebunden,
- Weil auch ein Geflecht von 90.000 Blatt Gesetzen in Krisensituationen keinen Handlungsspielraum lässt, zumal die mit diesen Gesetzen geübte Bürokratie nicht bereit sein wird, ihre eigene Bedeutung abzubauen, indem sie ihr Ermessen großzügig statt kleinlich nutzt.

Die Krise kommt also für demokratische Staaten wie ein Gewitter, für das man keinen Schutz vorgesehen hat, in dem man jedenfalls nass wird, möglicherweise vom Blitz getroffen wird.

In der Arbeitsgruppe wurde angemerkt, dass eigentlich eine Demokratie einen Bürger voraussetze, der frei, selbstverantwortlich und dem Gemeinwohl verpflichtet den Staat als seinen Staat betrachtet und ihn unterstützen will.

Dieser fromme Trug gilt aber lange schon nicht mehr. Sozialismus, Kapitalismus und Sozialstaat haben den Egomanen-Bürger herangezüchtet, der seine eigene Selbstverwirklichung auf Kosten anderer maximieren will, der die traditionellen Werte nicht mehr akzeptiert (68er Revolution!) und der den ausbeutenden Staat nicht positiv, sondern eigentlich negativ als einen Räuber betrachtet und deshalb den Raub vermindern will (Steuervermeidung, Steuerhinterziehung, Schwarzarbeit). Mit anderen Worten haben die Demokratien durch Überregulierung, Überbürokratisierung, Überbesteuerung und überzogene Sozialabgaben längst den Normalbürger gegen sich aufgebracht, haben ihn günstigstenfalls zur Staatsneutralität, ungünstigstenfalls zum Widerstand gegen den Staat motiviert, während der unproduktive Teil der Bürger und Einwohner den Staat lediglich als Futterkrippe für ein Maximum an Sozialleistungen betrachtet.

In der Krise wird also die Grundsatzfragefrage nicht nur für die Staatsordnung und für die Politik, sondern ebenso auch für die Bürger entstehen:

- Wie werden sie sich gegenüber dem nicht mehr Sozialleistungen ausspuckenden und umgekehrt stärker Steuern und Sozialabgaben einfordernden Staat verhalten?
- Werden sie die Notwendigkeiten der Krise einsehen oder werden sie den Staat wegen dessen verschärfter Eingriffsrechte noch mehr ablehnen?
- Werden sie die herrschenden Politiker und möglicherweise sogar die ganze Demokratie verfluchen und – vor allem das um sein Überleben hier ringende ausländische Proletariat – zum Widerstand gegen diesen Staat aufrufen?

In der Arbeitsgruppe waren die Meinungen über die Reaktionen der Bürger und der Zuwanderer in der Krise uneinheitlich. Die Idealisten glaubten, dass die Bürger auch in der Krise den Staat als einzige verfügbare Ordnungsmacht akzeptieren würden, die Realisten dagegen, dass die Mehrheit der Sozialleistungsnehmer und Immigranten den Staat bei Entzug der Wohltaten bekämpfen würde.

Der Entzug von Sozialwohltaten und insbesondere die bereits von der Arbeitsgruppe „Sozialsysteme" herausgearbeiteten Zusammenbrüche der staatlichen Sozialsysteme werden mindestens dazu führen, dass die von diesen Sozialsystemen abhängige Bevölkerung verarmt und in Existenznot gerät, voraussichtlich auch, dass diese Bevölkerung einen Schuldigen dafür sucht.

In der Krise dürfte sich deshalb der jahrzehntelange Sozialbetrug rächen, den die herrschenden Parteien und Sozialpolitiker dadurch begangen haben, dass sie der Bevölkerung falsche soziale Sicherheit durch Umlageverfahren vorgegaukelt haben, obwohl jeder mathematisch ermitteln konnte, dass z.B. Beiträge allein keine Mehrgenerationen-Alterssicherung garantieren können. Auch die zweite Scheinlösung, durch Import von unqualifiziertem ausländischem Proletariat könnte man den fehlenden deutschen Nachwuchs ökonomisch ausgleichen, wird in der Krise entlarvt, weil schon jetzt die deutsche Arbeiterschaft insgesamt per saldo mehr kostet als sie überhaupt selbst an Steuern und Sozialabgaben bringt, also netto Dauersozialleistungsnehmer ist.[29] Die Verstärkung dieser Dauersozialleistungsempfängergruppe durch unqualifizierte Zuwanderung hat die Sozialansprüche insgesamt steigen lassen, und hat kein Sozialproblem – auch nicht das Alterssicherungsproblem – gelöst, sondern umgekehrt verschärft. Da die Sozialpolitiker auch die Konzerne nicht zu Sozialleistungen heranziehen können – sie bekommen insgesamt mehr Subventionen als sie überhaupt an Steuern zahlen –,[30] bleibt nur der Mittelstand als Zahler für die Sozialsysteme übrig. Dieser aber ist in der Krise selbst verarmt, kann nicht mehr zahlen. Die Umlagesysteme der Alterssicherung, Krankensicherung und Pflegesicherung platzen also in der Krise und werden politische Reaktionen nicht nur der betrogenen Rentner, sondern möglicherweise der Gesamtbevölkerung gegen die Täter hervorrufen.

---

[29] vgl. Hamer, Eberhard, Wer finanziert den Staat?, Hannover/Minden, 2. Aufl. 1992.

[30] vgl. Hamer, Eberhard, Wer finanziert den Staat?

In der Arbeitsgruppe wurde darüber diskutiert, welche Folgen dies für die Parteien und Politiker hätte.

- Im dramatischsten Falle werden wie in Italien oder Frankreich alle Altparteien für die Korruption und den Betrug verantwortlich gemacht und verschwinden.
- Möglicherweise werden sich einige oder eine Partei durch Ehrlichkeit gegenüber den Wählern zu retten versuchen, den Betrug offen nennen und damit zuerst die Wut der Bevölkerung, danach aber die Anerkennung und ihr eigenes Überleben gewinnen. Dies wäre z.B. die Chance einer kleinen Partei.
- Falls dagegen auch die großen Parteien als ehemalige Täter des Sozialbetruges die Bevölkerung vorher aufklären, um Verzeihung bitten und eben veränderte Umstände oder Irrtum für sich in Anspruch nehmen würden, wäre ihr Weiterbestand möglich, obwohl sie damit rechnen müssen, dass neue, unbelastete Parteien ihnen mit dem Betrugsvorwurf wesentliche Wählerschichten abjagen würden.

Die Problematik der demokratischen Parteien in Deutschland und ihrer Altsünden lässt sich beschleunigt korrigieren durch schnelle Regeneration. Eine solche Regeneration war zu Boomzeiten kaum möglich. Selbst die Kohl-Mannschaft hat es nach ihrem Sturz noch verstanden, weiterhin die Schlüsselstellungen besetzt zu halten, fähigen Nachwuchs zu verhindern und eine wirkliche Regeneration der CDU zu behindern. Dies wird im Crash nicht mehr möglich sein. Im Crash werden alle Parteien neue Repräsentanten präsentieren müssen, die von den alten Fehlern unbelastet sind, die auch mit neuen Lösungsideen statt der alten Umverteilung die Bevölkerung ansprechen müssen. Schaffen dies die Altparteien nicht, wird die Krise sie durch Neuparteien ersetzen.

Die Arbeitsgruppe hat lange darüber diskutiert, in welchem Maße unsere Denkkategorien der Demokratie überhaupt noch stimmen, nachdem fast 60 % aller unserer Regelungen längst bei der EU zustandekommen, wir also längst überwiegend zentralistisch statt demokratisch regiert und verwaltet werden. Dies wird sicher auf die Grundordnung unserer nationalen Demokratie zurückschlagen, hat bereits zurückgeschlagen, weil die Demokratie in der Bevölkerung weitgehend nicht mehr verankert ist und die Bevölkerung ohnehin glaubt, durch „die da oben“ ohne Rückkopplung und ohne eigene Mitwirkung regiert zu werden. Man kann deshalb schon jetzt voraussehen, dass die im wesentlichen als Wirtschaftsgemeinschaft begonnene und strukturierte Europäische Union den aus der Wirtschaft kommenden Crash auch direkt erleiden, möglicherweise auseinander brechen wird. Immerhin ist die europäische Union von der Mehrzahl der Länder nur als Transfergemeinschaft gemeint. Von den 15 europäischen Mitgliedsländern sind 10 Nettonehmer, für welche die EU nur deshalb und nur so lange sinnvoll ist, als sie darüber an deutsche Transferzahlungen kommen können. Kämen diese Transferzahlungen nicht mehr, ist nicht nur die EU nicht mehr finanzierbar, sondern wird auch das Interesse an dieser EU bei den von den Transferzahlungen profitierenden europäischen Ländern nachlassen. Die EU wird also im Crash ebenfalls in ihre große Krise kommen, möglicherweise darin untergehen.

Das Versäumnis unserer herrschenden Politik, nicht nur die Krise vorwegzudenken, sondern auch Vorbereitungen für eine Krise wirksam zu treffen, könnte verhängnisvoll für den Bestand unserer Demokratie in Deutschland werden.

Anfang der dreißiger Jahre sind die Mängel des demokratischen Staates auf unterster Ebene in den Kommunen am besten abgefangen worden. Einzelne Oberbürgermeister (z.B. Adenauer in Köln) haben tatkräftig das Heft des Handelns an sich gerissen und in ihrer Kommune versucht, mit den Problemen der Arbeitslosigkeit, der sozialen Mindestunterstützung und der polizeilichen Ordnung fertig zu werden. Diese Entwicklung könnte sich wiederholen. Dabei könnten sich innerhalb der Kommunen einzelne Politiker oder Verwaltungschefs als Leitfiguren herausbilden, welche die Krise besser lösen als in ihrem Umfeld und damit nicht nur eine neue Elitenbildung im politischen Bereich beginnen, sondern auch Stabilitätsinseln in dem ansonsten zusammenbrechenden öffentlichen Sektor schaffen.

## II. Crashwirkungen auf die Verwaltung

Die öffentliche Verwaltung ist in allen Boomzeiten ein überproportional wachsender Bercich gewesen. In den Wohlstandszeiten haben sich sog. „Wohlstandsverwaltungen" wie z.B. der Umweltschutz mit Armeen von überflüssigen Verwaltungsstellen, Verwaltungsbeamten und Wirtschaftsbehinderern entwickeln können, die im Crash weder Sinn haben noch Bestand haben werden. Ganze Teilbereiche solcher Wohlstandsverwaltungen müssen deshalb im Crash verschwinden, je eher, desto besser.

Zum anderen wird sich sehr scharf der Gegensatz von Hoheitsverwaltung einerseits und Sozialverwaltung andererseits wieder akzentuieren. Während die Hoheitsverwaltung zur Sicherung der Ordnung wieder höheres Gewicht bekommt, wird die Sozialverwaltung mangels sozialer Umverteilungsmasse abschmelzen und vielfach durch gemeinnützige ehrenamtliche Institutionen ersetzt werden. In den dreißiger Jahren haben vor allem ehrenamtliche und gemeinnützige (Kirchen) Institutionen die Sozialunterstützung getragen, wo sie der Staat nicht mehr tragen konnte. Dies wird sich voraussichtlich wiederholen und den Zusammenbruch der öffentlichen Sozialverwaltung unterfangen. Dabei wird offenbar werden, dass ein großer Teil der Sozialverwaltung sich nur selbst verwaltet hat wie z.B. die Arbeitsverwaltung, die Krankenkassenverwaltungen, die Berufsgenossenschaften und ähnliche „Funktionärsdomänen". Wenn es der Bevölkerung generell schlecht geht, wird sie nicht ertragen, dass weiterhin von sieben Produktiven ein unproduktiver Verwalter leben will.

Mit Abbau der Umverteilungsbürokratie werden allerdings auch Hunderttausende von privaten Hilfstruppen dieser Sozialverwaltungen ebenfalls reduziert oder umorientiert werden müssen wie z.B. Krankentransportunternehmen, Physiotherapeuten, Psychater, Sozialtherapeuten, Sozialarbeiter, Sprachhelfer, ein großer Teil der Arztpraxen, Sozial- und Arbeitsgerichtsbarkeit einschließlich solcher darauf spezialisierter Anwaltspraxen, die jetzt zu 80 % von Asylverfahren leben und die Verwaltungsgerichtsbarkeit in gleichem Maße blockieren.

Für die jüngere Generation – vor allem für die auf Staatsstellen fixierten Studenten – sind diese Auswirkungen dramatisch. Sie werden jahrelang keine Chancen mehr haben, im öffentlichen Dienst irgendwo tätig zu werden. Und welche Gehaltseinbußen der öffentliche Dienst nicht nur bei Beamten, sondern auch bei den Angestellten hinnehmen muss, ist noch nicht absehbar. In den dreißiger Jahren wurden die Bezüge der Beamten im Schnitt um ein Drittel gekürzt. Dies dürfte sich in irgendeinem Umfang auch bei der nächsten Krise wiederholen, zumal der öffentliche Dienst netto an der Spitze der Verdienstskala steht.

Dem öffentlichen Dienst wird im Crash auch wieder eine drastische Arbeitszeitverlängerung auf 45–48 Wochenstunden zugemutet werden können. Dies würde dann auch den Personalbedarf wieder um ca. ein Viertel senken mit entsprechenden Kostenersparnisfolgen.

In der Arbeitsgruppe wurde lange darüber diskutiert, ob sich unter diesen Krisengesichtspunkten, Entlassungen und Gehaltskürzungen an der Einstellung der öffentlichen Diener etwas ändere. Dabei war ein Teil der Ansicht, dass ohnehin der Boom die Grundeinstellung des öffentlichen Dienstes von der Dienstleistungsmentalität schon längst zur Anspruchsmentalität geändert habe, dass es die um des Staates willen treu, fleißig, unbestechlich und zuverlässig arbeitenden öffentlichen Diener schon lange nicht mehr generell gäbe.

Ein anderer Teil war der Ansicht, dass die Krise zumindest für die Hoheitsverwaltung zunehmende Wertigkeit bringe und deshalb wieder ein echtes Beamtentum hervorbringen könne, welches mehr aus Pflicht und Verantwortung als nur des Geldes wegen seine Aufgabe im Dienst für die Gemeinschaft sieht. Diese Meinung war aber Minderheitsmeinung.

Lange wurde in der Arbeitsgruppe darüber diskutiert, ob der Crash die Defizite unserer Verfassung und Verfassungsorgane aufreißen und eine Neuorganisation ermöglichen würde. Dabei ging es um folgende Gesichtspunkte:

1. Eine demokratische Legitimation unserer Verfassung ist bisher – auch nach der Wiedervereinigung – nicht angestrebt worden. Wir leben immer noch mit einem nicht vom Volk selbst abgestimmten Grundgesetz, dem die neuen Bundesländer nur beitreten mussten, nicht aber darüber verhandeln konnten. Die Mehrheit der Arbeitsgruppe hielt diese Grundordnung für keine demokratisch ausreichend legitimierte Verfassung.
2. Auch die Zusammensetzung der Regierung ist nicht ausreichend demokratisch legitimiert. Nicht die Mehrheit der Bevölkerung entscheidet, wer regieren soll, sondern die Parteien entscheiden durch nur von ihnen abhängige (Listenplätze) Repräsentanten, wer regieren soll und wer nicht. Sie lassen in die Parteispitze und deshalb auch in die Regierungsspitze nur die ihnen genehmen Funktionäre. Die Bevölkerung hat letztlich nur die Chance, die Stärke der Parteien zu benennen. Da die Parteien aber kaum große Differenzen haben – alle Umverteilungsparteien befürworten die gleichen Grundsätze, nur der Grad ist anders – stellen sie letztlich immer Repräsentanten, die viel abhängiger von der Parteiführung als von den Wählern sind.
3. Hinzu kommt der Einfluss der unsere Gesellschaft dominierenden Verbände. Letztlich hat bisher jede Regierung den Willen der großen Wirtschaftsverbände erfüllen müssen und gerne erfüllt. Die Verbände haben unsere Parteiendemokratie längst zur Korporationsdemokratie umfunktioniert. Unter den Verbänden herrschen permanent die von den Konzernen gesteuerten Zentralverbände, ganz gleich, ob eine bürgerliche Regierung („schwarzer Kumpel der Konzerne“) oder eine sozialistische Regierung („roter Genosse der Bosse“) an der Macht ist. Lediglich bleibt offen, ob neben den Verbänden der Großwirtschaft auch die Gewerkschaften über erheblichen oder sogar gleichwertigen Einfluss verfügen (in sozialistischen Regierungen). Jedenfalls ist die Macht der großen Verbände nicht nur ungebrochen, sondern auch größer als die Macht des Wählers auf jede Regierung und hat deshalb die Demokratie bereits wesentlich ausgehöhlt. Diese Macht der Verbände wird in der Krise nicht abnehmen, eher steigen, weil die Krise aus der Wirtschaft kommt und die wirtschaftsunkundi-

ge Politik weiterhin ihren Rückhalt in den Wirtschaftsverbänden suchen wird.

## III. Strategien zur Reorganisation der Staatsordnung

Ein Crash wird dazu führen, Defizite der bisherigen Staatsordnung zu korrigieren, wenn diese Defizite in der Krise nicht nur aufbrechen, sondern auch offen genannt werden und sich Korrekturbewegungen rechtzeitig bilden. Solche notwendigen Krisenkorrekturen ergaben sich nach Ansicht der Arbeitsgruppe vor allem in folgenden Punkten:

1. Auf oberer europäischer Ebene darf es kein Rätesystem mehr geben und keine euroföderalistische Struktur. Soll die EU für Demokratien gelten, muss sie selbst auch demokratisch werden, also die Gewaltenteilung akzeptieren, sich von einem Parlament kontrollieren lassen und dieses Parlament entscheidende Rechte haben gegenüber der derzeitig dominierenden Macht der Kommissare. Es darf nicht mehr möglich sein, dass selbst der Korruption überführte Kommissare ihr Unwesen weiter treiben können, weil das Parlament und die Mehrheit der Mitgliedsländer diese Kommissare nicht verjagen können.

   Dazu gehört auch eine europäische Verfassung, welche Grundsätze wie die Gewaltenteilung und lückenlose demokratische Struktur enthält, sondern auch den Minderheiten das Recht gibt, bestimmte „von oben" gewollte Gesetze nicht zu akzeptieren. Wenn schon 60 % unserer Regulierungen inzwischen von Brüssel kommen und in Brüssel der Einfluss der großen Wirtschaftsverbände größer ist als in jedem einzelnen Staat, ist das Gesamtsystem weder verfassungsmäßig noch tatsächlich demokratisch legitimiert. Dies muss verändert werden, wenn man wirkliche demokratische Systeme will. Die Macht der Verbände muss ausgeschaltet, die Macht des Wählers dagegen umfassend neu gesichert werden. Anders lässt sich keine Legitimation der EU-Vorschriften gegenüber dem Wähler begründen.

2. Das Verfassungsproblem ist auch in Deutschland offen. Unser Grundgesetz ist keine vom Volk selbst bestimmte Verfassung und lässt eine Reihe wichtiger Fragen offen:

- Mangelnde Gewaltenteilung hat dazu geführt, dass mehrheitlich der öffentliche Dienst überwiegend die Politiker stellt, dass Minister gleichzeitig als Abgeordnete über ihre eigenen Regierungsvorlagen im Parlament mitbestimmen, dass Ämterhäufungen praktisch Parteifeudalismus statt durchlässige demokratische Strukturen geschaffen haben. Die Arbeitsgruppe hat sich für eine Einschränkung des passiven Wahlrechts für den öffentlichen Dienst im Sinne des Art. 137 GG, also für ein Verbot der Wählbarkeit aller öffentlichen Diener ausgesprochen.
- Im übrigen müsste das Wahlrecht geändert werden. Nicht mehr Parteien sollten die Herrschaft über die Wähler haben, sondern die Wähler sollten nur noch direkt gewählte Abgeordnete bestimmen, damit diese den Wählern Rechenschaft legen statt ihrer Parteiführung (Abschaffung von Listenwahl durch ausschließliche Direktwahl). Dies erfordert allerdings auch, dass keine 5%-Hürde mehr stattfindet, die nur den etablierten Parteien nützt und dass auch das Parteienfinanzierungssystem geändert wird. Es darf nicht mehr sein, dass die Parteien fürstlich aus öffentlichen Kassen leben. Sie sollten sich wie in anderen Ländern frei finanzieren müssen (Streichung des Parteienartikels 21 GG).
- Um zu verhindern, dass die Parteien sich gegen den Willen ihrer Wähler stellen, muss die Bürgerbeteiligung eingeführt und erleichtert werden (Volksbegehren).
- Zur Gewaltenteilung gehört auch, dass die Parteien nicht gewerblich tätig und vor allem nicht – wie die SPD – Eigentümer eines der größten Medienkonzerne sein dürfen, womit sie die Bevölkerung nicht nur parteipolitisch, sondern auch pressemäßig manipulieren können. Dies gilt auch für die öffentlichen Medien. Sie dürfen nicht mehr von den Parteien gegängelt und auch nicht mehr durch Zwangsgebühren finanziert werden, sondern müssten sich wie ein Privatunternehmen

als privater Träger im Markt bewähren. Dann wird ohnehin eine Orientierung auf den Kunden (Hörer, Seher) gewährleistet.

- Es darf nicht mehr sein, dass Abgeordnete als einzige Gruppe haftungsfrei bleiben. Wir brauchen eine persönliche Haftung der Politiker

  - für jede Form staatlicher Verschuldung
  - für Langzeitfinanzwirkungen wie z.B. Sozialsysteme
  - für alle Fälle persönlicher Begünstigung (Diäten).

  auch über die Amtszeit hinaus. Solche Haftung ist leicht festzustellen. Man braucht nur bei allen finanzrelevanten Gesetzen den Hammelsprung durchzuführen. Wer durch die Positivtür geht, haftet, wer durch die Negativtür flüchtet, braucht nicht zu haften. Vermutlich würde dies das Verhalten der Abgeordneten in Staatsverschuldungsfragen grundsätzlich ändern.
- Wir brauchen eine verfassungsmäßig legitimierte Verpflichtung der Politik zur Gesetzesfolgenabschätzung durch eine neutrale Institution (Rechnungshof), damit die Politiker selbst und die Bevölkerung bei jedem Gesetz nicht nur die Kosten für den Staatshaushalt erfahren, sondern auch die Kostenfolgen für die Unternehmen und Bürger berechnet bekommen.
- Die Rechnungshöfe müssen außerdem staatsanwaltschaftliche Befugnisse bekommen, um besser aufklären zu können und um untreue Verwaltungen und Verwaltungsmitglieder selbst anklagen zu können. Nur so werden den Berichten der Rechnungshöfe mehr Bedeutung und Folgen verschafft.
- Die bisher im Grundgesetz normierte Unabhängigkeit des Abgeordneten hat nicht funktioniert. Es muss unter hohen Freiheitsstrafen jede Beeinträchtigung der Unabhängigkeit des Abgeordneten sanktioniert werden, vor allem für die Parteiführungen, die Fraktionszwang ausüben wollen und bisher ausüben.
- Bundeskanzler, Minister und andere politische Funktionäre dürfen grundsätzlich nur wie in den USA maximal zwei Legislaturperioden im Amt bleiben, um die Abgehobenheit und Überheblichkeit der Politiker bei länger dauernder Herrschaft zu verhindern.

- Das Asylrecht muss geändert werden. Es darf nur ein institutionelles Asylrecht geben, nicht aber ein individuelles, persönlich einklagbares. Für Familiennachzug sollte es auch keine Sozialleistungen mehr geben. Durch Fehlverständnisse wurden Sozialkriterien in das Asylrecht einbezogen, die unser deutsches Sozialsystem für immer größere Bevölkerungsgruppen der Welt geöffnet hat.
- Die Willkür des Staates mit Sozialisierungen, Wiedersozialisierungen und dem Vermögensumgang vor allem in den neuen Bundesländern legt die Notwendigkeit nahe, den Eigentums-Art. 14 GG schärfer zu fassen. Es darf nicht nur grundsätzlich keine Sozialisierungen von Eigentum mehr geben, sondern der Staat muss auch verpflichtet werden, bei jeder Inanspruchnahme nicht nur Schadensersatz leisten zu müssen, sondern vorrangig rückgabeverpflichtet zu sein, wenn er Immobilien nicht für Hoheitszwecke selbst braucht.
- Entsprechend dem guten Beispiel der hessischen Landesregierung soll künftig die Lebensdauer aller Gesetze auf 10 Jahre und die der Verordnungen auf 5 Jahre befristet werden, damit die Parlamente nicht nur einen stets wachsenden Berg von Regulierungen aufbauen, sondern sich auch mit dem Bestand der Regulierungen beschäftigen müssen.

In der Arbeitsgruppe wurde lange darüber diskutiert, ob das Maß von Staatlichkeit durch stets neue Staatsebenen (Europäische Union) weiter wachsen dürfe oder ob zusätzliche Staatsebenen nicht erfordern, dass dafür andere gestrichen werden. In diesem Sinne wurde nicht nur die Abschaffung der Mittelinstanzen – Regierungspräsidien – befürwortet – was in einzelnen Ländern auch bereits geschieht –, sondern auch die Frage gestellt, ob entweder die Bundesebene oder die Landesebene entfallen oder beide zusammengelegt werden könnten. Praktisch hat der Bund durch Brüssel die meisten seiner Kompetenzen ohnehin verloren. Die Länder haben praktisch nur noch Kulturhoheit. Es sollten deshalb beide Ebenen mit möglichst dezentraler Tendenz zusammengefasst werden, damit der zentralistischen EU-Bewegung wieder ein tragfähiger Regionalismus entgegengesetzt wird, der auch kulturell trägt.

Es wurde auch über die Frage diskutiert, ob es Zugangskriterien für die Qualifikation von Politikern geben müsse. Es darf nicht sein, dass derjenige am qualifiziertesten als Politiker ist, der nicht in anderen Berufen gebraucht wird bzw. sich in anderen Berufen nicht bewährt hat. Als sauberste Lösung im Sinne auch der Gemeinnützigkeit der Politikerarbeit wurde der Vorschlag angesehen, dass die Diäten jedes Politikers nur in der Höhe garantiert und bezahlt werden dürften, die dem beruflichen Durchschnittsgehalt der letzten 3 Jahre vor dem Berufsmandat entsprechen. Dies würde verhindern, dass Aussteiger und Gescheiterte in der Politik ihren Lebensverdienst finden, dass umgekehrt aber auch qualifizierte Leute aus der Unternehmerschaft oder dem Angestelltenstatus ohne Verdienstverluste in die Politik wechseln könnten. Würden ihnen Diäten in der Höhe ihres 3 Jahre-Durchschnitts vor Eintritt in das Parlament garantiert, hätte niemand einen Schaden, aber auch niemand Grund, nur aus finanziellen Vorteilsgründen Politiker zu werden.

## IV. Reorganisation der Verwaltung nach dem Crash

Die Arbeitsgruppe war sich einig, dass der Beamtenstatus nur für solche Bereiche im Crash behalten werden muss, die hoheitliche Aufgabe darstellen, wo also der öffentliche Dienst mit Zwang und Befehl dem Bürger gegenübertritt. Dies würde z.B. weiterhin gelten bei der Ordnungsverwaltung, der Polizei, der Finanzverwaltung, der Bundeswehr, Bundesgrenzschutz u.a.. Den Beamtenstatus verlieren müsste dagegen die gesamte Kultusverwaltung, Sozialverwaltung und alle Bundes- und Landesbehörden, soweit sie keine Hoheitsfunktion haben.

Dies würde die Beamtenschaft in Deutschland von derzeit ca. 2 Mio. auf etwa ein Fünftel abschmelzen, dafür aber den verbleibenden Beamten entsprechend höhere Macht und Ansehen geben, also die Inflationierung des öffentlichen Dienstes korrigieren.

Die Arbeitsgruppe sprach sich dafür aus, dass den Beamten ein viel stärkeres Ermessen gegeben werden muss, also die Einzelvorschriften drastisch reduziert werden müssten.

Grundsätzlich müsste jeder Beamte endgültig aus dem öffentlichen Dienst ausscheiden, wenn er hauptamtlich in die Politik geht. Es darf keine Beamten in der Politik mehr geben, zumal wenn jeder in die Politik wechselnde Beamte durch Diäten gleichwertig abgesichert ist.

Die Reduzierung der Gesetze nach dem Crash und der erhöhte Handlungsspielraum der Beamten erzwingt zugleich, dass der Missbrauch der Verwaltungsgerichte durch aussichtslose Asylverfahren beendet wird. Dies würde allein 80% der Verwaltungsgerichtskapazität entlasten. Im übrigen müsste die Überprüfung von Verwaltungsentscheidungen durch die Verwaltungsgerichte vom Wert her und von der Bedeutung her reduziert werden. Z.B. dürften Verwaltungsakte unter tausend Euro nicht mehr justiziabel sein, müssten die Verlierer von Verwaltungsprozessen auch die öffentlichen Folgekosten tragen müssen, um z.B. für Umweltorganisationen und wilde Gruppierungen das öffentliche Klagerecht risikovoller und schwerer zu machen.

Im übrigen sollte bei allen erstinstanzlichen Verfahren der Kläger keine eigenen Anwaltsgebühren zahlen müssen, wenn er mit seiner Klage unterliegt. Dies würde nicht nur im Zivilverfahren, sondern vor allem auch im Verwaltungs-, Sozial- und Arbeitsgerichtsverfahren den Trend zu mutwilligen Klagen aus Gründen der Anwaltsschwemme stoppen können. Dann müsste sich jeder Anwalt ernsthafter überlegen, ob er das Risiko einer Klage mit eigenen Kosten tragen will.

Wichtig wäre, den öffentlichen Dienern bei jedem außenwirksamen Verwaltungsakt auch persönliche Haftung wie allen anderen Angestellten in Deutschland aufzuerlegen, nämlich für grobes Verschulden. Dies darf nicht nur nachrangig und substitutiv (§ 831 BGB) gelten, sondern direkt und vorrangig. Nur wenn der öffentliche Dienst persönliches Risiko für Fehlverhalten trägt, wird die Korruption wirksamer bekämpft werden können und wird der Bürger vor Machtmissbräuchen der Behörden und Beamten wirksam geschützt.

Die Arbeitsgruppe war sich darüber klar, dass nach einem Crash auch ein Wiederaufbau stattfindet und dass dem Staat und dem öffentlichen Dienst bei diesem Wiederaufbau eine ganz entscheidende Rolle zukomme.

Der Crash wird den Staat zum Abschlanken zwingen. Er wird also notgedrungen ernsthafter als je zuvor in seinen Aufgaben privatisieren.

Die Privatisierungsforschung[31] hat nachgewiesen, dass sich auf kommunaler Ebene etwa 80 % der bisher in öffentlicher Form durchgeführten Funktionen, auf Länderebene einschließlich des Kultussektors mehr als 50 % und auf Bundesebene etwa 20 % privatisieren ließen. Dieses Privatisierungspotential muss ausgeschöpft werden, weil es nur so gelingt, solche bisher öffentlich durchgeführten Leistungen überhaupt zu erhalten, denn der private Unternehmer kann im Schnitt die gleiche Leistung wie Regiebetriebe und Regieinstitutionen etwa 30 bis 40 % billiger herstellen. Bevor man also diese Leistungen ganz streichen muss, empfiehlt es sich, deren Privatisierung zu überlegen.

Dies hat noch einen weiteren Vorteil: Privatisierte Leistungen bringen Steuern, während die öffentlichen Defizitbetriebe nicht nur keine Steuern zahlen, sondern sogar noch Nettosteuern kosten. Auch hier bedeutet Privatisierung Sanierung dieser Leistungsbereiche.

Wichtig wäre, dass diese Privatisierungswelle durch eine Änderung der Gemeindeordnungen unterstützt wird. Bisher „soll“ die Gemeinde privatisieren. Dies müsste in allen Gemeindeordnungen in eine „Mussvorschrift“ geändert werden. Die Gemeinden müssen privatisieren, wenn sie nicht nachweisen, dass sie die gleiche Leistung billiger anbieten können als der private Unternehmer. Dies wird in den seltensten Fällen der Fall sein und bewiesen werden können. Deshalb würde nur eine Mussvorschrift den öffentlichen Sektor entscheidend entschlacken und auch den Widerstand der öffentlichen Mitarbeiter und

[31] vgl. Gebhardt/Hamer, Privatisierungspraxis, Hannover 1992

ihrer Gewerkschaften gegen jede Form von Privatisierungen wirksam verhindern können.

Solche Korrekturen im Staats- und Verwaltungsbereich sind nach Auffassung der Arbeitsgruppe für eine Erholung nach dem Crash unverzichtbar.

## 7.7 Arbeitsgruppe 7 Gesellschaftliche und politische Ordnung

*Moderator*: Jürgen-Peter Rau, Geschäftsführer

*Teilnehmer*: Herbert Leonhardt, Unternehmer
Uwe Greve, Schriftsteller, MdL Kiel
Klaus Nottbohm, Unternehmer
Prof. Dr. Eberhard Hamer, Deutsche Mittelstandsstiftung

### I. Mittelstand und Arbeitnehmer als Verlierer im Crash

Die Arbeitsgruppe hat zunächst darüber diskutiert, ob verschiedene Alternativen für die Intensität des Zusammenbrechens von Wirtschaft, Vermögen und Einkommen unterschiedlich betrachtet werden sollten. Davon wurde aber wieder abgesehen, weil der stärkere Crash nur stärkere Wirkungen hat, sonst aber nicht grundsätzlich anders verläuft und nur tiefer, nicht aber anders auf die Gesellschaft wirkt.

Die Erfahrungen Anfang der dreißiger Jahre haben gezeigt, dass die einzelnen Bevölkerungsteile und -schichten vom Crash unterschiedlich betroffen werden:

Das Großkapital wird einige spektakuläre Zusammenbrüche aufweisen, letztlich aber mehrheitlich durch erfolgreiche Konzentrationen gestärkt aus der Krise hervorgehen. In den USA hat sich der Vermögensanteil des Großkapitals am Volksvermögen im Laufe der Krise Anfang der dreißiger Jahre von 20 % auf 34 % erhöht. Es hat also eine Konzentration des Vermögens auf die Reichen und die Konzerne stattgefunden.

Mit erheblicher Bereicherung von Großkapital und Konzernen wird auch in der kommenden Krise zu rechnen sein, weil sich diese Gruppen zuerst und am konsequentesten (durch Marktvermachtung, durch Konzentration) auf eine Krise vorbereitet haben. Waren Anfang der dreißiger Jahre diese Konzentrationen ganzer Marktbereiche auf nationaler Ebene Krisengewinner, so hat die Globalisierung der Konzerne und Zusammenschlüsse zu immer stärkeren Weltmarktmachtpositionen der Global Players geführt. Aus der Krise werden Weltmonopole und Weltoligopole als erfolgreichste Wirtschaftsgruppen hervorgehen.

Auch das private Großkapital und die Großanleger werden nur unterproportional verlieren, insgesamt voraussichtlich eher gewinnen, weil sie seit jeher gewohnt sind, die Wirtschaftsbewegungen genau zu beobachten, schnell darauf zu reagieren und die Gewinn- und Verlustchancen am besten einzuschätzen. Lediglich wo das Großkapital zu große Schuldenpositionen aufgebaut hat und diese vor dem Crash nicht rechtzeitig abbauen kann, wird es zu entsprechenden Verlusten oder sogar Zusammenbrüchen kommen.

Alle anderen Bevölkerungsgruppen – Mittelstand und Arbeitnehmerschaft – verlieren im Crash nicht nur Vermögen, sondern zum Teil auch ihre berufliche Einkommensbasis. Beide Bevölkerungsgruppen werden unter dem Crash überproportional leiden.

1. Der größte Teil des Sparkapitals und der kleinen Finanzanlagen werden von selbständigen oder unselbständigen Mittelständlern im Laufe eines Booms aufgebaut, weil sie entsprechende Ersparnisse dafür zurücklegen können. Fallen nun im Crash die Börsenkurse kräftig, so glauben sie damit Realwerte verloren zu haben, obwohl doch der Fehler bereits beim Einstieg lag, dass sie nämlich Finanzscheinwerte als Realwerte eingekauft haben.

   Letztlich ist es für echte Vermögensanleger gleichgültig, wie der Kurs der Aktie ist. Wenn aber viele Amateuranleger zu hohen Kursen eingekauft und im Crash Kursverluste hingenommen haben, glauben sie, ärmer geworden zu sein, auch wenn sie die gleichen Aktien weiterhin besitzen. Deshalb werden die Kleinanleger sich vor allem von den Finanzdienstleistern und Anlageberatern der Banken getäuscht fühlen, weil die empfohlenen Anlagen nicht mehr das wert sind, was dafür bezahlt worden ist. Häufig ist dies mit einer ebenso irrationalen Flucht in verminderte Sachwerte verbunden, wobei die Anleger dann erst recht den Börsenverlust realisieren.

Dramatischer wird es beim Verlust von Sparkapital. Brechen Banken zusammen, wird immer auch der Sparer davon betroffen. Bei der letzten Weltwirtschaftskrise Anfang der dreißiger Jahre haben 8 Mill. Amerikaner dadurch ihre sämtlichen Ersparnisse verloren.

Selbst staatsverbürgte Mindestgarantien der Banken werden oft nicht eingehalten und können im übrigen gegen die Entwertung von Sparkapitals insbesondere dann nicht sichern, wenn Inflation und Währungsreform das Sparkapital zusätzlich aushöhlen.

Der Verlust von Sparkapital und Finanzanlagen führt beim selbständigen Mittelstand dazu, dass er seiner Alterssicherungsrücklage beraubt wird. Die meisten deutschen Selbständigen waren kraft Gesetzes aus der Alterssicherung ausgeschlossen und durch Sparkapitalbildung auf die Bildung einer eigenen Alterssicherung angewiesen. So weit sie diese nicht in Immobilien angelegt haben, wird der Crash ihr Sparkapital vermindern oder vernichten. Die ehemals selbständigen Pensionäre und Rentner werden also wie Anfang der dreißiger Jahre relativ am meisten vom Crash betroffen sein und verarmen.

So weit der selbständige Mittelstand noch laufende Betriebe hat, hängt sein Überleben davon ab, wie hoch verschuldet dieser Betrieb ist und ob der Unternehmer auf verminderter Umsatz- und Gewinnbasis neben dem eigenen Einkommen noch Zins und Tilgung für die Schulden leisten kann. Viele werden sich mangels Schuldentilgungsmöglichkeit immer stärker in die Verschuldung hineindrehen und schließlich in diesem Sog untergehen. In der letzten Weltwirtschaftskrise sind auf diese Weise 30 % aller Betriebe verschwunden und haben Unternehmerfamilien hinterlassen, die nicht nur ohne Sparkapital, sondern auch ohne jegliche Einkommensbasis waren.

Der unselbständige Mittelstand von Angestellten und Beamten hat in Deutschland ebenfalls erhebliches Sparkapital angelegt und wird entsprechende Verluste hinnehmen müssen.

Ob er mit diesen Verlusten weiter existieren kann, hängt davon ab, ob er weiterhin – wenn auch bei verminderten Gehältern – noch im Anstellungsverhältnis bleiben und deshalb regelmäßiges Einkommen beziehen kann oder nicht. In der letzten Weltwirtschaftskrise haben mehr als 25 % des unselbständigen Mittelstandes – darunter viele Akademiker und Spezialisten – ihren Arbeitsplatz verloren und sind in relativ starke Armut verfallen. In dieser Gruppe herrschte deshalb nicht nur größte Enttäuschung, sondern auch größte Empörung über die Politik, welche nach ihrer Meinung ihnen diese Krise beschert hat. Es bedarf dann nur eines Demagogen, um diesen intelligenten Teil der Bevölkerung ideologisch zu mobilisieren.

2. Nächst dem Mittelstand wird der Crash die Arbeitnehmerschaft am meisten treffen. Sie hat zwar weniger Ersparnisse gemacht und deshalb weniger Finanzanlagen zu verlieren; – sie ist aber auf regelmäßiges Erwerbs- oder Transfereinkommen besonders angewiesen und leidet unter der Verminderung dieser Bezüge deshalb am meisten.

   So weit die Arbeitnehmer Lohnminderungen hinnehmen müssen, im übrigen aber im Beschäftigungsverhältnis verbleiben können, können sie durch Konsumverzicht die Krisenzeit überstehen.

   Schlimmer ist es für diejenigen Arbeitnehmer, die ihren Arbeitsplatz verlieren und dadurch auf öffentliche Sozialleistungen zurückfallen. Das Ansteigen der Arbeitslosigkeit und die Verminderung der Sozialbeiträge durch sinkende Beschäftigung sieht die staatlichen Sozialkassen außerstande, die bisherige Höhe der Sozialleistungen zu leisten. Die Sozialleistungen werden also wesentlich geringer sein und die von Sozialleistungen abhängige Bevölkerung wird zum großen Teil in Not geraten. Dies werden vor allem diejenigen besonders empfinden und darauf reagieren, die arbeitsfähig und arbeitswillig sind, die also die Arbeitslosigkeit als Unrecht empfinden.

3. Die größte Not wird unter den Rentnern und Sozialeinkommensbeziehern herrschen. Da das Umlageverfahren der Renten nicht mehr funktioniert, werden die Renten dramatisch einbrechen, praktisch auf Sozialhilfeniveau zurückfallen. Das Sozialhilfeniveau selbst aber wird ebenfalls drastisch sinken, weil der Staat die Beträge nicht mehr aufbringen kann, um die bisherigen Leistungen finanzieren zu können. Wer also auf staatliche Dauereinnahmen angewiesen ist, wird bis ans Existenzminimum gedrückt werden. Diese Gruppe ist der Hauptverlierer jedes Crash. Unter dieser Gruppe der Transfereinkommensbezieher werden allerdings die Rentner am wenigsten rebellisch werden. Sie fühlen sich zwar von den Sozialpolitikern betrogen, haben aber wenig Widerstandsmöglichkeiten.

Am stärksten wird die Reaktion bei den etwa 4 Mill. ausländischen Transfereinkommensbeziehern sein, von denen die Mehrzahl nur zum Zwecke des Sozialhilfeempfangs eingewandert ist. Wenn diese Gruppe die bisherigen Sozialleistungen nicht mehr erhält und Chancen auf Arbeitsplätze ohnehin nicht besitzt, wird sie unberechenbar, insbesondere, wenn sie erkennt, dass in ihrem Heimatland wegen des globalen Crash die Situation auch nicht besser ist. Die Gruppe wird gewaltbereit reagieren, wie es schon jetzt jugendliche Ausländerbanden in vielen deutschen Großstädten zeigen.

Jeder Crash in jedem Land hat immer eine Kriminalitätsexplosion mit sich gebracht. Nicht in allen Heimatländern unserer Einwanderer wird das Eigentum so geachtet wie bei uns. Und wenn diese Einwandererfamilien in Not geraten, werden sie Rücksichten am ehesten fallen lassen und sich das mit Gewalt – zum Beispiel durch Plünderung – holen, was sie an Zuweisungen nicht mehr erhalten und auf was sie angesichts der besseren Situation vieler Deutschen ein Anrecht zu haben glauben.

Hauptleidtragender der wachsenden Eigentumskriminalität ist wiederum der Mittelstand, der sich Sachvermögen aufgebaut hat, damit am angreifbarsten ist, sich kaum gleichwertig schützen kann und von unseren Sicherheitsorganen auch heute schon nicht mehr ausreichend geschützt wird. In mehreren norddeutschen Großstädten werden z.B. nur 5 % der Eigentumsdelikte aufgeklärt. Die Polizei wäre einer noch stärker wachsenden Kriminalität personell gar nicht gewachsen. Das Problem der inneren Sicherheit wird im Crashfall auf jeden Fall eskalieren.

In den Krisenjahren am Anfang und Ende der Weimarer Republik ist aber nicht nur die Eigentumskriminalität explodiert, sondern hat das kommunistisch agitierte Proletariat – Spartakus – gewaltsame Umsturzversuche unternommen. Manche Großstädte waren so fest in der Hand der roten Spartakisten, dass nicht nur das Bürgertum flüchten musste, sondern auch Polizei und Armee dort lange nichts mehr ausrichten konnten.

Wenn man an die Ghettoisierung unserer Großstädte und an die Berliner, Frankfurter oder Hamburger Hausbesetzerkrawalle denkt, lässt sich erahnen, was uns an Gewaltbereitschaft aus diesen Unruheherden im Crash bevorstehen kann.

Kommt es aber zu gewaltsamen Eruptionen im ausländischen Bevölkerungsteil, so werden Reaktionen besonders in sozial schwachen deutschen Bevölkerungsgruppen nicht ausbleiben und könnte sich die Gesellschaft im Bürgerkrieg nachhaltiger als schon bisher spalten. Dann rächt es sich, dass unsere Politik auf Drängen sowohl linker Ideologien als auch der Globalisierungskräfte eine multikulturelle Gesellschaft angestrebt und geschaffen hat und wir keine einheitliche Gesellschaft mehr sind, sondern praktisch drei Bevölkerungsteile, die bereits jetzt in latentem Gegensatz zueinander stehen:

- den Westdeutschen mit 50jähriger Wohlstandsgeschichte,
- den Bürgern der neuen Bundesländer mit dem Anspruch auf Wohlstandsgleichheit,
- mehr als 8 Mill. Ausländern, die Assimilation ablehnen, aber Ansprüche auf hohe Sozialleistungen inzwischen als ihr selbstverständliches Recht empfinden.

Es könnte zum Auseinanderfallen unserer Gesellschaft vor allem zwischen den deutschen und den nicht integrierbaren bzw. nicht assimilationsbereiten ausländischen Bevölkerungsteilen kommen. Die multikulturelle, sprich multiethnische Gesellschaft, besonders zwischen Menschen fremder Kulturen, war immer eine Illusion. Längst hat sich eine Parallelgesellschaft zwischen Deutschen einerseits und einer Ghettoentwicklung andererseits durchgesetzt. Diese Parallelgesellschaft könnte zur Separationsgesellschaft werden, weil sich die Minderheiten vor allem im Crash bewusst abgrenzen wollen, um ihre Identität zu erhalten und sich gegenseitig abzustützen. Dies wiederum wird zu Reaktionen beiderseits führen und das Ausländerproblem in Deutschland sich bis zu gewaltsamen Auseinandersetzungen verschärfen. Die Auseinandersetzung mit den Ausländern wird von dem Gefühl vieler Deutscher verschärft werden, dass die zahlreichen nichtarbeitenden Ausländer als „Ballast im Sozialsystem" empfunden werden. Dieser Vorwurf gegen die Sozialleistungen erhaltende Mehrheit der Ausländer könnte die frühere Akzeptanz der hier in Betrieben arbeitenden Ausländer verdrängen und würde durch die überproportionale Ausländerkriminalität noch verschärft.

Im Crash und in der damit verbundenen Verarmung gerade der Arbeitnehmerschaft und der Immigranten werden alle Gegensätze verschärft aufbrechen, wird es zu gesellschaftlichen Konfrontationen kommen, mit hoher Wahrscheinlichkeit auch zu bürgerkriegsähnlichen gewaltsamen Auseinandersetzungen.

Es ist nicht ausgeschlossen, dass dann der jahrzehntelange Immigrationsstrom nach Deutschland gewaltsam umgekehrt wird, dass die deutsche Bevölkerungsmehrheit die Politik zu einem Vorrang der Einheimischen vor den Zuwanderern zwingt und dass der Begriff der Gastarbeiter und Asylanten wieder in dem Sinne ernst genommen wird, dass sie nur vorübergehende Aufenthaltsberechtigung hatten, aber das Land wieder verlassen müssen, wenn sie keine Arbeit mehr finden und wenn sie sich nicht assimilieren wollen. Politisch ist diese Forderung längst virulent. Sie konnte bisher durch den Wohlstandsstaat überdeckt werden, wird aber in der Krise aufbrechen.

Verteilungskämpfe werden bei einem Crash sofort nicht nur zwischen einzelnen Gesellschaftsgruppen, sondern besonders auch zwischen den verschiedenen Bevölkerungsgruppen in Deutschland aufbrechen. Was der Wohlstand an Gegensätzen verkittet hat, bricht die Krise auf. Wie viele Crash-Beispiele zeigen, werden Plünderungen von Geschäften, von Lägern und von Villen üblich werden, werden die Menschen sich mit Gewalt holen, was sie nicht mehr verdienen oder nicht mehr zugewiesen bekommen und werden sich gesellschaftliche Kampftruppen zum eigenen Vorteil auf Kosten anderer Macht im Staate zu erkämpfen versuchen. Immer waren drastische Krisenzeiten zugleich Zeiten aufblühender Bandenkriminalität, Bandenbildung revolutionärer Extremistengruppen und Cliquen von Desperados, die nichts mehr zu verlieren hatten und deshalb entsprechend rücksichtslos gegen die übrige Gesellschaft vorgingen. (Beispiel Rußland)

## II. Crashfolgen für die gesellschaftlichen Organisationen

Die Arbeitsgruppe hat mit Rückblick auf die ehemalige Bedeutung z.B. der beiden Minister Ebert und Noske für die Befriedung und Erhaltung der öffentlichen Ordnung nach dem ersten Weltkrieg darauf hingewiesen, dass es für die Frage, wie die gesellschaftlichen Crashfolgen sich auswirken werden wesentlich davon abhängt, ob Führungspersönlichkeiten mit Mut zur Entscheidung und zum Durchgreifen in den Organisationen, in Staat und in Politik auftreten werden oder nicht.

Insofern war jede Krise auch immer eine Geburtsstunde charismatischer Persönlichkeiten. Es kommt nur darauf an, ob diese Persönlichkeiten sich verfassungskonform verhalten oder ob sie aus bestimmten ideologischen Ecken ihr Charisma missbrauchen (Hitler). Dieser Gesichtspunkt der Abhängigkeit der Krise und der Krisenbewältigung von den verfügbaren Führungskräften kann nicht genügend betont werden und wird auch die Bewältigung der nächsten Krise bei uns und in anderen Ländern entscheidend bestimmen, denn jedes in Not befindliche Volk sucht Führung aus der Not. Wer dem Volk Sicherheit, Zukunft und wieder geordnete Existenz glaubhaft zeigen kann, wird die Bevölkerung hinter sich haben, wird leichter als zu Wohlstandszeiten Führung erringen und ausüben können.

Fraglich ist, ob die Führungskräfte und Parteien, welche die Bevölkerung aus dem Wohlstand in die Krise geführt haben, diese Krise so überstehen, dass sie weiter führen oder sogar aus der Krise führen dürfen. In einzelnen europäischen Ländern wie z.B. Frankreich oder Italien wurden bereits in Krisensituationen die traditionellen Parteien zerrieben und bildeten sich neue Kräfte, die mit den alten Vorwürfen nicht mehr identifizierbar waren. Dies könnte auch in einer zukünftigen Krise bei uns der Fall sein, weil unsere derzeitigen Parteien z.B. in Bezug auf das Sozialsystem der Bevölkerung jahrzehntelang die Wahrheit verschwiegen haben. Sie haben eine Sicherheit vorgegaukelt, die im Umlageverfahren nicht mehr vorhanden war und die sogar dazu geführt hat, dass die Bevölkerung mehr den Politikern als den jahrhundertelangen Erfahrungen der Sicherung aus der eigenen Familie geglaubt hat (Beiträge statt Kinder). Auch solche Gruppierungen, welche mit vermeintlich zweitrangigen Problemen wie z.B. dem Umweltschutz (Greenpeace) ihr Geschäft im Wohlstand machen konnten, werden in der Krise weggespült. Es geht dann nicht mehr darum, vorrangig Frösche zu schützen, sondern die eigene, persönliche Existenz zu sichern. Solche Organisationen werden keine politische oder gesellschaftliche Rolle mehr spielen.

Vermutlich werden die Leute, die ihr Finanz- und Anlagevermögen und damit ihr Einkommen verloren haben, den Kapitalismus verdammen, wie sie vorher den Sozialismus verdammt haben. Allerdings wird die Frage der Neuverteilung oder Umverteilung nicht von der Tagesordnung verschwinden, sondern eher eine Renaissance erleben. Immer schon haben in Notzeiten Volksverführer mit dem Hinweis auf andere, denen es besser geht, den Neid der Massen zu erregen verstanden und sich damit nach oben gespült. Dies löst zwar keine Probleme und bringt keinen Wiederaufschwung, wird aber dem allgemeinen Wunsch nach Entreicherung der noch Besitzenden und dadurch Bereicherung der nicht mehr Besitzenden gerecht.

Es ist deshalb zu befürchten, dass es nach dem nächsten Crash zumindest vorübergehend gesellschaftlich unter Umständen nicht um das Ziel der maximalen Leistungsentwicklung der Menschen, sondern eher wieder um maximale Umverteilung gehen wird.

Interessant wird werden, wen die Bevölkerung und öffentliche Medien als Schuldigen für den Crash präsentieren. Da es sich um einen Weltcrash handelt, wird voraussichtlich das internationale Großkapital als Täter geortet und damit der gesamte Kapitalismus diffamiert werden.

Da andererseits die herrschende Elite weiß, dass Wohlstand nur bei Marktwirtschaft möglich ist, nicht aber bei sozialistischen Verwaltungswirtschaften, wird die Frage der Schuldigen einerseits und des Aufbaus einer neuen Marktwirtschaft andererseits zum Spannungsverhältnis werden können. Vom Ergebnis hängt ab, wie schnell und in welchem Maße ein Wiederaufbau – bei Marktwirtschaft – nach dem Crash möglich wird.

Zur Frage des Überlebens der Parteienorganisationen nach einem Crash wurde in der Arbeitsgruppe unterschiedlich diskutiert. Ein Teil meinte, dass es wie in der Weimarer Republik zu Abspaltungen und zusätzlichen Differenzierungen der Parteienlandschaft kommen würde. Ein anderer Teil sah die Chance einer Erneuerung der Führung in den etablierten Alt-Parteien. Es ist denkbar, dass im Krisenfall befähigte Nachwuchspolitiker nach oben drängen, solche, denen es zum Beispiel durch fehlende Seilschaften nicht gelang, in die Führungsriege vorzustoßen. Davon hängt ab, welche Partei im und nach einem Crash überhaupt führungsfähig ist oder ob mehrere Parteien zusammen die Führung fortsetzen oder neu übernehmen werden.

Wenn die traditionellen Parteien keine neuen, von den alten Fehlern und von der Crashschuld unbelasteten Führungskräfte präsentieren können, werden die Wähler nach neuen Persönlichkeiten und Parteien suchen.

Diskutiert wurde auch die Frage, ob sich politische Großorganisationen wie z.B. die EU oder Weltinstitutionen durch einen Weltcrash hindurchhalten können. In der Geschichte ist es immer so gewesen, dass die Organisationen um so stärker erschüttert worden sind, je größer sie waren. Hinzu kommt, dass z.B. die EU eine mehr zwanghaft als gewollt mit überwiegend wirtschaftlichen Versprechungen zusammengekommene Einheit darstellt, die auseinander brechen könnte, wenn die erwarteten Zahlungen für die Mehrheit der Länder von der EU nicht mehr kommen. Es könnte also sein, dass mit dem Weltcrash eine nationale Renaissance beginnt, dass die einzelnen Völker sich wieder entdecken und sich erneut als selbständige Volkseinheit organisieren wollen, ähnlich wie es nach dem Zusammenbruch der Sowjetunion in deren Staatsteilen geschah.

Dabei hätte Deutschland es besonders schwer, weil wir nicht mehr ein einheitliches Volk, sondern, wie beschrieben, drei Volksteile verkörpern: Die „Westdeutschen“, die „Ostdeutschen“ und die Ausländer.

Diese drei Volksteile haben bisher noch nicht zueinander gefunden, haben noch keine überzeugende einheitliche Identität und werden möglicherweise mit der letzteren Gruppe (Ausländer) nur schwer eine einheitliche Identität finden. Dies wird den politischen Neuaufbau nach einem Crash entsprechend belasten – vor allem wenn es bei dem ausländischen Einwohnerteil zu gewaltsamen Eruptionen wegen Entzuges der Einkommen und Sozialleistungen kommen würde.

Es ist damit zu rechnen, dass die durch den Crash widerlegten Umverteilungstheorien und Umverteilungstheoretiker sich für einen politischen Neuanfang diskreditiert haben, dass ein politischer Neuanfang wohl mehr in den traditionellen Wertebereichen liegt, welche die sozialistischen Parteien als rechts diffamiert haben. Tragende linke Zukunftsideologien gibt es zur Zeit nicht. Auf sie kann deshalb auch nach dem Crash nicht zurückgegriffen werden. Die Pseudowerte von Multi-Kulti, Antifaschismus und Umverteilung werden einen Neuanfang nicht tragen.

Die Konzeptlosigkeit der traditionellen Parteien und das Fehlen neuer Zukunftsideen ist allerdings nicht nur ein deutsches Kennzeichen. Würde in einem anderen europäischen Land oder in USA eine neue tragfähige Zukunftsidee entwickelt, könnte diese Idee global den Neuaufbau auch bei uns tragen.

Schauen wir in die Geschichte zurück, könnten Ideen im Spektrum von Volk, Heimat, Nation in Verbindung mit den christlichen Grundwerten und den alten preußischen Tugenden aus dem Crash als neue – eigentlich alte – Wertegemeinschaft wieder entstehen. Aber dieses alles wird wiederum davon abhängen, welche überzeugenden Missionare für diese Werte im Crash entstehen.

Dabei ist die Gefahr von Extremisten und Extremismen im Crash besonders groß. Auch Lenin, Hitler oder Stalin waren Früchte einer Krise und wären ohne diese kaum hochgespült worden. Es ist nur zu hoffen, dass, wenn Demagogen als Nutznießer der Krise hochkommen, diese zumindest Demokraten sind und bleiben.

Das Geheimnis potentieller Demagogen wird im Crash darin bestehen, die politischen Tabus anzusprechen und zu diskutieren, welche die traditionellen Parteien mit Fleiß zu unterdrücken und zu verschweigen versucht haben: Asylmissbrauch, Sozialimmigration, nationale Identität, Werteorientierung, Familienstruktur, Elitebildung, Geschichtsbewusstsein, preußische Tugenden, Verantwortung vor Gott u.a. Wer diese Themen nach dem Crash überzeugend vertreten kann, wird den

Neuaufbau des politischen und gesellschaftlichen Lebens bestimmen können.

Welche der politischen Kräfte nach einem Crash die Möglichkeiten zur Gestaltung gewinnen kann, hängt wesentlich von den Medien ab, insbesondere den öffentlichen Medien, wie und wer sie beherrscht. Ohne die intensive Mitwirkung der Medien wird keine neue politische Richtung eine Chance haben. Die privaten Eigentümer der privaten Medien und die herrschende politische Elite mit ihrem Einfluss auf die öffentlichen Medien bestimmen darüber, wer mit welchen Themen und welche der politischen Richtungen nach einem Crash die Chance zur Regeneration unserer Gesellschaft bekommen werden. Sollten extremistische Gruppen nach oben gespült werden, ist zu befürchten, dass sie sich der einflussreichsten Sender gewaltsam bemächtigen.

*Wie reagieren die gesellschaftlichen Organisationen und Strukturen auf den Crash?*

1. Von den Medien werden die im wesentlichen auf Werbungseinnahmen angewiesenen privaten Medien drastisch reduziert werden. Die auf Zwangsbeiträge gegründeten öffentlichen Medien werden die derzeitige Höhe der Zwangsbeiträge nicht mehr eintreiben können und ebenfalls abschlanken müssen. In welchem Maße die Medien aktiv an der neuen Wertediskussion nach dem Crash teilnehmen können, hängt davon ab, wer sie beherrscht und ob noch eine Pluralität gesichert werden kann oder ob ein privater Monopolist das private, oder ob eine politische Mafia das öffentliche Fernsehen in die Hand bekommen.

2. Die öffentlichen Sozialsysteme werden den Crash ebenfalls nicht unbeschadet durchstehen. Sie werden einen großen Teil ihrer Bedeutung verlieren, die versprochene Sicherung nicht mehr in gleichem Maße halten können. Das Sozialsystem wird grundsätzlich vom Umlage- auf das Kapitaldeckungsverfahren umgestellt werden müssen, weil das Umlagesystem ein Betrug an der Jugend darstellt, welches sich die Jugend nicht mehr bieten lassen wird (vgl. oben Kap. 7.3.).

3. Bei den Wirtschaftsverbänden erscheint sicher, dass die Gewerkschaften ihre Macht in den Betrieben und auf die sozialistischen Parteien verlieren werden, weil sie den Mitgliedern nichts mehr bieten können und weil sich im Crash die Macht vom Arbeitsangebotsmarkt zu einem Arbeitsnachfragemarkt verändert. Sobald die Gewerkschaften keine Macht mehr auf die Lohnbildung haben, werden sie sich voraussichtlich politisch radikalisieren, um sich überhaupt erhalten zu können. Dabei geraten sie allerdings in die Zwickmühle, dass sie einerseits für die noch im Erwerb stehenden Mitglieder attraktiv bleiben müssen, andererseits für die Masse der Arbeitslosen nicht noch stärker zum Beschäftigungsverhinderungskartell werden. Tarifverträge werden nach einem Crash mit hoher Wahrscheinlichkeit wohl nur noch betriebsintern abgeschlossen, nicht mehr allgemeinverbindlich oder flächendeckend.

   Den Gewerkschaften wird auch vorgeworfen werden, dass sie die Zuwanderung unqualifizierter Arbeitskräfte hauptsächlich mitbetrieben und damit ihren eigenen Arbeitnehmern Lohndumping und Zusatzkonkurrenz beschert haben. Wenn im Crash die Gegensätze vor allem bei den unteren Lohngruppen zwischen den einheimischen und den importierten Arbeitskräften aufbrechen, wird die Gewerkschaft Hauptprügelknabe dieser Auseinandersetzungen sein.

   Die Arbeitgeberverbände werden ebenfalls an Macht und Einnahmen verlieren, schon weil hunderttausende von Betrieben vernichtet sein werden und keine Beiträge mehr an Kammern und Verbände zahlen. In welchem Maße die Verbände diesen Einkommensverlust ertragen und ihre Bedeutung zumindest relativ halten können, wird davon abhängen, in welchem Maße sie sich zum Dienstleister für ihre Mitgliedsbetriebe entwickeln und damit weitgehend beitragsunabhängig werden können.

4. Die privaten Verbände und Organisationen werden im Crash eher bedeutungsvoller als an Bedeutung verlieren, weil sie schon bisher für ihre Mitglieder nutzenorientiert sind und im Crash Unternehmen und

Verbandsmitglieder solche Verbände noch mehr brauchen als im Boom.

Dies gilt auch für karitative und kirchliche Organisationen, welche zur Fluchtburg für im Beruf gescheiterte oder in Not befindliche Bevölkerungsteile werden könnten, vorausgesetzt die Kirchengemeinden und Sozialinstitutionen erkennen diese Aufgabe richtig und sind bereit, sie ohne Bezahlung gemeinnützig durchzuführen.

5. Auch der Staat selbst wird vom Crash nicht unbeeinflusst bleiben. Hat es bisher ein sich ständig aufbauendes Gebirge von Gesetzen, Verordnungen und Erlassen gegeben, die sich immer mehr vermehrten (90.000 Blatt Papier inzwischen), so werden die Betriebe im Crash diesen Gesetzesdschungel nicht mehr akzeptieren, wird der Staat sich zurücknehmen müssen und werden ganze Bereiche wie z.B. Umweltschutz schon aus Wettbewerbsgründen dem internationalen Mindeststandard angepasst werden müssen. Insofern kann ein Crash – wie auch die Geschichte immer gezeigt hat – wieder mehr Freiheit bringen. Diese Freiheit ist auch notwendig, um wieder neue Betriebe, mehr Arbeitsplätze, mehr Produktion und mehr Wirtschaftswachstum zu erzielen. Insofern ist die Reduktion der Gesetze und Verwaltung geradezu die Voraussetzung für einen neuen Wiederaufschwung.

6. Die Frage, welche Struktur die Wirtschaft nach dem Crash gegenüber der Zeit vor dem Crash hat, lässt sich aus der Vergangenheit wie folgt beantworten:

- Die großen Konzerne haben noch mehr Macht als vorher, weil sie sich rechtzeitig vorher konzentriert und die Märkte vermachtet haben.
- Die Bankenlandschaft wird im Crash „bereinigt“ sein. Bei den Großbanken hat es Zusammenbrüche wegen falscher Spekulationen (Derivate) gegeben. Bei den Sparkassen und Volksbanken hat es erhebliche Ausfälle durch ihre mittelständische Kundschaft gegeben. Die Banken stehen also ebenfalls per Saldo im Wiederaufbau.

- Gewinner aber sind die Versicherungen. Sie haben die Beiträge ihrer Versicherten weithin in Sachanlagen angelegt, brauchen aber nur inflationierte bzw. währungsreduzierte Leistungen zurückzuzahlen, könnten also wie Anfang der dreißiger Jahre einen hohen Crashgewinn erzielen.
- In der mittelständischen Wirtschaft werden vor allem die hochverschuldeten Betriebe den Crash nicht überlebt haben (etwa ein Drittel), während die übrigen während des Crash nur kleiner geworden sind, aber im Neuaufbau wieder erstarken können. Dabei wird für das Wiedererstarken einer mittelständischen Wirtschaft entscheidend sein, ob ihnen – wie beim „Wirtschaftswunder West" – die Selbstfinanzierung durch Steuerfreiheit der in den Betrieben verbleibenden Gewinne ermöglicht wird oder ob der Staat ihnen diese Gewinne wieder überwiegend abzieht und ihre Entwicklung damit weiter stranguliert.
- Die Landwirtschaft wird eine zunehmende gesellschaftliche und wirtschaftliche Bedeutung gewinnen, weil sich die Leute bei vermindertem Wohlstand wieder stärker auf die Existenzbedürfnisse und auf die Grundnahrungsmittel stützen müssen. Dadurch wird die Landwirtschaft vom Crash unterproportional betroffen werden. Welche landwirtschaftlichen Betriebe übrig bleiben, wird allerdings nach den Erfahrungen der zwanziger Jahre davon abhängen, wie stark die einzelnen Betriebe verschuldet oder schuldenfrei sind. Nur die schuldenfreien Betriebe werden den Crash unbeschadet überstehen.

Nach den Erfahrungen der dreißiger Jahre hat es im Crash immer eine erhebliche Auseinandersetzung um die Beschäftigung von Frauen gegeben. Damals war die Parole vom „Einverdienerhaushalt" maßgebend. Entweder ein Mann oder eine Frau sollte allein verdienen und der Ehepartner zurücktreten für arbeitslose Haushalte, in denen niemand verdiente. Diese Welle könnte wiederkommen, wenn im Crash zu wenig Arbeitsplätze verfügbar sind und zu einer verstärkten Frauenarbeitslosigkeit (Anfang der dreißiger Jahre 60 % gegenüber 40 % Männern) führen. Insofern würde die gesellschaftliche Veränderung nicht nur zwischen den einzelnen Gruppen schärfer werden, sondern auch zwischen den Geschlechtern. Das könnte allerdings gegenläufig eine neue Bewertung der Familie als Einheit von Frau und Mann nach sich ziehen.

## 7.8 Arbeitsgruppe 8
## Kultur, Bildung, Werte

*Moderator*: Uwe Greve, MdL Kiel, Schriftsteller

*Mitglieder*: Klaudia Kruck-Schaer, Buchhändlerin
Jens Motschmann, Pastor
Doda von Plessen, Geschäftsführerin
Dr. Tankred Schaer, Unternehmer
Prof. Dr. Eberhard Hamer, Deutsche Mittelsstandsstiftung

**Vorbemerkung**

Ganz gleich, ob ein plötzlicher Crash oder ein schleichender Abschwung in eine tiefe Depression stattgefunden hat: In jedem Falle käme es zu Finanzkrisen nicht nur im privaten, sondern auch im öffentlichen Bereich. Verarmung großer Bevölkerungsschichten und eine völlig neue Stufe des Existenzkampfes der Menschen um das tägliche Überleben wären die unausweichliche Folge.

Dass eine solche Situation kommen kann, lässt sich zum einen durch Rückschau in die Jahre nach 1929 nachweisen, zum anderen aus den aktuellen Situationen in Argentinien, Japan und Russland.

**I. Zusammenbruch im Kulturbereich**

Im Crash wird der frühere Finanzierungsvorteil öffentlicher Kulturinstitutionen verschwinden, weil der Staat gezwungen ist, mit erheblich geringeren Mitteln auszukommen. Deshalb muss er vor allem in solchen Einrichtungen sparen, die für den Bestand des öffentlichen Sektors nicht existenznotwendig erscheinen. Immer schon wurde in der Kultur zuerst gespart, wenn ein Staat in eine größere Finanzkrise geriet.

Demgegenüber lässt sich aus der Vergangenheit der 30er Jahre des letzten Jahrhunderts und aus den aktuellen Crash-Ländern ableiten, dass Kultureinrichtungen, die bisher überwiegend privatwirtschaftlich getragen waren, auch im Zusammenbruch höhere Flexibilität und Überlebenskraft zeigen.

*1. Kirchen in der Krise:* Traditionell sind im christlichen Abendland die Kirchen immer kultureller Mittelpunkt des Ortes gewesen – wie schon die Kirchengebäude in jeder Stadt und in jedem Dorf zeigen. Die Kirchenorganisation lebt aber finanziell von Kirchensteuern. Bricht der Lebensstandard der Kirchenmitglieder zusammen, werden die Kirchen ebenfalls entsprechend geringere Finanzeinnahmen haben. In der Wirtschaftskrise Anfang der dreißiger Jahre wurden die Pfarrer und Kirchenmitarbeiter um ein Drittel der vormaligen Bezüge zurückgestuft, aber weiter zu bezahlen versucht. In vielen Fällen haben die Gemeinden auch verstärkt private Mittel erschließen können, insbesondere um die im Crashfall notwendige, intensive Sozialarbeit finanzieren zu können. Die Kirchen haben zentrale Räume und das größte Potential ehrenamtlicher Mitarbeiter, welche sie in Krisenzeiten mobilisieren könnten.

Eine besondere kulturelle Bedeutung wird den Pfarrern, Priestern und anderen Kirchenbediensteten durch die Existenznot der Menschen zukommen. Dies ist auch eine deutsche Erfahrung nach dem Zweiten Weltkrieg. Im Zusammenbruch waren die Kirchen Fixpunkt und Fluchtpunkt geblieben und es schien eine neue Frömmigkeitswelle im Nachkriegs-Deutschland aufzubrechen, die allerdings mit steigendem Wohlstand abflachte.

Insofern würde der Crash zwar die Kirchenorganisationen und einen Teil des Kirchenwohlstandes mit in den Abgrund reißen, nicht aber die Kirche als Glaubensgemeinschaft. Letztere Bedeutung würde von vielen jetzt materiellen Vorbauten wieder freigelegt werden und neu aufblühen können.

Immer haben die Kirchen ihre größte geistige Wirkung gehabt, wenn in ihnen nicht Wohlstand, sondern Knappheit oder sogar Not herrschte (Not lehrt Beten).

Innerhalb des Kirchenbereichs werden die Amtskirchen mit einer Wirtschaftskrise am schwersten und zuletzt fertig, die Freikirchen und Sekten dagegen am besten und am schnellsten. Sie sind sowohl mental als auch strukturell auf eine Crash-Situation viel stärker vorbereitet als die öffentlich erstarrten Amtskirchen (Endzeitbewußtsein).

Innerhalb der Amtskirchen gibt es für die Amtsträger zwei Reaktionsmöglichkeiten auf den Crash:

- Wer bisher das Amt in der Kirche nur als Job betrachtet hat, wird von der Fahne gehen, wird sich anderswo eine bessere finanzielle Lebensgrundlage suchen, als er sie in der Kirche hat. Möglicherweise wird dies für die Mehrzahl der heutigen Amtsträger zutreffen, insbesondere in den ehemals sozialistischen Ländern.
- Dagegen werden Amtsträger, die ihren Dienst schon bisher als Berufung gesehen haben, durch die Zusammenbruchssituation einen Motivationsschub erfahren. Sie sind nämlich notwendiger als je und ihre Gemeinden suchen mehr Rat von ihnen als je zuvor.

Die letzteren, wirklich gläubigen Pfarrer und Kirchenbediensteten werden vor allem dann im Crash aus ihren Gemeinden zusätzlich Hilfe bekommen, wenn sie schon vorher die Kirche als Glaubensgemeinschaft in ihrer Gemeinde gelebt haben, also das gemeinsame Band des Glaubens vor dem Crash schon besteht. Dann werden aus der Gemeinde – wie die Erfahrungen Anfang der dreißiger Jahre zeigen – auch viele Gemeindemitglieder viel stärker zur Unterstützung der Gemeindearbeit bereit sein, als dies in der Wohlstandskirche der Fall war.

Schwieriger ist es, vorauszusagen, wie die Immigrationsreligionen und -sekten – insbesondere der Islam – im Crash reagieren werden. Zumindest bekommen die Moscheen keine Hilfe mehr aus dem Ausland, weil sich die geldgebenden islamischen Öl-Staaten selbst mit in der Krise befinden. Für viele Moscheen dürfte dies aber keine entscheidende Rolle spielen, weil bei dem fundamentalen Islam Glaubensfanatismus mangelnde Mittel weitgehend ersetzen kann. Es ist davon auszugehen, dass ein Zusammenbruch die Immigrationssekten nicht entscheidend schädigt, sondern umgekehrt wahrscheinlich sogar festigt.

2. *Kultureinrichtungen:* Von den übrigen künstlerischen und kulturellen Bereichen werden solche angeblich kulturellen Aktivitäten am wenigsten leiden, die sich schon jetzt eine starke Resonanz in der Jugend verschaffen konnten wie z.B. „Disko-Kultur“ u.a. Diese Einrichtungen operieren mit so hohen Gewinnspannen, dass sie auch zu einem Bruchteil der derzeitigen Preise noch angeboten werden könnten und deshalb weiterhin ausreichende Nachfrage finden werden.

Schwer wird es die so genannte „klassische Kultur“ haben mit Oper, Operette, Schauspiel, Ballett u.a. Der Staat wird bei drastisch reduzierten Mitteln sich die bisherigen Zuschüsse von oft mehr als hundert Euro pro Platz und Abend in Theatern, Opern und Konzerthäusern nicht mehr leisten können, muss die Subventionen kürzen und Kulturstätten aller Art sowie auch Konzert-, Theater- und Opernhäuser schließen. Wie Anfang der dreißiger Jahre werden viele entlassene Künstler dieser reduzierten oder geschlossenen Institutionen in einen fürchterlichen Überlebenskampf geraten. Sie werden, wie damals, in Gaststätten für Trinkgelder musizieren oder in andere Hauptberufe wechseln. Verschärft wird die Berufssituation der Künstler dadurch, dass die bisher hochbezahlte Kulturszene tausende von ausländischen Künstlern angezogen hat, für welche ein Überleben ohne die öffentliche Anstellung in Deutschland besonders schwierig werden wird. Die Schließung des Schiller-Theaters und einer Oper in Berlin war der Anfang einer Finanzsituation, die sich überall einstellen wird und im Crash zu Massenarbeitslosigkeit von Künstlern der ehemals staatlichen Kultureinrichtungen werden wird.

Eine der üblichen Sparmaßnahmen in schwieriger Zeit bei kommunalen Dienstleistungen war immer schon die Schließung von Museen und Bibliotheken. Ein Crash würde sofort verstärkt solche Maßnahmen auslösen. Da allerdings die Museen in ihrem Bestand krisenunabhängig sind, würden im wesentlichen nur ihre Personalkosten durch

Schließung eingespart. In den dreißiger Jahren wurden solche Zwangsschließungen durch private Museumsvereine mit ehrenamtlichen, z.B. arbeitslosen Helfern häufig aufgefangen, solange die öffentlichen Träger des Museums zumindest die Raumkosten weiter tragen konnten.

Zählen wir Film und Fernsehen mit zu den wichtigen Kultureinrichtungen, so werden diese zwar weiter nachgefragt werden und weiterhin produzieren. Allerdings wird die bisherige Üppigkeit verschwinden. Das Fernsehen wird sich erstmalig allgemeinen Sparzwängen anpassen müssen, und einen Großteil der hauptamtlichen Mitarbeiter freistellen, um billigere Leistungen freier Mitarbeiter einzukaufen. Dies wiederum hat Folgen für die Filmindustrie und Medienmacher, die bisher Zulieferer des Staats- und Privatfernsehens waren.

Wir rechnen damit, dass die Nachfrage nach Filmen in den Filmkinos drastisch zurückgehen wird, weil viele Leute das Geld dafür nicht mehr übrighaben. Wir rechnen aber auch damit, dass viele Fernsehsender sich nicht mehr halten können, weil die für ihren Betrieb notwendigen Werbeeinnahmen wegen des Umsatzeinbruchs in der Wirtschaft wegbrechen. Diesen Einnahmeverlust wird auch das öffentlich-rechtliche Fernsehen spüren.

Der Crash dürfte auch das Bereicherungssystem der öffentlichen Rundfunkzwangsbeiträge einschränken, wenn nicht aufheben, da die Bürger neben den allgemeinen Steuern die Masse der Zusatzsteuern und Fiskalsteuern nicht mehr tragen können. Zudem müsste eine neue Kontrollstruktur für alle öffentlich sendenden Medien gefunden werden, die gewährleistet, dass im demokratischen Sinne der Bürger mehr Direkteinfluss nehmen kann. Dies könnte endlich auch die Programme verändern, z.B. auf Druck der Familienverbände Gewalt- und Horrorfilme oder Sexsendungen aus den Programmen verschwinden lassen.

Am geringsten wird ein Crash solche kulturellen Institutionen betreffen, die sich überwiegend auf ehrenamtliche Funktionäre abstützen, z.B. die vielfältigen Vereine:

- Die in vielen Regionen führenden Vereine werden vor allem im ländlichen Bereich auch ohne Fremdunterstützung fortbestehen, ja sogar noch an Kommunikationsbedeutung gewinnen, weil sie nicht nur Treffpunkt der eigenen Vereinsmitglieder sind, sondern auch Zulauf bekommen von solchen Menschen, für die andere Strukturen zusammengebrochen sind. Es kann davon ausgegangen werden, dass die Vereine zwar auch wirtschaftliche Schwierigkeiten haben – vor allem wenn sie Anlagevermögen unterhalten müssen –, dass sie aber an gesellschaftlicher Bedeutung im Crash eher gewinnen als verlieren.
- Die gleiche Situation wird für die Traditionsvereine und für viele Sportvereine und Hobbyvereine (Taubenzuchtvereine, Briefmarkenclubs u.a.) zutreffen. Auch diese werden im Crash stärker zusammenrücken, eine stärkere gesellschaftliche Bindung und Wirkung haben und deshalb voraussichtlich unbeschadet durch den Crash kommen.

## II. Das Bildungssystem in der Depression

Der wirtschaftliche und gesellschaftliche Zusammenbruch wird sich auch auf das Bildungssystem auswirken. Dies schon deswegen, weil das Bildungssystem erheblich auf die Ausübung einer beruflichen Tätigkeit ausgerichtet ist. Wenn aber kaum noch Arbeitsplätze zu bekommen sind, macht die jeweilige Ausbildung weniger Sinn. Zwangsläufig wird das Bildungssystem in eine Krise gestürzt, weil die Bildungsmotivation sinkt.

Da unser deutsches Bildungssystem überwiegend öffentlich finanziert ist, kann der Staat dieses Bildungssystem nicht mehr so üppig wie bisher finanzieren. Er wird kürzen, entlassen, reduzieren, kurzum einsparen, wo dies überhaupt möglich ist.

Lehrer sind in der Regel Beamte. Braucht man weniger Lehrer, müssen Beamte entlassen werden. Dies ginge jedoch nicht ohne Grundgesetzänderung, die den Lehrern ihre Beamten- und Unentlassbarkeitsrechte nimmt. In der tiefen Krise würde diese Maßnahme wahrscheinlich eine parlarmentarische Mehrheit finden. Selbst die Lehrergewerkschaft fordert schon lange die Abschaffung des Beamtenstatus. Wird die Lehrerschaft reduziert, werden dann die Klassen entsprechend verstärkt. Bei 40 Schülern pro Klasse statt 20 braucht man jedenfalls in der Grundschule und Sekundarstufe nur die Hälfte der Lehrer. Anfang der dreißiger Jahre wurde nicht nur diese Maßnahme durchgeführt, sondern wurden auch die Lehrergehälter drastisch um mehr als ein Drittel reduziert. Mit diesen Maßnahmen muss auch in der kommenden Krise gerechnet werden. Anfang der dreißiger Jahre haben die Lehrer diesen finanziellen Verlust teilweise durch Zweitjobs notdürftig auszugleichen versucht. Auch diese Notlösung würde in der Krise wieder üblich werden – Privatstunden, Musikkapellen, Tätigkeiten in der Gastronomie, als Taxifahrer usw. – wie man in den osteuropäischen Ländern bereits beobachten kann.

Die Krise erzwänge die Privatisierung vieler Schulen und Hochschulen, die dann als eigenverantwortliche Bildungseinrichtung wie ein Wirtschaftsunternehmen selbstverantwortlich mit den geringeren öffentlichen Zuschussmitteln und selbst eingeworbenen Privatmitteln operieren müssen. Dies führte zwangsläufig dazu, dass die bisher angebotssubventionierten Schulen und Hochschulen nachfragesubventioniert werden müssen. Schulen, die den Schülern nicht ausreichend Wissen vermitteln, werden als private Schulen nicht mehr nachgefragt sein, dagegen werden die besseren Schulen schon wegen des künftigen beruflichen Vorsprungs wie in den USA verstärkt nachgefragt werden. Unser nivelliertes Bildungssystem wird also in der Krise zu einer neuen Wettbewerbssituation und Differenzierung aufgebrochen werden. Es wird wieder Eliteschulen geben, in denen die Kinder von den besten Lehrern die beste Bildung und damit einen beruflichen Vorsprung bekommen, wie früher in den humanistischen Gymnasien. Nicht alle Bevölkerungsschichten werden noch jedes Bildungsangebot kostenlos bekommen können. Der Crash wird die Forderung von gleicher Bildung für alle – weil alle gleich veranlagt seien – zusammenbrechen lassen. Dies dürfte das Ende sozialistischer Schulpolitik bedeuten, nach welcher Kinder mit unterschiedlicher Intelligenz, Bildungswillen und Gaben in Einheitsklassen auf gleichem Niveau gehalten werden sollten.

Die größten Folgen werden die zusammenbrechenden Staatsfinanzen in der beruflichen Bildung hinterlassen. Die Berufsschule wird zu Gunsten von mehr Praxis in der Ausbildung entscheidend auf höchstens einen Tag pro Woche verkürzt werden, was zu entsprechenden Reduzierungen des Gesamtpotentials dieses Schulzweiges führen wird.

Ebenso gilt dies für die vielfältigsten Fortbildungseinrichtungen. Solange das Arbeitsamt alles und jedes bezahlte, tummelten sich 26.000 z.T. umstrittene Fortbildungseinrichtungen um Fortbildungswillige oder -unwillige. Dieses nicht marktgerechte, künstlich aufgeblähte Bildungsangebot wird beim ersten Crash zusammenfallen, wenn es nicht mehr öffentlich bezahlt und schon gar nicht privat nachgefragt wird.

Die Volkshochschulen werden nicht so intensiv betroffen sein, weil sie schon jetzt mit Hörergeldern stärker kostenorientiert sind und sich deshalb sinkenden Subventionen besser anpassen können. Im übrigen wird das Volkshochschulbildungsangebot bei steigender Arbeitslosigkeit und bei Wegfall anderer Fortbildungseinrichtungen verstärkt nachgefragt werden. Möglicherweise werden die Volkshochschulen auch den größten Teil des vorgenannten Fortbildungsangebots übernehmen, wenn die speziellen Bildungseinrichtungen vom Markt verschwinden.

## III. Der Zusammenbruch der Lebensumstände und die Frage der Lebenswerte

Jede Krise der Vergangenheit hat – unabhängig davon, ob die Phase vorher eine Phase der Werteorientierung oder eine Phase der Wertezerstörung war –, eine neue Wertediskussion mit sich gebracht. Das war nach dem letzten Weltkrieg ebenso wie nach der Weltwirtschaftskrise Anfang der dreißiger Jahre oder jetzt wiederum in Argentinien. Ein Rückblick auf die französische Revolution beweist dies ebenso. Sie hat eine Wertediskussion ausgelöst, die fast ein Jahrhundert anhielt.

Zur Zeit haben wir keine Phase positiver traditioneller Werteentwicklung, sondern national und international mehr eine Phase der Wertebeliebigkeit und des Zerfalls unserer traditionellen Werte. Die moderne „Spaßgesellschaft" verfolgt in erster Linie die Individualinteressen. Lustmaximierung ist zum wichtigsten Lebensziel geworden. Gemeinschaftliche Verbindungen werden dabei als hindernde Last empfunden.

Ganz deutlich wird dies an der traditionellen Keimzelle jeder Wertegemeinschaft, der Familie. Noch nie hatte die Familie einen so geringen Stellenwert gehabt wie in den letzten 40 Jahren; und noch nie ist der Familienbegriff so manipuliert und verfälscht worden wie zu unserer Zeit, wo selbst gleichgeschlechtlichen Lebensgemeinschaften dieser Begriff zuerkannt wird.

Der Crash wird aber zeigen, dass Alleinsein die Probleme verstärkt, dass der Mensch allein verloren ist, wenn er sich nicht zumindest auf die kleinste Gesellschaftseinheit der Familie stützen kann. Die derzeitigen Arbeitslosen haben bei Befragungen immer wieder darauf hingewiesen, dass sie letztlich durch ihre Familie gehalten würden. Umgekehrt wird alten und kranken Menschen zumeist erst in ihrer Alleinsituation klar, dass sie in ihrem Leben mit dem traditionellen Egoismus = Selbstverwirklichung etwas versäumt haben, dass sie selbst an ihrer Einsamkeit schuld sind. Wer sich eben im Laufe des Lebens nicht an andere binden wollte, um den kümmern sich andere hinterher auch nicht mehr. Zusammenbrüche kann man eben einfach gemeinsam besser überstehen als allein. Die wirtschaftliche und gesellschaftliche Krise wird also die Egomanie der gegenwärtigen mittleren und jüngeren Generation ablösen. Sie wird nicht nur den gescheiterten, sondern auch den geschädigten Bürgern die Suche nach Hilfe bei der Familie, bei anderen, nach Abstützung und nach Gemeinschaft geradezu aufdrängen.

Jede Familienkultur braucht aber Grundwerte, an denen die Familie sich als Gemeinschaft orientiert. Derzeitig werden die traditionellen Tugenden, wie Treue, Hilfsbereitschaft, Ehrlichkeit, Pünktlichkeit, Tapferkeit, Mut, Ordnungssinn, Ehrfurcht, gegenseitige Achtung, Verantwortungsgefühl noch als „Sekundärtugenden" diffamiert und derjenige, der solche Tugenden übt, als gesellschaftlich rückständig angesehen. In der Krise wird sich dagegen zeigen, dass ganz im Gegenteil die Betrüger, die Untreuen, die Feigen, die Faulen, die Verantwortungslosen alleine stehen und scheitern. Solche Menschen ohne Tugenden und Werte werden dann zur großen Gefahr für die Gesellschaft, weil sie schnell Scharlatanen und Heilsideologen nachlaufen, die Scheinideologien oder Scheinwerte verkaufen.

In dieser Hinsicht ist unsere ältere Generation tatsächlich gebeutelt: Erst hat sie an den Nationalsozialismus geglaubt und sich hinterher betrogen gesehen. Dann haben viele an den internationalen Sozialismus geglaubt. Als dieser in den neunziger Jahren ebenfalls zusammengebrochen ist, wurde das Heil im globalen Kapitalismus gesucht, der wahrscheinlich im Crash zumindest als Idee ebenfalls zusammenbrechen wird. Insofern besteht für das gesellschaftliche Treibholz ethisch nicht stabiler Menschen eine fast ausweglose Situation. Sie haben keine tragende Ethik und Ideologie mehr, wollen aber die Eigenverantwortung fordernden traditionellen Werte der früheren Jahrhunderte ebenfalls nicht akzeptieren.

Die an den Ideologien von Sozialismus bis Kapitalismus gescheiterten Menschen spüren bereits jetzt, dass sie in vielem, was sie geglaubt haben, im Grunde nur manipuliert worden sind. Beispiel ist die Betroffenheitsideologie und die daraus folgende Sucht vieler Deutscher die alten Werte abzulehnen. Solche Identitätsaufgabe wurde vordergründig als humanitärer Weg der Befreiung von alten bürgerlichen und nationalen Bindungen verkauft, war aber hintergründig nichts anderes als international gezielte Destruktion des seine Zwecke damit verfolgenden Großkapitals. Auch diese Ideologie war eben eine Sackgasse.

Der in den neunziger Jahren abgewirtschaftete Sozialismus hat die Idee vom „Wertepluralismus" verkündet. In einer funktionsfähigen Demokratie kann es aber nur Meinungspluralismus geben. Diesen wiederum hat der herrschende Sozialismus und der im wachsenden Maße intolerant werdende Liberalismus aber verteufelt. Hätten wir Meinungspluralismus statt Wertepluralismus, dann würde die Frage der für uns gültigen Werte mehr diskutiert worden sein und würde man sich um die geltenden Leitideen und die Wertegrundlagen unserer Gesellschaft mehr Gedanken gemacht haben.

Eine Gesellschaft der Beliebigkeit von Werten kann nicht zusammenhalten, hat nicht einmal einen moralischen Anspruch gegen die Bürger. Wie soll man einem Leistungsträger klarmachen, dass er zwei Drittel seines erwirtschafteten Einkommens abgeben soll, wenn er die Wertigkeit der sozialen Bindungen oder der Nächstenliebe nicht mehr als gültig anerkennt?

Wertebeliebigkeit ist vorsätzlich das Ziel der 68er-Revolutionäre gewesen. Die bürgerliche Gesellschaft versuchten sie – nicht ohne Erfolge – besonders durch Aushöhlung ihrer Grundwerte zu Fall zu bringen. Da sie aber im „Marsch durch die Institutionen“ vor allem die Werte-Multiplikatorenberufe wie Lehr-, Medienberufe, Justiz, Sozialberufe und Pfarrhäuser gestürmt haben, konnten sie ihre Wertezerstörung über einflussreiche Funktionen zur Wirkung bringen.

Ein Crash wird die Daseinsfrage vom Individium wieder auf die Gemeinschaft richten, nicht im sozialistischen Sinne, sondern im Sinne der gemeinschaftlichen Bindung untereinander und der ethischen Grundlage dieser Gemeinschaft für alle.

Immerhin haben wir eine Tradition preußischer Werte, von denen einige wie Dienstbereitschaft, Unbestechlichkeit, Gründlichkeit, Redlichkeit, Ordnung, Fleiß einen großen Teil unserer Wohlstandsgeschichte bestimmt haben. Nach dem Scheitern der Beliebigkeitsgesellschaft wird für die Diskussion um die neuen tragenden Werte auch das preußische Erbe weiterhelfen können.

Was in Norddeutschland preußische Tugenden waren, ist in Süddeutschland die katholische Werteverbindlichkeit gewesen. Letztlich ist diese Wertebasis kaum anders, hat sich allerdings im Laufe der Geschichte als stabiler erwiesen als die preußischen Tugenden, die mit dem preußischen Staat und seinem Untergang mitverteufelt worden sind.

Die christlichen Kirchen werden sich darauf einrichten müssen, dass sie im Crash danach gefragt werden, welche Werte und Hoffnung sie aus Bibel und Glauben bieten können. Dann reicht es nicht mehr, dass die Pastoren Sozialverhalten predigen oder der Religionsunterricht mit Gesellschaftskritik und Umweltthemen bestritten wird. Dann geht es wieder um die 10 Gebote und um die Verantwortung des Menschen vor Gott. Die von Christus gebotene Nächstenliebe wird wieder zentrale Aufgabe werden und die bisher unverbindliche „Fernstenliebe“ als untauglichen Scheinersatz entlarven.

**IV. Kultureller Wiederaufbau nach einem Crash**

1. Geht man davon aus, dass der Crash die öffentlichen Körperschaften zwingt, eine ganze Reihe bisher unterhaltener kultureller Institutionen und Angebote einzuschränken oder ganz zu schließen, so wird es danach

weniger öffentliche Opernhäuser,
weniger öffentliche Theater,
weniger öffentliche Museen,
weniger öffentliche Bibliotheken u.a.

geben. Dies hat für die betroffenen Künstlergruppen zur Folge, dass sie mit ihren künstlerischen Fähigkeiten lernen müssen, den privaten Markt zu bedienen.

Der Staat kann nicht mehr wie bisher das künstlerische Angebot flächendeckend subventionieren – was dazu geführt hat, dass die Intendanten oft mehr zum eigenen Vergnügen als zum Vergnügen der Zuschauer ihre Stücke aussuchten und inszenierten – sondern ein Wiederaufbau wird durch den Staat nur nachfrageorientiert subventioniert werden. Der Kulturbetrieb wird sich an echter Nachfrage, an Kosten und an Marktpreisen orientieren müssen. Der Staat hätte nur die Hilfsaufgabe, bestimmten Bevölkerungsgruppen wie z.B. den Schülern und Studenten durch Nachfragesubventionen die Teilnahme an solchem Kulturbetrieb zu ermöglichen.

Würde nicht mehr das Angebot öffentlich subventioniert, sondern nur noch die spezielle Nachfrage, dann würden sich die Kunst- und Kultureinrichtungen den Wünschen ihrer Besucher anpassen, ihre Stücke danach aussuchen und auch den Kulturbetrieb grundsätzlich daraufhin orientieren müssen.

Wenn weniger öffentlich finanzierter Kulturbetrieb herrscht, wird der private Kulturbetrieb aus kleinen Anfängen heraus in diese Lücke vorstoßen und sich verstärken. Auch das Laienspiel könnte eine neue Renaissance erleben.

Da viele Leute nach dem Crash mehr Zeit als früher haben und existenzielle Fragen aufgewühlt worden sind, dürfte sich wie nach allen Krisenzeiten auch eine neue Lesekultur – Renaissance des Buches – entwickeln. Dies kommt auch den Bibliotheken zugute. Selbst wenn diese nicht mehr so stark öffentlich finanziert werden, würden viele von ihnen durch private Initiativen erhalten werden müssen.

Überhaupt werden private Initiativen vielfach das kulturelle Auffangbecken für die bisher von öffentlichen Funktionären betriebene Kultur werden. Dies mag für internationale Standards nachteilig, für die Bevölkerung selbst aber sicher vorteilhaft sein. Es könnte wieder zu einer stärkeren Direktbeziehung zwischen der Bevölkerung und der Künstlerschaft kommen, die in den Boomjahren weitgehend verloren gegangen ist.

Für die Museen müsste gesichert werden, dass der Staat zumindest die Gebäude weiter zur Verfügung stellt. Das Hauptproblem sind aber in allen diesen Einrichtungen die Personalkosten. Diese wird der Staat nicht mehr bezahlen können. Sie müssten durch Privatinitiativen aufgefangen werden und würden auch in vielen Fällen durch Förderkreise und ähnliche Privatinitiativen aufgefangen werden können.

Am schlechtesten ist es in der letzten großen Wirtschaftskrise nach 1929 den bildenden Künstlern gegangen. Sie fanden keinen Absatz mehr für ihre Kunstwerke, weil die Leute kein Geld mehr hatten und haben sich zum Teil kümmerlich durch die Krisenzeit hindurchschlagen müssen. Hiermit ist auch in der kommenden Krise zu rechnen. Aber auch diese Situation dürfte nicht ohne Folgen auf die Kunstrichtung bleiben, denn die Künstler werden dadurch wieder gezwungen, das zu malen oder zu gestalten, was die Bürger wollen und nicht das, was sie nur selbst verstehen.

Der Zusammenbruch des globalen Kapitalismus im Crash wird auch die bestehende Vorherrschaft der vereinheitlichenden internationalen Trivialkultur beenden und könnte die kulturelle Vielfalt der Völker und Kulturen wieder beleben, also zu mehr regionaler Vielfalt, zu mehr Identität und zu mehr Bürgernähe führen. Die vor dem Crash ausgegebene Parole von der Einheitlichkeit einer globalisierten Welt widerspricht nämlich der kulturellen Vielfalt der Völker.

2. Jeder Neuaufbau eines Bildungssystems hat sich die Grundsatzfrage zu stellen, woran Bildung orientiert werden soll. Bildung für die „Spaßgesellschaft", also „Spiel- und Spaßschule" oder Bildung für die Verantwortungs- und Leistungsgemeinschaft?

Am Anfang jeder Bildung wird wieder die Vermittlung der Kulturtechniken stehen: Lesen, Schreiben, Rechnen auf soliderem Niveau als bisher. Die Pisa-Studien und andere haben gezeigt, dass hier die größten Defizite liegen.

Das Bildungssystem wird von seinem Nivellierungscharakter befreit und wieder zu einem Leistungssystem umgebaut werden, weil die

Menschen, die dieses Bildungssystem durchlaufen, ihre spätere Existenz und ihren Wohlstand auf eigener Leistung begründen müssen. Dazu ist eine gerechte Leistungskontrolle notwendig, die auf oberster Ebene durch staatliche Zentralabschlüsse garantiert werden muss, damit sich nicht einzelne Schultypen wie die Gesamtschulen aus dem Leistungszwang ausklinken können. Dann entsteht auch wieder gründliches fachsystematisches Lernen und Üben in Klassengemeinschaften, was wiederum voraussetzt, dass in der Schule auch Disziplin und Ordnung eine größere Rolle spielen, um die zahlenmäßig größeren Klassen überhaupt leistungsfähig zu halten.

Wenn nach einem Crash nur noch die Hälfte der Lehrer finanzierbar ist und die Klassenstärken demgemäß verdoppelt werden müssen, werden den Lehrern auch verstärkt Disziplinarmöglichkeiten gegenüber den Schülern in die Hände gegeben werden müssen.

Vor dem Crash haben die Schulen den Schülern die Anstrengung des Lernens ersparen wollen, wurde auch der Lehrstoff – wie es z.B. das Niedersächsische Schulgesetz vorschreibt – an den Schwächsten orientiert statt an den starken Schülern. Diese sozialistische Gleichheitsideologie wird ein Crash beenden. Jeder junge Mensch wird wieder maximal nach seinen Anlagen, Fähigkeiten und Kräften ausgebildet werden. Wer nicht ausreichend theoretische Fähigkeiten hat, muss rechtzeitig in andere Schulformen oder in praktische Ausbildung umgeleitet werden. Dies setzt starke Leistungskontrollen mit entsprechenden Abschlüssen voraus, zugleich aber auch ein weiterhin gegliedertes Bildungssystem.

Gehen wir davon aus, dass die Schulen nicht mehr angebotsorientierte öffentliche Institutionen bleiben werden, sondern nach dem Crash private nachfrageorientierte Institutionen, dann werden sich die privatisierten Schulen viel mehr um die Schüler kümmern, zugleich aber auch um Schüler werben.

Die gleiche Privatisierung wird sich wahrscheinlich auch im Hochschulsystem durchsetzen. Die Universitäten dürften private Institutionen werden, die nicht angebotsorientiert einen festen Subventionsbetrag bekommen, sondern nur entsprechend der Zahl und der Abschlussleistung ihrer Studenten. Dann würden auch die Hochschulen nicht mehr ihre Gebäude und ihr Lehrpersonal ein halbes Jahr ungenutzt lassen (Semesterferien), sondern von Semestern zu Trimestern übergehen und damit den Studenten die Studienzeit verkürzen, für sich selbst aber die Kapazität und die Effizienz erhöhen. Dass die Forschung an den Hochschulen nicht zu kurz kommt, sollten Zeitverträge und eine regelmäßige Evaluierung für Professoren garantieren. Die Forschung wird wahrscheinlich in eigenen universitätsangebundenen Stiftungsinstitutionen konzentriert werden, die nicht nur den Forschern für Langzeitprojekte entsprechende Ruhe gewährleisten, sondern auch durch ihre Bindungen an die Hochschulen die Umsetzung der Forschung in die Lehre garantieren.

Die Freiheit von Forschung und Lehre muss wieder vollständig gewährleistet werden. Es darf keine gesetzlichen Denkverbote mehr geben, keine Themen, die nicht mehr hinterfragt werden dürfen und keine strafrechtlich sanktionierten Grenzen der Forschung. Insofern wird der Crash die künstlich durch Marxismus und Kapitalismus und Political Correctness gezogenen Grenzen der Forschung wieder öffnen und neue Impulse entstehen lassen.

Wenn wir den mündigen Bürger haben wollen, muss der mündige Bürger schon in der Schule selbstverantwortlich werden. Also muss die Schule zu Selbstverantwortung, zu Selbständigkeit erziehen. Die Medien müssen diesen Erziehungsprozess so weit wie möglich fortsetzen.

3. Wiederaufbau des Wertesystems

Jeder gesellschaftliche und wirtschaftliche Zusammenbruch hat gleichzeitig auch den Zusammenbruch der herrschenden Ideologien zur Folge. Der Zusammenbruch der sozialistischen Systeme vom Nationalsozialismus bis hin zum Kommunismus oder zum angeblich gemäßigten

Sozialismus bis in die neunziger Jahre hinein hat ein ideelles Vakuum hinterlassen, in das der Kapitalismus mit ungebremster Herrschaft des Großkapitals eingebrochen ist. Der Crash beendet auch diesen Vorrang der die Menschen missbrauchenden, entwertenden kapitalistischen Ideologie, weil sie sich ebenfalls nicht als tragfähig erwiesen hat, den Crash zu verhindern bzw. ihn sogar herbeigeführt hat. Die Menschen werden wie nach der Weltwirtschaftskrise Anfang der dreißiger Jahre oder nach dem Weltkrieg wieder nach anderen tragfähigen Ideen suchen.

Hierbei besteht die Gefahr, dass radikale Ideologien, der fundamentale Islam, Extremismen von links oder rechts oder Sektenbewegungen dieses Vakuum füllen.

Es könnte aber auch sein, dass wie nach dem Zweiten Weltkrieg wieder eine neue Frömmigkeitswelle ausbricht mit der Suche nach Gott (sola fide), weil die Menschen von den flüchtigen irdischen Glücksideen enttäuscht sind. Eine solche christlich-theologische Aufbruchstimmung wäre möglich, weil nur die Kirchen als Glaubensinstitutionen noch eine vom Zusammenbruch unzerstörte Infrastruktur und Glaubensinhalte haben. Die Problematik liegt allerdings darin, ob in den Kirchen das „Bodenpersonal unseres lieben Gottes“ diese Missionsaufgabe überhaupt erkennt und noch erfüllen kann. Von der Beantwortung dieser Frage wird die Fortsetzung des christlichen Abendlandes oder dessen Ende abhängen.

In einer neuen Wertedebatte wird man voraussichtlich die Begriffe vom ideologischen Ballast oder von Verfälschungen befreien und damit die Vormacht der über die Inhaltsbestimmung der Begriffe herrschenden ideologischen Altgruppen beenden. Die globalen Interessen übergeordneter Mächte haben versucht, nur noch den Einheitsmenschen = Einheitskunden in Einheitsgesellschaften zu schaffen. Diese kapitalistische Zielsetzung des einförmigen Konsumenten widerspricht der Identität der einzelnen Völker und ihren kulturellen Eigenarten. Insofern wird der Zusammenbruch des globalen Kapitalismus die kulturellen Eigenarten wieder beleben und auch dem Begriff „Volk“ wieder eine neue Sinngebung verschaffen, weil ohne solche gemeinsamen Identitäten und Bindungen keine neuen tragfähigen Sozialverbände entstehen können.

Zu den notwendig erneuerungsbedürftigen Lebenswerten gehört auch, dass die Lebenswelt der alten Generation neu geordnet wird. Es ist unsozial, die alten Menschen in Heime abzuschieben, wenn Familien da sind, die sie pflegen würden und die sie pflegen könnten, wenn sie entsprechenden Wohnraum und wirtschaftliche Unterstützung erhielten. Wir müssen wieder die Familien in die Lage setzen und begeistern, das Dreigenerationenprinzip in seinem Wert zu erkennen und zu akzeptieren. Das Dreigenerationenprinzip sollte vor allem steuerlich gefördert werden. Wenn es für die Familien rentabler ist, die alten Leute in der Familie zu halten und zu pflegen, als in Heimen zu entsorgen, dann werden die Familien auch ihre Eltern und Großeltern wieder gerne in ihre Gemeinschaft einbinden.

Nach den Erfahrungen der dreißiger Jahre könnte sich allerdings eine wertelose Gesellschaft nach dem Crash und nach dem Zusammenbruch ihrer äußeren Existenzen auch verstärkt in Alkohol und Drogen flüchten. Der Kampf gegen Drogen und Alkohol wird deshalb nach einem Crash zu einer wichtigen Voraussetzung des gesellschaftlichen Wiederaufbaus werden und kann langfristig nur dann gewonnen werden, wenn es gelingt, wieder starke Persönlichkeiten zu erziehen, die Drogen verachten.

Schließlich bleibt eine neue Wertediskussion unvollständig, wenn sie nicht auch im politischen Leben umgesetzt wird. Wir brauchen also wieder Parteien, die nicht wertneutral, sondern wertebewußt Politik zu machen versprechen und die dann auch dafür sorgen, dass die Medien statt werteverachtend werteaufbauend arbeiten.

Die Werte, die in Deutschland wieder allgemein gültig werden können, liegen, wie beschrieben, wahrscheinlich im Dreieck zwischen

1. den christlichen Werten, wie sie sich vor allem in den 10 Geboten und der Nächstenliebe dokumentieren,
2. den bewährten, früher allgemein gültigen Werten, wie sie sich z.B. in den preußischen Tugenden wieder finden
3. und den humanistischen Idealen von selbständigen Bürgern in Verantwortung vor Gott.

Inwieweit andere, neue ideologische Strömungen nach dem Crash das Bewusstsein der Bevölkerung bestimmen werden, lässt sich schwer absehen, ist aber nach den Erfahrungen früherer Crash's zu vermuten.

Die große Gefahr solcher neuer Strömungen liegt darin, dass charismatische Verführer mit Patentrezepten die Menschen in neue ideologische Abwege führen. Dieser Gefahr kann man nur begegnen, wenn allgemein gültige Werte wieder rechtzeitig in den Vordergrund von Gesellschaft, Politik und Wirtschaft gestellt werden.

## 7.9 Arbeitsgruppe 9
## Strategien für den Mittelstand

*Moderator:* Doz. Dr. Peter Ruß, RKW Magdeburg

*Teilnehmer:* Dr. Wolfgang Liebernickel, Berlin – BVMW
Lothar Münnich, Garbsen – Unternehmer
Volkmar Peters, Krefeld – Unternehmer
Eike Hamer, Mittelstandsinstitut Hannover
Prof. Dr. Eberhard Hamer, Mittelstandsstiftung

### I. Was ist Mittelstand?

Der Mittelstand ist nicht nur eine wirtschaftliche Größe – wirtschaftlicher Mittelstand –, sondern auch eine gesellschaftliche Kerntruppe – gesellschaftlicher Mittelstand. Wenn man den wirtschaftlichen Mittelstand wiederum in den sachlichen Teil – mittelständische Unternehmen, als die vom Inhaber selbst geführten Unternehmen – und den personellen wirtschaftlichen Mittelstand – eben die Unternehmer selbst und diejenigen, die selbständig aus eigenem Vermögen leben – versteht, so sind beide Gruppen wirtschaftlicher Mittelstand. Ein anderer Teil des gesellschaftlichen Mittelstandes trägt in fremdem Namen Verantwortung durch seine Qualifikation bzw. Position. Dieser fremdverantwortliche Mittelstand ist der Positions- oder Qualifikationsmittelstand.

Insgesamt würde demnach folgende Übersicht gelten:

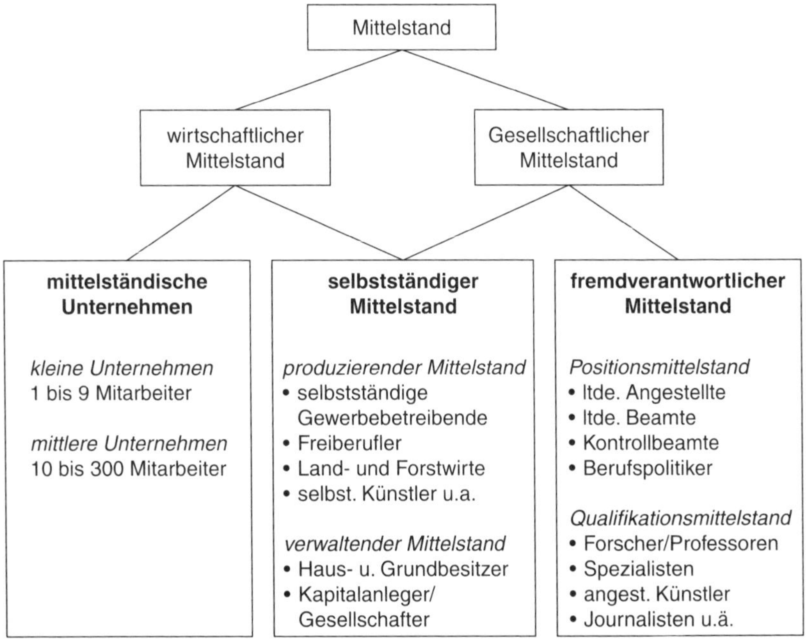


(aus: Hamer, Eberhard, Das mittelständische Unternehmen, Stuttgart 1987)

*Warum ist der Mittelstand im Crash besonders betroffen?*

Der personale wirtschaftliche Mittelstand – die Unternehmer – sind die einzige Gruppe der Bevölkerung, welche für ihr Handeln und Verhalten volles persönliches Risiko zu tragen haben. Es gibt keine andere Gruppe in der Bevölkerung, die eine so starke und eine so lange dauernde Haftung tragen muss wie die Unternehmerschaft. Insofern werden sie naturgemäß auch von allen Abstürzen der Wirtschaft nicht nur besonders betroffen, sondern auch durch ihre Haftung übermäßig und langzeitig vernichtet. Wenn z.B. in einem Crash 25 oder 30 % der Unternehmen scheitern, bedeutet dies immer auch, dass eine entsprechend hohe Anzahl von Unternehmerfamilien – über 1 Mill. – ins wirtschaftliche Nichts fallen, dass sie durch die Haftung für ihr Unternehmen auch ihr Privatvermögen verlieren, dass sie praktisch auf Sozialhilfe zurückfallen. Keine andere Bevölkerungsgruppe zeigt so hohes Risiko, keine andere Bevölkerungsgruppe kann so tief fallen wie die Unternehmer. Insofern wird der Crash vor allen anderen für diese Bevölkerungsgruppe zur Überlebensfrage.

Ein weiterer Nachteil, der gerade Unternehmer besonders crashanfällig macht, ist ihre mangelnde strategische Führungsart. 80 % unserer mittelständischen Unternehmer sind nicht Unternehmensstrategen, sondern Unternehmenstaktiker, welche von der momentanen Chance leben und diese besonders tüchtig bestehen. Sie sind dadurch natürlich im Nachteil gegenüber langfristigen Entwicklungen, weil sie keine Antenne dafür haben, sich damit zu wenig beschäftigen und oft auch die theoretischen Voraussetzungen hierfür gar nicht haben.

Im täglichen Mitarbeiten an der Produktion (Handwerker, Arzt, Anwalt, Dienstleister) sind sie gewohnt, die Tagesprobleme zu lösen, nicht aber langfristige gesamtwirtschaftliche Entwicklungen vorauszusehen oder vorauszuplanen. Dies unterscheidet sie grundsätzlich vom Management der Kapitalgesellschaften, welches theoretisch vorgebildet, strategisch zu führen gewohnt ist und welches deshalb nicht nur strategisch, sondern sogar global-strategisch vorauszuplanen hat.

Wie stark die Großwirtschaft einen Crash immer schon vorausplant und sich darauf präpariert hat, haben nicht nur die Konzentrationswellen der zwanziger und der neunziger Jahre gezeigt, sondern zeigen auch die Langfriststrategien aller großen Weltkonzerne.

Immerhin haben die deutschen Konzerne seit 20 Jahren keinen Nettobeitrag mehr zu den öffentlichen Finanzen gebracht – sie haben mehr Subventionen bekommen, als sie selbst an Steuern bezahlt haben. Über 80 % aller Steuern und Sozialabgaben werden vom Mittelstand getragen. Die Folge war, dass inzwischen der Mittelstand an Eigenkapital um ein Vielfaches schwächer ist als die steuerbegünstigten Konzerne, weil er z.B. in Deutschland mit etwa zwei Drittel seiner Erträge abgesteuert wird und nicht nur echte Gewinne von Steuern entzogen werden, sondern sogar Scheingewinne (Unternehmerlohn, Dienstwagenneidsteuer, Afa zu Anschaffungskosten u.a.). Insofern war es verhängnisvoll, dass der Erfolgsweg von Ludwig Erhard, die im Betrieb verbleibenden Gewinne steuerfrei zu lassen, auf Betreiben der Großbanken 1956 abgeschafft worden ist und damit keine Selbstfinanzierung in den Betrieben mehr möglich war, sondern die Betriebe fremdfinanziert werden mussten und dadurch jetzt mit katastrophal geringem Eigenkapital ausgestattet sind.

Wenn die Mehrheit der mittelständischen Betriebe ein Eigenkapital unter 15 % – in der Bauwirtschaft sogar unter 5 % – hat, ist bei den im Crash auftretenden Verlustsituationen sofort das Eigenkapital aufgezehrt und der Konkurs (Überschuldung) fällig.

Der wirtschaftliche Mittelstand hat noch einen weiteren Nachteil: Die Kapitalgesellschaften können nicht nur ihre Produktionsstätten in die jeweils günstigsten Standorte verlagern, sondern auch ihre Verwaltung jeweils dorthin, wo sie am wenigsten oder keine Steuern zu zahlen haben. Sie sind also heute fast ebenso steuerflüchtig wie das Kapital. Der Mittelstand dagegen ist sowohl personell wie auch sachlich mit seinem Unternehmen ortsgebunden. Er ist deshalb nicht nur dem Zugriff der 24.000 gierigen öffentlichen Hände am meisten ausgeliefert, sondern kann auch der Überbelastung mit Steuern, Sozialabgaben, Umweltschutz, bürokratischen Belastungen und Diskriminierungen nicht wie die Kapitalgesellschaften entgehen. Wenn nun im Crash zu diesen Überbelastungen auch noch Umsatz- und Gewinneinbruch kommt, sind die mittelständischen Unternehmen zuerst und am stärksten in den Verlusten und vor dem Ende.

Die Insolvenz des Mittelstandes wird noch dadurch verschärft, dass die Politik und die vom Mittelstand lebenden Bürokraten dies dann als „Marktauslese" beschönigen und hinnehmen. Wird dagegen eine große Kapitalgesellschaft insolvent, so eilen alle Politiker, Verwaltungsbeamten, Kirchen und Gewerkschaften herzu, um Hilfe zu fordern und Hilfe zu geben. Der Mittelstand wird deshalb nicht nur mehr als Kapitalgesellschaften insolvent, sondern er wird auch still insolvent. Ihm hilft niemand. („Mittelstand ist, wenn niemand hilft, falls ein Unternehmen in Schwierigkeiten gerät").

Ihm helfen insbesondere die Banken nicht. Jeweils schon vor einem Crash entdecken die Banken, dass Kredite an mittelständische Personenunternehmen letztlich ja eigentlich Personalkredite seien und dass ihnen geringere Sachwerte unterliegen als bei Kapitalgesellschaften. Vor allen Crashphasen haben deshalb die Banken die Kreditbremse beim Mittelstand schon im Vorfeld angezogen und ihn besonders schlecht bedient – während die Kapitalgesellschaften sich aus dem Kapitalmarkt über Bonds und Aktienemissionen jederzeit selbst finanzieren konnten. Folglich ist die Kapitalknappheit in allen Krisenphasen vor allem immer ein Mittelstandsthema.

Der gesellschaftliche Mittelstand zeichnet sich im Boom dadurch aus, dass er nicht nur „Besserverdiener", sondern auch „Mehrleister" gegenüber anderen Bevölkerungsgruppen ist, insbesondere gegenüber der Arbeiterschaft. Wer mehr leistet und dadurch mehr verdient, kann auch Vermögen im Laufe des Arbeitslebens ansammeln. Mehr als zwei Drittel des Vermögens in den reifen Volkswirtschaften wird deshalb vom Mittelstand gehalten. Jeder Crash aber vernichtet im großen Stil Finanz- und Immobilienvermögen, entzieht also vor allem dem Mittelstand das, was er im Laufe seines Arbeitslebens zusammengespart hat.

Blickt man zurück auf die dreißiger Jahre, so ist die Situation überall für den Mittelstand dramatisch gewesen. 8 Mill. Sparer in den USA haben z.B. sämtliche Ersparnisse durch Bankenzusammenbrüche und Bankenverluste verloren. Etwa die Hälfte des amerikanischen Mittelstandes hat auch seine Alterssicherung damals verloren, weil die dortige Altersversicherung vor allem in Finanzanlagen (Aktien, Rentenpapiere) angelegt war, die im Crash immer am meisten verlieren. Das Vermögen des Mittelstandes ist also im Crash am meisten gefährdet.

Zusätzlich muss man berücksichtigen, dass große Teile des gesellschaftlichen Mittelstandes (z.B. Lehrer, Beamte, Angestellte, Künstler,

Mediziner) über keinerlei ökonomische Erfahrung verfügen, oft sogar ökonomische Erfahrung ablehnen (Pädagogen) und dadurch natürlich von unvorhergesehenen wirtschaftlichen Zusammenbrüchen noch mehr überrascht werden als der wirtschaftliche Mittelstand.

Volkswirtschaftlich spielt es heute netto eine geringere Rolle, ob eine große Kapitalgesellschaft ihren Sitz verlegt oder aufhört – was sowieso nur eine Frage der Zeit für Hochlohnländer ist – weil der Mittelstand jedoch für den Wettbewerb, den Arbeitsmarkt, das Sozialsystem und die öffentlichen Finanzen viel entscheidender ist, wäre die erhöhte Crashanfälligkeit des Mittelstandes nicht nur für diesen selbst ein Existenzproblem, sondern auch volkswirtschaftlich ein Beben an den Säulen jeder Markt- und Wohlstandsgesellschaft.

Aus diesen Gründen hat die Arbeitsgruppe es für richtig gefunden, dem besonders gefährdeten Mittelstand Prognosen zu geben, in welcher Weise der Crash ihn überproportional treffen kann, um ihn aufzurütteln, dass er – ebenso wie die Kapitalgesellschaften – sich auf den Crash ernsthafter und rechtzeitiger als bisher vorbereitet.

## II. Crashanfälligkeit bei mittelständischen Unternehmen

Schon vorher wurde darauf hingewiesen, dass die mittelständischen Unternehmen von den öffentlichen Rahmenbedingungen her viel ungünstigere Bedingungen als die Kapitalgesellschaften haben und es deshalb für sie schwieriger ist, noch zusätzliche von außen kommende Risiken zu überleben. Die meisten großen Kapitalgesellschaften haben Marktmacht, die ihnen auch bleibt, wenn sie durch Rückgang der Märkte an Umsatz verlieren. Ihre relative Machtposition im Markt und politisch bleibt erhalten – wie dies auch in den dreißiger Jahren der Fall gewesen ist. Im Zeitalter der Globalisierung gewinnen die global players sogar eher noch auf nationalen Märkten an Macht, auch im Crash, weil sie gegenüber allen Bedingungen nationaler Politik mehr Freiheits- und Erpressungsmöglichkeiten haben als je zuvor. Zudem haben die Groß- und Massenproduzenten in der Regel auch Grundversorgungsfunktionen (Rohstoffe, Energie, Wasser, Lebensmittel), die ihnen nicht nur eine entsprechende Lieferantenmacht weiterhin sichern, sondern auch in viel höherem Maße als dem Mittelstand Preisfreiheit garantieren.

Mittelständische Unternehmen ohne Machtpositionen können dagegen auf verschlechterte öffentliche Rahmendaten nur reagieren, sie nicht selbst beeinflussen. Darin liegt ihre Schwäche und ihr Risiko. Sie sind auch nicht einig, nicht einmal in ihren Branchen, der Politik ebenso ihren Willen vorzutragen, wie die Konzerne dies über ihre Zentralverbände tun. Die politische Ohnmacht des Mittelstandes hat schon bisher immer zu seiner Ausbeutung zugunsten der beiden Randgruppen der Kapitalgesellschaften und der Gewerkschaftsmitglieder geführt. Im Crash wird sich dies eher steigern, weil der Mittelstand nicht einig ist und weil einzelne mittelständische Betriebe immer verzichtbar bleiben.

Andererseits haben die mittelständischen Personalunternehmen gegenüber den mit viel mehr Anlagekapital und Fixkosten arbeitenden Kapitalgesellschaften einen entscheidenden Vorteil: das Unternehmerpotential. Theoretisch ist ein vom Inhaber geführtes Personalunternehmen die flexibelste Wirtschaftseinheit, die wir kennen. Der Unternehmer kann ohne Rücksicht auf Aufsichtsrat oder Mitgesellschafter sofort entscheiden, aber auch umentscheiden. Er könnte theoretisch im Crash am schnellsten reagieren.

Praktisch reagiert er aber zuletzt und am schlechtesten, weil Unternehmer immer geneigt sind, zwar Boomphasen zu erahnen, Crashsymptome aber zu verdrängen. Dadurch wird oft der Vorteil der Alleinführung des mittelständischen Unternehmers zum Nachteil. Erst wenn er selbst einen Crash für möglich hält, wird er sein Unternehmen darauf vorbereiten. Wenn er selbst aber den Crash nicht merkt, werden auch seine Berater ihn darauf kaum hinweisen. Die Banken müssen schon aus geschäftlichen Gründen den Crash verneinen, weil sonst die Unternehmer die Kredite zurückzahlen und ihr Guthaben zurückfordern. Und die Berater des Mittelstandes (Steuerberater, Unternehmensberater) sind in der gleichen Situation wie die mittelständischen Unternehmer selbst. Sie glauben ebenso wenig an den Crash und würden ihn auch nicht ansprechen, weil dies für sie verdienstschädlich wäre.

Die besondere Flexibilität des Mittelstandes wird also vor dem Crash dadurch beeinträchtigt, dass der Mittelstand einen Crash am wenigsten erwartet. Er kann deshalb seine Flexibilität überwiegend erst im Crash statt schon vor dem Crash einsetzen.

Nach den bisherigen Crasherfahrungen der dreißiger Jahre und auch aus Argentinien o.a. findet im Crash immer eine Auslese von etwa 25 bis 30 % Unternehmen statt, sterben also bis zu einem Drittel der Unternehmen. Es lässt sich schon vorher feststellen, welche Unternehmen am crashgefährdetsten sind. Dies hängt ab von

- der Unternehmerperson
  Viele Unternehmer sind nur „Angriffstypen", die aber keine Defensivunternehmer, die also Sicherungsstrategien nicht wollen oder nicht beherrschen. Im Crash werden die Defensivunternehmer besser durchkommen als Unternehmer, die zu viel gewagt haben oder weiterhin zu viel wagen und deshalb den Wandel der Konjunktur am stärksten spüren werden.

  Wer nicht mehr heiß ist auf Erfolg, wird auch nicht heiß darauf sein, sein Unternehmen durch den Crash zu tragen, wird zuerst zurückfallen. Wenn im Boom die Regel gilt, dass mehr als 50 % des Erfolges des Personalunternehmens immer an der Person des Unternehmers hängt, so gilt dies im Crash ebenso.

- der Finanzierung
  Immer sind die Unternehmen zuerst zugrunde gegangen, die am schlechtesten finanziert waren. Nicht umsonst haben die Banken unter der Behauptung von „Basel II" eine Strategie der Kreditbegrenzung vor dem Crash eingeführt. Sie wissen um die Risiken von verschuldeten Unternehmen. In jeder Branche werden also die Konkur-

renten zuerst ausfallen, welche höhere Schulden als andere haben. Dies gilt hinsichtlich der Zinsen und Amortisationen einerseits, hinsichtlich der Kreditzusatzversorgung andererseits. Am schlimmsten werden diejenigen Unternehmen im Crash leiden, bei denen Kredite auslaufen, die also nicht rechtzeitig prolongiert haben und die dann entweder gar nicht oder nur zu hohen Zinsen neue Anschlusskredite bekommen können.

- Organisation
  Wenn die Mittelstandsforschung behauptet, dass in jedem Unternehmen eine Gewinnerhöhung von 10 % bei besserer Organisation möglich wäre, gilt es schon vor dem Crash, diese Organisationsreserven zu mobilisieren, also besser zu organisieren, um Organisationslücken und Defizitgelder damit abzubauen. Immer sind z.B. die Landwirte zuerst gescheitert, deren Stall am schmutzigsten war. Bei der Industrie sind es diejenigen, welche die höchsten Abfallquoten haben. Die Organisation lässt sich also häufig schon im äußeren Bild jeder Firma erkennen.

- Mitarbeiterführung
  Mittelständische Inhaberbetriebe sind die unter dem Gesichtspunkt der Mitarbeitermotivation optimalen Wirtschaftseinheiten, weil in ihnen noch persönlicher Teamgeist und Mitverantwortung untereinander bestehen. Eine neuere Untersuchung hat gezeigt, dass die Motivation der Mitarbeiter umgekehrt proportional zur Größe der Unternehmen verläuft: Die kleinen Unternehmen haben die höchste Mitarbeitermotivation, die größten die geringste. Die gleiche Untersuchung hat aber dieses Ergebnis unter einer ganz anderen Prämisse erzielt: Die großen Unternehmen zahlen am meisten, die kleinen am wenigsten. Offensichtlich ist also die Mitarbeitermotivation ein persönliches Führungsergebnis und nicht ein Ergebnis von nur finanziellen Anreizen. Da mittelständische Unternehmer in ihrem Betrieb wie ein Mannschaftsführer im Sport ihre Mannschaft am besten motivieren können, haben sie für die Bewältigung des Crashs hierin besonders günstige Voraussetzungen.

Dieser Motivationsvorteil des Unternehmers selbst und seiner Mitarbeiter ist aber zugleich wegen der persönlichen Verbundenheit untereinander ein besonderes Hindernis für die personelle Anpassung des Betriebes an den Crash.

Konzerne und Kapitalgesellschaften sind gewohnt, rational nach Renditen die Personalzahl den äußeren Bedingungen jeweils anzupassen. Die Unternehmer dagegen versuchen so lange wie möglich ihre Mitarbeiter zu halten, weil sie um deren Wert wissen, weil sie mit ihnen persönlich verbunden sind und weil auch das Entlassen selbst als Niederlage für den Unternehmer empfunden wird. Deshalb gehen die meisten mittelständischen Betriebe mit zu viel Personal in den Crash, können im Crash das Personal wegen der Kündigungsfristen nicht rechtzeitig abbauen und haben überdies wegen der Abfindungen noch einen besonderen Liquiditätsverlust im Crash, sobald sie gezwungen sind, Personal mit Abfindungen zu entlassen. Die meisten Unternehmer glauben immer, dass ein Umsatzeinbruch nur vorübergehend sei. Sie wissen, dass es schwierig ist, gleichwertige Mitarbeiter wiederzubekommen. Sie versuchen deshalb, die Mitarbeiter auch dann zu halten, wenn sie diese längst nicht mehr beschäftigen können. Dies wird in Personalfirmen viel häufiger zum Insolvenzgrund als in Kapitalgesellschaften. Hierin liegt ein besonderes Gefahrenpotential für den Mittelstand.

## III. Marktveränderungen im Crash

Generell sind die Unternehmen mit ihrer Produktion oder Dienstleistung um so crashanfälliger, je verzichtbarer diese Betriebsleistung in Notzeiten ist; – umgekehrt werden die Betriebe um so weniger Absatzrisiko haben, je unverzichtbarer ihre Betriebsleistung selbst in der Depression ist.

Diese generelle Aussage gilt allerdings nur eingeschränkt, wenn der mittelständische Produzent und Dienstleister viele Abnehmer hat und nicht in die Zuliefererdiskriminierungssituation geraten ist (mehr als

30 % bei einem Abnehmer).[32] Je stärker nämlich ein Betrieb nur an einen einzelnen Abnehmer oder wenige Abnehmer gebunden ist, desto leichter kann er von ihnen vom Markt abgenabelt und erpresst werden.

Einige mittelständische Produzenten oder Dienstleister werden dagegen ihre Unabhängigkeit trotz sinkender Branche durch innovative Betriebsleistung erreichen. Je innovativer (Patentmonopol) ein Betrieb ist, desto stärker macht er sich im Wettbewerb unabhängig und den Wettbewerbern überlegen, desto crashresistenter wird er.

Betrachtet man die einzelnen mittelständischen Branchen, so könnten folgende Prognosen gewagt werden:

- Im Crash verliert die Massenkaufkraft am meisten. Dies wirkt sich z.B. im Konsumbereich aus, insbesondere im Nahrungsmittelbereich. Es werden eben nicht mehr Südfrüchte, sondern Äpfel gekauft. Es werden einfachere Produkte und Nahrungsmittel verstärkt nachgefragt werden, also die höherpreisigen Produkte ihren Massenabsatz nicht mehr erzielen.
- Die nicht existenznotwendigen Bedürfnisse werden von der Bevölkerung zuerst reduziert werden. Dazu gehört, dass langlebige Güter länger gehalten werden, also nicht mehr so nachgekauft werden wie im Boom. Das gilt für private Kraftfahrzeuge, Möbel, Uhren, hochwertige technische Konsumgüter (Fernseher, Fotoapparate, Küchengeräte) u.a. Solche Kaufzurückhaltung bei langfristigen Privatinvestitionen wird über den Absatz auch auf die Produktion dieser Güter übergreifen z.B. Rückgang der Automobilindustrie, der Elektroindustrie, der Möbelindustrie u.a.
- Auch im Dienstleistungsbereich werden solche Dienstleistungen zuerst eingespart werden, die nicht existenznotwendig sind. Das fängt an mit dem Urlaub (Touristik), der entweder ganz gestrichen wird oder billiger im Inland gesucht werden wird, mit der Nutzung der Gastronomie, Hotellerie, freiberuflicher Dienstleistungen o.a.

[32] vgl. Hamer, Eberhard, Zuliefererdiskriminierung, Hannover/Minden, 1988

- Zurückgehen werden auch nicht nur die Sparquoten der Haushalte, sondern auch deren Finanzanlagemöglichkeiten. Darunter wird die gesamte Finanzdienstleistungssparte zusammenbrechen. Leute, die im vorangegangenen Börsencrash ihr Vermögen halbiert haben, werden möglicherweise langfristig ganz aussteigen aus Anlagemöglichkeiten, die sie mangels eigener Kenntnisse dann als „Betrugssystem" betrachten.
- Schlagartig betroffen wird vom Crash auch die gesamte Investitionsgüterindustrie. Wenn 20 bis 30 % der Kapazitäten abgebaut werden, werden keine neuen Kapazitäten mehr aufgebaut. Die schon immer beklagte zyklische Abhängigkeit der Investitionsgüterindustrie wird dann negativ doppelt wirksam.
- Umstritten war in der Arbeitsgruppe, ob der Bildungssektor im Crash ebenfalls zurückfällt. Dafür spricht z.B., dass viele Fortbildungsinstitutionen im Grunde nur von der Arbeitsverwaltung subventioniert, also nicht marktgerecht sind. Diese überflüssigen Bildungsinstitutionen werden schlagartig vom Markt verschwinden, wenn der öffentliche Zahler nicht mehr zahlt.

  Fraglich ist allerdings, ob die Nachfrage nach Fortbildung generell zurückgeht. Immerhin wird eine sich dramatisch verschärfende Massenarbeitslosigkeit viele dieser Arbeitslosen dazu drängen, sich durch Zusatzqualifikation eine neue Chance zu suchen.

  Wie schon die Arbeitsgruppe „Kultur, Bildung, Werte" ausgearbeitet hat, dürfte jedenfalls der Crash eine Privatisierungswelle im Bildungssystem erzeugen und dadurch der Bildungssektor vielleicht reduziert, aber effizienter werden.

- Das Handwerk wird Umsatzeinbrüche dadurch erleiden, dass die Neubautätigkeit und die Neuherstellung von Produktionen zurückgeht, dass also der Umsatz mehr oder weniger auf den Ersatzbedarf zurückfällt, der allerdings zwangsläufig anfällt. Die Betriebe werden generell wieder kleiner werden. Ein Viertel der Betriebe könnte verschwinden.

- Zusammenbrechen wird auch der bisher üppige Gesundheitsmarkt, sobald er im Crash öffentlich nicht mehr wie bisher finanziert werden kann.
- Gleiches gilt für den Markt der Sozialinstitutionen, die ebenfalls bisher von öffentlichen Zuschüssen gelebt haben. Fehlen diese Zuschüsse, wird sich für die meisten Sozialfunktionäre eine Sozialarbeit mangels entsprechender Gegenleistung nicht mehr lohnen, werden sie entweder ehrenamtlich oder gar nicht mehr tätig werden können.

Überlegt man dagegen, welche Branchen im Crash gewinnen könnten, so gilt dies für

- Versicherungen.
  Versicherungen haben eine langfristige Bindung ihrer Versicherungsnehmer. Diese können praktisch nicht oder nur unter großen Verlusten aussteigen. Lebensversicherer werden also relativ gut durch den Crash kommen, falls sie nicht leichtsinnig angelegt haben.
- Auch die Land- und Forstwirtschaft wird im Crash unterproportional betroffen. Zwar könnten die Preise für Lebensmittel sinken, der Absatz wird aber kaum sinken, weil die Konsumenten von Importwaren auf einheimische Waren schon aus Preisgründen übergehen müssen (Äpfel statt Apfelsinen).
- Sicherheitsfirmen werden wachsen. Weil die innere Sicherheit vom Staat nicht mehr gewährleistet wird, muss sie durch private Hilfsmaßnahmen und Unternehmen zusatzgesichert werden.
- Zunehmen wird auch die Prozessfreudigkeit. Wer verliert, prozessiert. Gerichte und Anwälte werden eher mehr als weniger nachgefragt werden.
- Die gesamte Recycling-Wirtschaft dürfte vom Crash auch positiv betroffen werden. Wo neue Rohstoffe zu teuer werden, wird man Altrohstoffe verstärkt einsetzen und deshalb brauchen, so weit sie preiswerter zu regenerieren sind. Dies gilt z.B. für den Wasserverbrauch, für die Wiederverwendung von Teilen in der Kraftfahrzeugindustrie u.a.
- Die Arbeitsgruppe rechnet auch überall dort mit Produktions- und Dienstleistungssteigerungen, wo es sich um Substitutivgüter handelt,

also Ersatzgüter wie z.B. Fahrrad oder Motorrad statt Auto, Glasfaser- statt Kupferleitungen.

Ein Gesamtcrash wirkt sich also in den einzelnen Branchen unterschiedlich aus. Darüber hinaus wirkt er aber auch individuell unterschiedlich je nachdem, wie stark die Betriebe darauf vorbereitet sind. Hat ein Unternehmer mit dem Crash gerechnet und sich rechtzeitig darauf vorbereitet, wird er geschützter davon betroffen als andere. Und hat sich ein Unternehmer einer stark crashgefährdeten Branche rechtzeitig zurückgezogen und in anderen Branchen Fuß gefasst, wird er ebenfalls besser aus dem Crash kommen als andere Unternehmer. Die Vorbereitung auf den Crash ist also eine der entscheidenden Überlebenskategorien.

### IV. Strategien gegen den Crash

Die erste und wichtigste Voraussetzung für richtiges Handeln ist, dass man überhaupt einen Crash für möglich hält, dass man mit einer Gefahr rechnet. Wer mit der Gefahr nicht rechnet, wird sich auch darauf nicht vorbereiten. Dies gilt auch als Appell an die Mittelstandsverbände. Sie sollten ihre Mitglieder, die solche Gedanken nicht selbst haben, mit diesen Gefahren konfrontieren. Kommt der Crash, ist ein vorbereiteter Unternehmer immer im Vorteil. Kommt der Crash nicht, hat er keinen Nachteil davon, sondern sich jedenfalls richtig verhalten. Für die Crashvorbereitung gilt das, was eigentlich überall im Leben gilt: Wer keine Zeit mehr hat, muss zahlen. Wer also nicht rechtzeitig Vorbereitungen trifft, kann nur zweit- und drittrangige Lösungen anstreben, wird mehr verlieren, als andere, die dies rechtzeitig ins Auge gefasst und vorbereitet haben.

Die Arbeitsgruppe war sich darüber klar, dass jeder auf größtes Unverständnis stoßen wird, der sich auf einen Crash vorbereiten will. Banken und andere Berater werden eher darüber lachen, werden es als überflüssig ansehen, wenn sich ihre Kunden auf Crash vorbereiten. Insofern wird die erste Überwindung darin liegen, einen Crash für möglich zu halten.

Die Unternehmer sollten viel stärker als bisher auf die Signale achten, die ihnen das Kommen eines Crashs anzeigen könnten. Dazu gehören:

- Immer mehr Kunden zahlen schleppend oder gar nicht mehr.
- Öffentliche Unternehmen zahlen nicht nur schleppend, sondern mit steigenden Zeiträumen.
- Die Banken versuchen ihre Kredite zurückzuholen bzw. neue Kredite erst gar nicht mehr zu geben.
- Die Branchenkonjunktur sackt ab d.h. die früheren Kunden bestellen nicht mehr wie bisher, weil sie möglicherweise selbst ebenfalls nicht mehr den Umsatz machen wie bisher.
- Die Insolvenzen nehmen überproportional zu, deuten also eine Schrumpfung der Wirtschaft an.
- Die Börsen sinken üblicherweise ein halbes Jahr vor dem Realcrash ab (Börsencrash vor Realcrash).
- Wenn das gesamte Finanzierungsverhalten bei Banken und Kunden von langfristig auf kurzfristig umschwenkt.
- Die Arbeitslosigkeit steigt weiter an.
- Die Konzerne refinanzieren sich verstärkt über Bonds statt über Kredite bei Banken.
- Die öffentlichen Finanzen versuchen, mit Druck Staatsanleihen in der Bevölkerung zu placieren mit entsprechendem gewerblichem Mehraufwand.

Wenn mehrere dieser Crashindikatoren zusammenkommen, sollte dies als Alarmsignal verstanden werden und die Unternehmer sich dementsprechend vorbereiten.

Wer mit einem Crash rechnet, hat schon die wichtigste Vorbereitung dafür begonnen. Er kann aus den vorgenannten Indikatoren sehen, wie bald er mit einem Crash rechnen muss. In jedem Fall ist es aber richtig, die oben genannten Risikopotentiale seines Unternehmens rechtzeitig zu korrigieren

- durch Krisenmanagement, insbesondere auch bei sich selbst als Unternehmer,

- durch Entschuldung und langfristige Finanzierung, dass er nicht zu mittelfristigen Liquiditätsproblemen kommen kann,
- durch rechtzeitigen Abbau von Kapazitäten sachlicher und personeller Art,
- durch Strukturanpassung seiner Produktion,
- durch Abbau seines Lagers,
- durch Reorganisation seines Betriebes intern und extern,
- durch Forderungsmanagement, um nicht zu viel Forderungen zu verlieren, Beobachtung der Liquidität seiner Kunden und Lieferanten,
- durch Aufteilung von Lieferungen und Rechnungsstellungen, um zeitlich kurzfristiger zu werden und die Einzelrisiken zu vermindern,
- Übergang zu Bürgschaften von Kunden, Vorkasse oder Barlieferungen (Abbau der Zahlungsfristen).

Man sollte überall dort, wo man vertikal integriert ist, versuchen, einzelne Stufen marktunabhängig zu gestalten, damit in einem Crash die Gesamtgruppe Leistungsreserven in der eigenen Gruppe behält (potentielle Integration). Dazu gehört auch, dass man vorher ausgelagerte Produktionszwischenstufen möglicherweise wieder zurücknimmt, wenn die ausgelagerte Stufe im Markt nicht mehr von Fremdaufträgen leben kann.

In der Arbeitsgruppe wurde uneinheitlich beantwortet, ob ein Unternehmer seine Mitarbeiter von einer kommenden Crashgefahr informieren und sie dadurch in die Schicksalsgemeinschaft stärker einbinden solle. Die Mehrheit des Arbeitskreises war der Ansicht, dass man allenfalls die leitenden Mitarbeiter in diese Gedanken einweihen sollte und dann auch erst, wenn mehrere Crashindikatoren bereits die Wahrscheinlichkeit anzeigen.

## V. Strategien im und aus dem Crash

Im Crash ist es ganz wichtig zu wissen, wie stark verschuldet oder wie angespannt die Liquidität bei den Konkurrenten ist. Wenn nämlich ein erheblicher Anteil der Betriebe den Crash nicht überleben wird, ist es wichtig, selbst sicher zu bleiben, aber die Konkurrenten loszuwerden. So haben z.B. die Amerikaner immer in Crashsituationen die Forderungen ihrer Konkurrenten aufgekauft und so vorgelegt, dass die Konkurrenten nicht zahlen konnten, also sich entweder ergeben oder schließen mussten.

Auch die Banken werden froh sein, wenn man ihnen die Forderungen, Umsatz oder Anlagevermögen von Konkurrenzunternehmen abkauft oder wenn man diese übernimmt. Zu keiner Zeit kann man so billig zukaufen wie im Crash.

Man sollte auch überlegen, ob man als Unternehmer Immobilienvermögen für die Firma anschafft, um damit künftig Kreditbasis zu gewinnen. In der letzten großen Weltwirtschaftskrise konnte man Immobilien für die fünf- bis sechsfache Jahresmiete bekommen statt heute für die zwölf- bis vierzehnfache.

Im Crash gibt es auch billiger als zu anderen Zeiten Patente und Neuentwicklungen, die im nächsten Boom den Umsatz tragen können. Innovation ist im Crash noch rentabler als im Boom.
Im Crash können Dienstleister ihre Kunden oder Lieferanten oft ohne großes Eigenkapital übernehmen. Sie merken nämlich zuerst, ob diese Kunden bzw. Lieferanten in Schwierigkeiten geraten, haben also einen Informationsvorsprung, den sie nutzen können.

So wichtig es ist, vor und im Crash möglichst liquide zu sein, also in der Deflation über Barvermögen zu verfügen, um die geschäftlichen Obliegenheiten damit zu erledigen, so wichtig ist es, bei Beginn der Wiedererholung der Wirtschaft, diese Barmittel rechtzeitig in Investitionen anzulegen, um die Phase der Wiedererholung der Wirtschaft rechtzeitig mit entsprechenden Kapazitäten zu begleiten. Im Crash billig erworbenen Sachwerte geben im kommenden Boom nicht nur höhere Produktionskraft (also Expansion), sondern auch erheblichen Wertzuwachs.

Wann eine Wiedererholung der Wirtschaft einsetzt, lässt sich zuerst am beginnenden Ansteigen der Börsen erkennen. In jedem neuen Boom werden sich aber die Wachstumsschwerpunkte der Wirtschaftsbranchen ändern. Es könnte deshalb strategisch richtig sein, aus einer Branche mit schlechtem Wachstumspotential noch vor dem Wiederaufschwung in eine andere Branche (möglicherweise in ein anderes Unternehmen) mit besseren Wachstumschancen überzuwechseln.

Schließlich hat sich immer schon der für den nächsten Aufschwung richtig verhalten, der sein Unternehmen – wenn auch in geringerer Größe – schuldenfrei durch den Crash gebracht hat.

## VI. Der unselbständige Mittelstand im Crash

Betrachtet man die beiden Gruppen des gesellschaftlichen Mittelstandes – den selbständigen Mittelstand und den fremdverantwortlichen Mittelstand –, so wird ein die gesamte Gesellschaft erfassender Crash natürlich nicht nur die Unternehmen und Unternehmer, sondern ebenso diejenigen treffen, die in abhängiger Verantwortungsfunktion stehen. Diese Gruppe wird ebenfalls doppelt betroffen: Mit ihrem angesparten Vermögen einerseits und mit ihrer Position andererseits.

Der unselbständige Mittelstand von leitenden Angestellten, leitenden Beamten und ähnlichen Führungskräften der Wirtschaft hat in den Boomzeiten überproportionale Einkommenssteigerungen und Ersparnisse erzielen können, gehört zu der Gruppe, die sich Aktien und Rentenpapiere sowie Versicherungsansprüche für ihr Alter zurücklegen konnten. Der Crash wird diese Leute besonders treffen, weil sie normalerweise wenig Fachkenntnisse von Vermögensdispositionen oder Wirtschaftsreaktionen haben und sich deshalb von allen Crashsituationen am meisten überraschen lassen.

Blickt man auf die dreißiger Jahre zurück, haben Millionen von mittelständischen Angestellten, Beamten und Führungskräften in dieser Zeit ihr Vermögen vollständig verloren. In den USA haben 8 Mill. Bürger sämtliche Ersparnisse durch die Zusammenbrüche der Banken verloren, standen also ohne etwas da.

Auch frühere Spekulationsfirmen (z.B. I.O.S. von Bernie Cornfeld) hatten sich überwiegend aus harmlosen Lehrern, Angestellten, kleinen

Kaufleuten und Pensionären finanziert und deren Vermögen restlos in den Abgrund gezogen, weil diese Gruppen üblicherweise wenig Ahnung von Wirtschaftsreaktionen, volkswirtschaftlichen Zusammenhängen und Anlagebewertungen haben.

Die große Finanzblase platzt also vor allem in dieser ersparnisfähigen Schicht des fremdverantwortlichen Mittelstandes. Sie wird relativ am stärksten von der Abwertung ihrer monetären Werte betroffen. Sie verliert relativ am stärksten an Vermögen. Viele werden schon dadurch relativ am stärksten verarmen.

Zu dem Vermögensverlust wird für Millionen von abhängig beschäftigten Bürgern auch der Verlust des Arbeitsplatzes hinzukommen. Wenn etwa ein Drittel der Wirtschaft zusammenbricht, brechen viele hierarchische Strukturen zusammen, wird vor allem die Führungsebene ausgedünnt, werden bei Staat und Wirtschaft viele Führungskräfte frei d.h. arbeitslos. Für diese Menschen ist es besonders schwer, wieder Fuß zu fassen, weil sie in ihrer ehemaligen Hierarchieebene kaum noch Chancen haben. Sie müssen sich also entweder auf die Sozialsysteme verlassen oder in niedrigeren Hierarchieebenen neuen Fuß zu fassen versuchen. Der Kampf um Arbeitsplätze wird dadurch auf allen Ebenen verschärft, dass die oberen Ebenen zusätzlich auf die unteren drücken und nicht nur bestehende Arbeitsverhältnisse damit gefährden, sondern auch den Wiedereinstieg auf gleicher Ebene für andere erschweren.

Besonders dramatisch wird dies für den Qualifikationsmittelstand von Forschern, Spezialisten, angestellten Künstlern und ähnlichen Personen, die bisher im Boom aus ihrem speziellen Know-how eine überproportionale Berufschance und ein entsprechendes Einkommen erzielten. Wenn diese Leute nicht mehr beschäftigt werden können, haben sie entsprechend geringe Wiederverwendungschancen, werden also sich wie in den dreißiger Jahren z.B. als ehemaliges Mitglied des Sinfonieorchesters in Kneipen, bei Hauskonzerten verdingen oder in andere Berufe wechseln müssen, die mit ihrer eigentlichen Qualifikation nichts mehr zu tun haben.

Im Crash wird sich zeigen, welche Berufe noch marktgerecht sind. Die nur im Boom finanzierbaren Wohlstandsverwaltungen und Luxusbereiche wie z.B. der Sozialbereich, der Umweltschutzbereich, große Teile des Kulturbereiches o.a. werden nicht nur zusammenbrechen, sondern ihren Beschäftigten auch keine weitere Berufschance mehr in diesen Bereichen lassen, vor allem dann nicht, wenn bisher diese Bereiche staatsfinanziert waren und der Staat sie nicht mehr finanzieren kann. Das gilt z.B. auch für Teilbereiche des Gesundheitssektors oder für große Bereiche der Sozialbetreuung.

Insofern kommt der gesellschaftliche Mittelstand aus zwei Seiten in die Verarmungsschere:

- Einmal durch Verluste seines Vermögens,
- zum Zweiten durch massenhafte Entlassungen in diesen Bereichen.

Immer war die Verarmung des Mittelstandes der Fluch von Depressionen und Krisen. Dieser Mittelstand ist in Boomzeiten Gewinner des Booms, ist aber in Krisenzeiten Hauptverlierer, weil er sich im Unterschied zum selbständigen Mittelstand nicht auf eigene Füße stellen kann, kein eigenes Dauervermögen angesammelt hat und weil er beruflich auf andere angewiesen ist.

In den dreißiger Jahren hat ein großer Teil dieses gescheiterten fremdverantwortlichen Mittelstandes versucht, in ganz anderen Hilfstätigkeiten zumindest die Existenz zu sichern. Dies wird auch künftig im Crash wieder notwendig werden, weil der Staat nur noch Mindestunterstützungen leisten kann. Wer dann nicht in der Lage ist, sich selbst zusätzlich noch etwas zu verschaffen, wird nicht nur verarmen, sondern sogar Not leiden.

Die Wohlstandserscheinungen wie Auslandsurlaub, Zweitwagen, Zweitwohnung und das Partyleben sind dann vorbei. Es geht wieder um die Sicherung der Existenz wie in anderen ärmeren Ländern schon lange.

## VII. Was kann der fremdverantwortliche Mittelstand tun, um seine Situation gegen den Crashfall vorzubereiten?

Die wichtigste Vorsorgestrategie für den unselbständigen Mittelstand wäre eine schuldenfreie eigene Wohnung bzw. ein Haus. Wer keine Miete zu zahlen hat, steht sich im Crash trotz Vermögensverlustes und möglicherweise auch Arbeitsplatzverlustes immer noch besser als andere, die von ihrem geringen Einkommen noch Miete zu zahlen haben. Man kann deshalb allen, die ein Haus oder eine Wohnung haben, nur raten, dieses selbstgenutzte Objekt rechtzeitig zu entschulden, um es im Crash nicht zu riskieren.

Wer vom fremdverantwortlichen Mittelstand einigermaßen die Wirtschaft beobachten kann, sollte rechtzeitig bei Beginn der Crashindikatoren aus allen Finanzanlagen aussteigen und in Sachvermögen (Gold, Immobilien, Land) umsteigen. Zwar hat auch das Sachvermögen in allen Krisenzeiten an Wert verloren, allerdings weniger als die Finanzanlagen. Mit dem Umsteigen in Sachvermögen wird man die Verluste begrenzen können.

Eine Wohnsitzverlagerung ins Ausland nützt dem fremdverantwortlichen Mittelstand nicht viel, weil der nächste Crash ein Globalcrash sein wird, also auch im Ausland auftritt. Man hat sogar im Ausland als Ausländer eher noch Zusatznachteile.

Besonders dramatisch wird die Situation bei dem Teil des gesellschaftlichen Mittelstandes, der von Transferleistungen lebt, also den Rentnern und Pensionären. Da die öffentlichen Rentenversicherungen wegen ihrer Umlagefinanzierung, der Massenarbeitslosigkeit und der zurückgegangenen Beschäftigungsquote nicht mehr wie bisher zahlungsfähig sein werden, werden auch die Renten dramatisch fallen. Im Crash bricht der jahrzehntelange Rentenbetrug des Umlagesystems auf, dass man mit seinen Rentenbeiträgen das eigene Alter sichere. Das Umlagesystem platzt, wenn der erwerbstätige Bevölkerungsanteil abnimmt, weil die staatliche Rentenversicherung im Grunde gar keine

Versicherung, sondern eine anderweitige Erhöhung der Staatsschulden ist.

Allerdings hat die vorausgegangene lange Boomphase vielen unserer Rentner auch Entlastung für den Crash verschafft. Sie besitzen bereits alle Investitionsgüter, die sie brauchen, müssen eigentlich nur noch ihren Lebensunterhalt finanzieren. Dieser aber ist – vor allem wenn man ein eigenes schuldenfreies Haus hat – mit relativ geringen Mitteln sicherbar, wenn man auf die üblichen Wohlstandsausgaben des Rentners wie Auslandsurlaub o.a. verzichtet.

### VIII. Strategien des gesellschaftlichen Mittelstandes aus dem Crash

Selbst wenn man einen globalen Crash unterstellt, betrifft dieser Crash doch nicht alle Länder in gleicher Weise. Es gibt Länder, die früher aus dem Crash herauskommen oder in denen der Crash sich nicht so stark auswirkt wie in anderen Ländern. Es ist deshalb klug, mobil zu sein und bei wieder beginnendem Aufschwung in solche Länder zu wechseln, in denen der Aufstieg schon begonnen hat oder die Existenzsicherung leichter schon möglich ist. Dies macht allerdings auch Qualifizierungen in neue Richtungen notwendig, zumindest sprachlich, möglicherweise auch fachlich. Wer also etwa ins billigere Griechenland überwechseln will, sollte sich mit Sprachstudien darauf vorbereiten. Anders hat er dort keine Chance.

Es ist auch nicht sicher, ob die alten Qualifikationen beim neuen Wiederaufschwung in gleicher Weise tragen oder ob nicht neue Qualifikationen größere Chancen haben. Wer flexibel genug ist, sollte sich auf die Zukunftsqualifikationen rechtzeitig vorbereiten, um im Aufschwung noch einmal in die höheren Einkommensgruppen vorstoßen zu können.

Eine wirtschaftliche Wiedergesundung des fremdverantwortlichen Mittelstandes wird insbesondere in den nicht direkt produktiven Bereichen lange dauern. Auch nach dem Kriege hat es mehr als 15 Jahre gedauert, bis der unselbständige Mittelstand anfing, wieder überproportional zu verdienen. Er wird also auch nach dem nächsten Crash eine Gruppe sein, deren Wiederaufstieg zeitverzögert stattfindet. In vielen Fällen könnte sogar das alte Niveau überhaupt nicht mehr erreicht werden z.B. bei Künstlern, Sozialberufen, einem Teil der Heilberufe und anderen bisher vor allem vom Staat subventionierten Bereichen.

Wer sich nicht vorstellen kann, dass es dem unselbständigen Mittelstand einmal sehr schlecht gehen könnte, dass er verarmen und in Existenznot geraten könnte, der sollte sich mit Taxifahrern unterhalten, die vorher als Hochschullehrer, Ärzte, Anwälte oder Forscher in den russischen Ländern gelebt und gearbeitet haben und dort nicht mehr existieren konnten.

Wer die vorgenannten Krisenfolgen für sich ernst nimmt, sollte doch wissen, dass eine Krise nicht ständig dauert. Nach einigen Jahren fängt der neue Aufschwung an, wird es wieder Wohlstandssteigerungen bei allen Gruppen – auch im Mittelstand – geben und wird sich auch für viele Menschen in der Rückschau der Crash nicht mehr so schrecklich darstellen, wie er aktuell war.

## 7.10 Arbeitsgruppe 10 A Vermögensstruktur/Vermögensanlagen

*Moderator*: Karl-Albert Altfuldisch, Versicherungsunternehmer

*Teilnehmer:* Dietmar Helmke, Hamburg, Unternehmensberater
Eike Hamer, Mittelstandsinstitut Hannover
Prof. Dr. Eberhard Hamer, Mittelstandsstiftung
andere ungenannt

In der Arbeitsgruppe wurde zur Klarstellung der Begriffe zunächst darüber diskutiert, ob man einen globalen Crash oder einen nur regionalen Crash unterstellen dürfe. Würde z.B. nur von einem regionalen Crash ausgegangen, könnten Vermögensanleger durch Ausweichen in andere, nicht betroffene Gegenden und Märkte die Crashfolgen vermeiden. Diese Alternative besteht aber nicht, wenn eine Globalkrise alle Weltteile umfasst, also das Ausweichen unmöglich macht.

### I. Auswirkungen je nach Vermögensanlage

Wir sind für die Vermögensanlagen davon ausgegangen, dass sich eine Crash- oder Depressionsentwicklung weltweit abspielt und auf die Vermögensanlagen auswirkt. Die Auswirkungen eines Crash auf die einzelnen Vermögensanlagen sind dennoch sehr verschieden:

*1. Aktien im Crash*

Weil die Börsen üblicherweise Konjunktur-, aber auch Absturzbewegungen etwa ein halbes Jahr vorvollziehen, sind Aktienkurse immer Frühindikatoren, stürzen also vor anderen Werten ab. Einen Absturz der Aktien an der Börse darf man jedoch nicht einheitlich betrachten. Einige Aktienbereiche fallen überproportional, andere unterproportional, einige könnten sogar steigen (Rüstungsaktien im Kriegsfalle). Man muss deshalb die Aktienanlagewerte nach der Wohlstandsabhängigkeit einteilen. Die wohlstandsabhängigsten Branchen werden im Crash den größten Einbruch haben – weil auch diese Wohlstandsaktien vorher im Boom den höchsten Aufschwung gewonnen hatten.

Wie werden die Anleger von einem Aktiencrash betroffen?

- Geht man von einem normalen privaten Anleger aus, so versucht dieser üblicherweise – beraten von den Anlageberatern der Bank – auf den laufenden Kurszug aufzuspringen. Wenn also die Kurse schon gestiegen sind und weiter steigen, steigen auch die Leute in Aktien ein. Sind dagegen die Aktien gefallen und fallen sie noch weiter, so haben die Leute das Gefühl, schlechte Anlagen zu haben und lösen sich davon. In beiden Fällen beschleunigen sie den Aktienanstieg oder den Aktienverfall durch ihr eigenes falsches Marktverhalten.
- Zum Glück ist nur ein ganz kleiner Prozentsatz der Aktiengeschäfte von privaten Anlegern bestimmt. Die Kurse werden zu mehr als 90 % von den Anlagebanken und Anlagefonds gemanagt bzw. sogar manipuliert. Im Crash allerdings nützt Manipulation nicht mehr viel, weil ein allseitiger Kursrutsch die Manipulationsmöglichkeiten meistens übersteigt.

  Im Crash wird klar, dass die Aktie kein Sachwert, sondern ein Kurswert – ein monetärer Wert – ist. Eigentlich würde es keinen Verlust machen, wenn meine Aktien im Kurs fallen, denn die Anteile an der Firma bleiben gleich. Tatsächlich aber ist die Realisierungsmöglichkeit unterschiedlich im Boom und in der Baisse, verlieren also die Aktien an Kurswert im Crash und deshalb überhaupt an Wert.

Unter dieser Prämisse muss auch der Verlust von Aktienanlegern gesehen werden:

- Wer die Aktien als Langfristanlage betrachtet, wird bei einem Crash wenig beeindruckt werden. Dies gilt vor allem für Mehrheitsaktionäre – so weit das Unternehmen selbst den Crash übersteht.
- Verlierer am Kursverlust der Aktien sind alle Minderheitsaktionäre, je nachdem, wie lange sie ihre Aktien an dem Unternehmen zu halten gedenken. Wer aussteigt oder die Akien nur kurzfristig hält, muss Verluste realisieren. Wer dagegen die Aktien auf Dauer halten kann,

wird die nächste Kurserholung wieder mitmachen und den Verlust zumindest langfristig wieder ausgleichen.

Es besteht allerdings ein Unterschied, ob man bei der Aktienanlage mit einem Crash rechnet oder nicht. Wer mit einem Crash rechnet, wird rechtzeitig sein Aktienvermögen zumindest in solche Branchen umschichten, die weniger oder gar nicht von der Crashentwicklung betroffen sind wie z.B. Goldaktien, Versicherungsaktien, Versorgungsaktien o.a.

Andererseits ist ein Verfall der Aktienkurse immer auch eine Chance für Anleger. Wer rechtzeitig mit einem Crash rechnet, auf hohem Kursniveau rechtzeitig ausgestiegen ist, kann im Crash so günstig wie nie einsteigen, also unterbewertete Aktien kaufen und langfristig einen entsprechenden Mehrkursgewinn erzielen. Dies ist aber weniger eine Frage der Aktienauswahl als eine Frage rechtzeitiger Disposition zwischen Anlage und Liquidität.

Per Saldo wird also für den durchschnittlichen Aktienanleger der Crash um so wirksamer,

- je höher er vorher in die Aktien eingestiegen ist,
- je crashanfälliger die Branche bzw. das Unternehmen sind und deshalb überproportional an Kurs verlieren,
- wenn der Anleger im Crash verkaufen muss.

Dagegen werden Aktienanleger weniger vom Aktiencrash betroffen,

- je crashresistenter die Branche bzw. das Unternehmen sind,
- wenn der Anleger nicht gezwungen ist, im Crash die Verluste zu realisieren,
- wenn der Anleger die Aktie schon vor langer Zeit und günstiger erworben hat.

*2. Crashwirkungen auf Aktienfonds*

Eigentlich dürften Aktienfonds im Crash weniger verlieren als die Aktien selbst, wenn man von einem professionellen Management der Aktienfonds ausgeht. Sie würden sich dann so verhalten, wie ein kluger

Aktionär. Tatsächlich aber sind die Fonds nicht nur oft problematisch gemanagt, sondern überwiegend unter dem Finanzeinfluss von Banken, die nicht das Interesse der Fondsanleger, sondern ihr eigenes Transaktionsvolumen verfolgen.

Der Fondsanteilseigner hätte also bei der Anlage wissen müssen, ob der Fonds selbständig oder fremdbestimmt ist. Im letzteren Fall wird er in aller Regel auch im fremden Interesse geführt und missbraucht. Für diese Mehrheitsfälle wird sich der Crash auf einen Fond noch stärker auswirken als auf Aktien, denn der Aktionär bekommt den Ertrag seiner Aktie, der Fondsanteilseigner aber muss von den Aktiengewinnen noch das Management bezahlen und die Missbräuche der fondsführenden Bank oder Versicherung aushalten. Die Versuchung, Fonds, über die man verfügen kann, zum eigenen Vorteil und zum Nachteil der Fondsanteilseigner zu missbrauchen, wird im Crash sogar steigen, weil die beherrschenden Unternehmen selbst in Turbulenzen sind und dadurch der Versuchung schwerer wiederstehen können, sich durch Entreicherung der Fonds und Fondsanteilseigner zu bereichern.

Der größte Missbrauch von Fondsvermögen durch die sie beherrschenden Institutionen geschieht, wenn den Fonds Derivate untergejubelt werden, die notleidend werden oder sind, so dass nicht die Bank oder Versicherung selbst diese Verluste tragen muss, sondern der Fond.

Ein Zusatzrisiko besteht auch darin, dass in aller Regel eine satzungsmäßige Auflösungspflicht des Fonds festgelegt ist, wenn die Verluste ein bestimmtes Maß überschreiten. Dies gilt auch, wenn das Management eine vorgeschriebene Liquiditätsreserve halten muss, aber nicht mehr halten kann.

Wer sich also als Fondsanteilseigner vor einem Crash sichern will, der sollte darauf achten,

- dass der Fonds keine Derivategeschäfte machen darf,
- welche Institution das Fondsmanagement stellt, bestimmen und missbrauchen kann,

- wie hoch die Managementkosten des Fond (Fixkosten) sind.

Per Saldo jedenfalls werden die Fondsanteilseigner im Crash noch mehr verlieren als die Aktionäre, weil die Aktienfonds eben abgeleitete, sekundäre Vermögensanlagen sind, mit allen Zusatzrisiken solcher Sekundäranlagen. Wenn der alte Spruch heißt: „Ich traue nur Statistiken, die ich selbst gefälscht habe", dann gilt für Aktienfonds: „Sie sind nur für den sicher, der sie bestimmen kann".

*3. Crashwirkungen auf den Rentenmarkt*

Sofern ein Crash mit Inflation oder Währungsreform verbunden ist, verlieren natürlich die Rentenpapiere von allen Vermögensanlagen am meisten. Da sie auf Nominalwerte (DM/Euro oder Dollar) ausgestellt sind, machen sie die volle Inflationsentwertung mit, werden sie also real um so weniger wert, je höher die Inflation ist. Und wenn eine Währungsreform einsetzt, verlieren Rentenpapiere massiv den Abwertungssatz. Selbst wenn aber ein Crash nicht von Inflation und Währungsreform begleitet ist, verlieren die Rentenwerte vor allem deshalb,

- weil die Rentenzinsen von vielen Rentenschuldnern (Unternehmen, Staat) nicht mehr gezahlt werden können. Wenn aber die Rentenzinsen zwangsgesenkt werden, sinkt auch der Wert des Rentenschuldbetrages (Kurswert).
- Noch schlimmer ist es für die Inhaber von Rentenpapieren, wenn der Schuldner aufgeben muss (Staatskonkurs, Privatkonkurs), dann verliert der Gläubiger alles oder fast alles, wie dies in vielen nationalen Crashs (zuletzt Argentinien) zu beobachten war.
- Selbst bei kontinuierlichem Verzinsungssatz der Renten könnte wegen der Abwertung einer Währung oder der Inflationshöhe ein negativer Realzins für das Rentenpapier entstehen. Je höher dieser negative Realzins (Nominalzins z.B. 10%, Inflationsrate oder Währungsabwertung und Steuern 30% = minus 20% Realzins) ist, desto mehr verliert der Renteninhaber.

Mit Anlagen von festverzinslichen Papieren (Renten) kommt man nur einigermaßen ungeschoren durch einen Crash,

- je besser der Schuldner ist (Bonität),
- je kürzer die Laufzeit des Rentenpapiers ist,
- je liquider der Markt für Rentenpapiere überhaupt noch ist,
- je geringer die Inflationsrate bleibt (Realzins),
- je stabiler die Währung ist, in der die Rentenpapiere ausgestellt sind.

Generell gilt, dass Renten besonders crashgefährdet sind und im Laufe der Geschichte auch immer den ersten, größten und schnellsten Verlust für die Anleger festverzinslicher Papiere gebracht haben.

*4. Rentenfonds im Crash*

Weiß man noch, welche Rendite ein festverzinsliches Rentenpapier einem bringen wird, so sind die Anlagen in einem Rentenfonds noch mit zusätzlichen Managementkosten des Rentenfonds belastet. Insofern gilt für Rentenfonds Gleiches wie bei Aktienfonds: Sie sind nicht nur mindestens so crashgefährdet, wie die Grundvermögensanlage, auf der sie beruhen (festverzinsliche Rentenpapiere), sondern darüber hinaus auch noch mit zusätzlichen Managementkosten belastet und missbrauchgefährdet durch diejenigen Finanzinstitutionen, welche diese Rentenfonds beherrschen bzw. sie für eigene Zwecke missbrauchen.

Einziger Lichtblick der Rentenfonds gegenüber den Direktrentenpapieren ist, dass nicht der Zusammenbruch eines einzigen Schuldners das Papier vernichtet, sondern im Rentenfonds viele Schuldner einen gewissen Risikoausgleich bieten können. Da im Crash aber die gesamte Wirtschaft in eine Krise gerät, fällt der Risikoausgleichsvorteil gegenüber den übrigen vorgenannten Nachteilen kaum ins Gewicht.

Der Crash wird für festverzinsliche Staatspapiere und ebenso für die auf solchen Staatspapieren beruhenden Rentenfonds offenbaren, wie sicher der Staat als Schuldner überhaupt ist. Die jahrzehntelange Überschätzung staatlicher Bonität und damit staatlicher Rentenpapiere wird im Crash noch härter zusammenbrechen als andere Vermögensanlagen, wird größere Enttäuschung verursachen und wird vor allem die breite Bevölkerung besonders treffen, weil Mittelstand, Arbeitnehmer, Rentner und kleine Sparer vor allem in Staatsrentenpapieren angelegt und der Bonität des Staates vertraut haben. Dies ist vor allem in Deutschland eigentlich unfassbar, weil bisher jede Generation in Deutschland mit Staatspapieren betrogen worden ist und einen großen Teil oder alles Vermögen dadurch verloren hatte.

*5. Immobilien im Crash*

Für Immobilien wie für alle Sachwerte gilt, dass sie jeden Crash weniger stark erleiden als Geldwerte, zumal die Geldwerte vorher im Boom entsprechend stärker expandiert sind (Geldmengenvermehrung).

5.1 Unter den Immobilien dominiert für die Bevölkerung das *eigene Haus* bzw. die eigene Wohnung. Dieser Wert ist ziemlich crashunabhängig, weil jede Familie die eigene Wohnung braucht. Eine schuldenfreie eigene Wohnung bzw. ein schuldenfreies eigenes Haus sichern nicht nur den Wohnungsbestand im und nach dem Crash, sondern federn auch andere persönliche oder familiäre Schicksale wie Entlassung, Reduzierung des Gehalts/Lohns oder Entzug von Sozialleistungen zumindest teilweise ab.

Das eigene schuldenfreie Haus ist deshalb auch unter dem Gesichtspunkt des Crash die beste Vermögensanlage.

So weit ein eigenes Haus – eine eigene Wohnung – allerdings im Crash noch mit Schulden belastet sind, kommen die Familien in die Schere zwischen sinkende Realeinkommen einerseits und konstante Zinsen und Amortisationspflichten andererseits. Diese Schere schnappt sofort zu, wenn durch Arbeitslosigkeit oder Betriebsverlust die bisherigen Einnahmen wegfallen und die Zinsen plus Amortisationen für den Schuldendienst nicht mehr geleistet werden können. Dies war der häufigste Grund für Massenzusammenbrüche von eigengenutzten Immobilienvermögen, wenn die Schulden der Immobilien höher waren, als das verminderte Einkommen der Eigentümer vertrug.

Ob also das eigene Haus bzw. die eigene Wohnung eine optimale Vermögensanlage auch für den Crash sind, hängt davon ab, wie hoch die Restschulden auf dieser Immobilie im Crash verbleiben.

Gerät im Crash eine Person in Vermögensschwierigkeiten, wird es sich häufig lohnen, vor allem die eigene Wohnimmobilie zu halten und lieber andere, verzichtbarere Vermögenswerte dafür zu opfern.

5.2 Nicht ganz so günstig ist die Crashsituation von *Renditeimmobilien* (Mietwohnungsbau). Die Rendite selbst und ihre Nutzbarkeit hängen davon ab, ob sich jederzeit genügend viele und genügend zahlungsfähige Mieter für diese Immobilien finden.

Deswegen werden viele Mieteigentumsbesitzer im nächsten Crash große Sorgen bekommen, wenn ungünstig gelegene Mietobjekte nicht mehr ganz oder nur noch schwer vermietet werden können und deshalb deren Mietpreise überproportional abgesenkt werden müssen. Dies ist nur erträglich, wenn die Mietobjekte schuldenfrei oder nur mit geringen Schulden belastet sind. Wenn dagegen die Objekte einen hohen Schuldenstand haben und in Vermietungsschwierigkeiten geraten, werden viele von ihnen – wie in der letzten Weltwirtschaftskrise auch – zwangsweise auf den Markt kommen, also verkauft werden müssen oder schließlich versteigert werden.

Wo dagegen die Mieten wegen günstiger Lage gesichert erscheinen, wird ein solches Immobilien-Renditeobjekt selbst bei absolutem Preisverfall ein relativer Crashgewinner bleiben, nämlich weniger an Wert verlieren als andere Vermögensanlagen, insbesondere als die monetären Vermögensanlagen.

5.3 *Gewerbeimmobilien* sind vom Crash im gleichen Maße betroffen wie die Gesamtwirtschaft betroffen ist. Brechen also 20 oder 30 % der Betriebe zusammen, wird auch die Vermietung bzw. Verpachtung von Gewerbeimmobilien entsprechend schwerer und nur noch zu geringeren Mieten möglich sein. Vermietbar bleiben dann vor allem solche Gewerbeimmobilien, die vielfältig nutzbar sind. Wo dagegen die Gewerbeimmobilie auf eine bestimmte Branche oder Nutzung zugeschnitten ist, wird der Eigentümer häufiger in Schwierigkeiten kommen.

In der Arbeitsgruppe wurde auch die Frage besprochen, ob landwirtschaftliches oder forstwirtschaftliches Immobilienvermögen crashbeständig seien. Nach den Erfahrungen in anderen Ländern und früherer Krisen hat Ackerland zwar Verluste in der Pachthöhe in der Krise mitnehmen müssen, langfristig aber immer stabilen Wert behalten. Darüber hinaus ist Land in vielen Fällen eine Möglichkeit, sich in Krisenzeiten durch teilweise Selbstversorgung einkommensunabhängiger zu machen. Das gilt bei Forst auch für Holz und Wild.

Auf allen Immobilienanlagen liegt aber ein besonderes Staatsrisiko: Nach dem letzten Weltkrieg wurden allen verbliebenen Immobilieneigentümern Zwangslastenausgleichsabgaben auferlegt, die sie aus ihrem Immobilienbesitz langfristig tilgen mussten und die sogar grundbuchrechtlich zwangsgesichert waren. Immobilieneigentümer sind solcher politischen Willkür stärker ausgesetzt als Inhaber andere Vermögensanlagen, weil monetäre Vermögensanlagen oder Gold vor solchen nationalen Zwangslasten flüchten können.

### *6. Immobilienfonds im Crash*

Die Immobilienfonds – offene und geschlossene – haben crashwirksame Nachteile gegenüber der Direktanlage in Immobilien, die mit dem Fondscharakter verbunden sind, nämlich

- die regelmäßig hohe Verschuldung des Immobilienfonds mit den Differenzrisiken zwischen Einnahmen und Kosten vor allem bei sinkenden Mieten oder Leerständen,
- die Qualität der Fondsverwaltung, des Fondsmanagements mit seinen Kosten.

Für den Anleger haben geschlossene Immobilienfonds den Zusatznachteil, dass man aus ihnen nicht oder nur unter erheblichen Verlusten aussteigen kann. Es gibt für den Verkauf dieser Anteile keinen etablierten Markt. Vielfach ist der Anleger auf die Zustimmung und Mitwirkung der Fondsverwaltung angewiesen, wenn er seinen Anteil verkaufen will.

Bei offenen Immobilienfonds ist zwar ein Ausscheiden prinzipiell leichter – im Crash wird man aber überproportionale Verluste für seine Anteile hinnehmen müssen, weil der Markt von Immobilienfonds noch stärker absackt als der von Immobilien.

Wer in einem offenen Immobilienfonds investiert hat, weiß zwar, was er dafür zahlen musste, weiß auch, dass dieser Wert getaxt wird; er weiß aber nie, was er wirklich dafür bekommt, weil die Bewertung selbst intransparent ist.

Im Übrigen sind mehr als die Hälfte der Immobilienfondsanteile unter steuerlichen Gesichtspunkten gezeichnet – vor allem wegen hoher Verlustzuweisungen. Diese Verlustzuweisungen waren aber praktisch nur Steuerstundungen. Würde also die Immobilie überhaupt rentabel, müssten die Steuern nachgezahlt werden. Bleibt sie unrentabel, muss der Anteilseigner entweder auf Ausschüttungen verzichten oder nachschießen oder Zusatzkredite aufnehmen. Will er aussteigen, müsste er jeden Mehrertrag gegenüber dem Buchwert als Gewinn versteuern, dagegen einen Minderertrag als Verlust hinnehmen. Wegen dieser Folgen dürften vor allem steuerbegünstigte, geschlossene Immobilienfonds unter Crashgesichtspunkten die ungünstigste Form aller Immobilienanlagen sein.

*7. Sind Lebensversicherungen crashfest?*

- Gegenüber den staatlichen Umverteilungs-Versicherungssystemen haben die privaten Lebensversicherungen das solidere Kapitalsammelsystem. Die Auszahlung der Lebensversicherungen hängt also nicht von den momentanen Beitragseinnahmen ab, sondern vom angesparten Kapital der Beitragszahler. Es ist also grundsätzlich Vermögen angelegt, aus welchem der Versicherungskunde seine Lebensversicherung nachher ausgezahlt bekommt.

Die Lebensversicherungsgesellschaften selbst haben immer betont, dass ihr Kapitalstock trotz garantierter Zinsen für die Kunden wachse. Diese Behauptung ist aber für den Crash nicht mehr generell gültig. Viele Lebensversicherungen haben einen überproportionalen Anteil ihres Vermögens in Finanzanlagen oder Finanzfonds angelegt, welche den größten Crashverfall haben. Entgegen früherer Annahme sind also auch die Lebensversicherungen nicht mehr generell vermögend, nicht einmal im Crash weiterhin zahlungsfähig. Deshalb sind z.B. die Garantiezinsen bereits gesenkt worden. Die Bonität der Versicherungen ist nicht mehr zweifelsfrei. Die erste Versicherung musste in Deutschland schon aufgefangen werden (Mannheimer). Weitere werden folgen. Wenn also eine Versicherung ihre Gelder schlecht angelegt und teilweise verloren hat, wird sie auch ihren Versicherten Verluste bereiten. Nicht alle Versicherungen werden den Crash durchstehen.

- Ein zweites Risiko der Lebensversicherungsgesellschaften liegt in der Inflation. Je höher die Inflation ist, desto günstiger sind die Geschäfte der Lebensversicherungsgesellschaften, weil sie harte Beiträge einnehmen und später inflationsaufgeweichte Festbeträge zurückzahlen müssen. Sie haben also den vollen Inflationsgewinn. Das gilt um so mehr, je stärker die Vermögensanlagen der Versicherungsgesellschaft in den am meisten abwertenden Finanzwerten angelegt war. Nur hohe Inflationsraten ergeben hohes Buchvermögen und hohe Renditen für die Lebensversicherungsgesellschaften. Fehlt die Inflation, feht diese Renditenquelle und geraten die Lebensversicherungsgesellschaften neben den Vermögensverlusten in Doppeldruck. Dieser Inflationsvorteil der Versicherungsgesellschaften ist zugleich der Inflationsverlust der Kunden. Sie zahlen werthaltige Beiträge ein und bekommen später inflationsentwertete Kapitalbeträge zurück.
- Ein besonderes Crashrisiko trägt der Versicherte selbst bei jeder Lebensversicherungsanlage nämlich, ob nicht nur die Versicherungsgesellschaft zahlen kann, sondern ob auch er selbst im Crash zahlungsfähig bleibt. Wer seinen Arbeitsplatz und seinen Lohn verliert, kann oft die Beiträge an die Lebensversicherung nicht weiter zahlen. Für den sind diese Beiträge eine nicht mehr tragbare Zusatzlast. Millionen von Beitragszahlern konnten z.B. nach dem letzten Weltkrieg ih-

re Beiträge nicht mehr zahlen. Sie mussten deshalb ihre Lebensversicherungen entweder kündigen oder beitragsfrei stellen lassen. Letzteres tut man nur dann, wenn man nur an eine vorübergehende Zahlungsunfähigkeit glaubt. Viele Menschen aber sind in der Depression so schlecht gestellt, dass sie das angesparte Lebensversicherungskapital zum Überleben brauchen, auch wenn die Versicherungsgesellschaften nur einen Teil des angesparten Betrages minus der oft erheblichen Abschlagskosten überhaupt wieder auszahlen.

Wer jedenfalls künftig eine Lebensversicherung abschließt, sollte diese drei Risiken der Zahlungsfähigkeit der Versicherungsgesellschaft selbst, der Inflationsentwertung des angesparten Kapitals und der eigenen möglichen Zahlungsunfähigkeit bedenken. Hierauf machen ihnen die Versicherungsvertreter von sich aus sicher nicht aufmerksam.

*8. Unternehmensbeteiligungen im Crash*

Die meisten der 4 Mill. Selbständigen haben ein Unternehmen, von dem sie leben und das ihr hauptsächliches Vermögen darstellt. Ob sie im Crash dieses Unternehmen behalten, hängt davon ab, ob es den Crash durchsteht. Bei der letzten Weltwirtschaftskrise haben 30 % der Unternehmen nicht durchgestanden und entsprechend Millionen von Selbständigen ihr ganzes Vermögen verloren. Das ist besonders bitter für Altunternehmer, die ihre Alterssicherung aus dem abgegebenen Unternehmen erwartet haben und verlieren. Für die überlebenden Unternehmen kommt es aber darauf an, ob die Betriebe noch ausreichend rentabel sind, um ihren Anteilseignern Gewinne auszahlen zu können.

Anfang der dreißiger Jahre konnten die meisten Unternehmen mit Mühe den Unternehmerlohn aufbringen, darüber hinaus kaum Gewinne für andere Mitbeteiligte oder die Altunternehmer erwirtschaften. Viele Anteilseigner werden deshalb in der Crash- und Nachcrashzeit auf Erträge aus ihren Unternehmensbeteiligungen vergeblich warten. Erst nach Wiedererholung der Wirtschaft, der Unternehmen und der Erträge werden auch die Unternehmensbeteiligungen wieder rentabel werden.

Dabei gilt die Einschränkung, dass Minderheitsbeteiligte weder bei Kapitalgesellschaften noch bei Personalunternehmen wesentliche Mitwirkungs- und noch weniger Kontroll- oder Zwangsrechte haben. Sie sind also letztlich dem guten Willen des Unternehmers bzw. Managements ausgeliefert, können Erträge nicht erzwingen, auch wenn sie sie brauchen.

Im übrigen ist eine Unternehmensbeteiligung schon im Boom schwer verkäuflich, im Crash noch weniger. Auch unter diesen Gesichtspunkten ist deshalb eine Unternehmensbeteiligung eher eine „Schönwettervermögensanlage", aus der man im Crash weder Renditen noch Verkaufserlöse erwarten kann.

*9. Derivate im Crash*

Die Spekulationsgeschäfte der Boom- und Baisseoptionen (puts and calls) sind die risikoreichste Vermögensanlage und brechen im Crash zuerst und am meisten zusammen. Sie sind deshalb nach der großen Weltwirtschaftskrise der dreißiger Jahre verboten worden, inzwischen aber wieder erlaubt und von wachsender Bedeutung vor allem bei institutionellen Anlegern (Hedge Fonds). Wer diese Anlage wählt, ist nicht Vermögensanleger, sondern Spieler. Derivate scheiden als normale Vermögensanlage aus.

*10. Grundsätze für die Vermögensvorsorge im Crash*

- Sachwerte werden den Crash relativ besser durchstehen als Geldwerte.
- Gold wird seinen Wert im Crash nicht nur behalten, sondern eher steigern (ultimative Fluchtwährung).
- Auch ein schuldenfreies selbstgenutztes Wohneigentum ist eine der solidesten Crashvorsorgen, weil man in Notzeiten die Miete sparen kann und damit selbst bei sinkenden Einkommen einen relativ höheren Lebensstandard hat als diejenigen, die von ihrem Einkommen noch Miete zahlen müssen.
- Im Laufe der Jahrhunderte oder Jahrtausende hat vor allem land- und forstwirtschaftliches Immobilienvermögen den Crash immer besonders stabil überstanden und dürfte auch in einem kommenden Crash am wenigsten von allem Immobilienvermögen betroffen werden, weil

Lastenausgleichs- und andere Besteuerungen dort weniger möglich sind, wo im Verhältnis zum eingesetzten Kapitalwert geringe Erträge erzielt werden. Auch international ist zu beobachten, dass alle Großvermögen – auch wenn sie monetär erzielt worden sind – in Land- und Forstwirtschaft länger als in Industriebeteiligungen überlebt haben.

- Rendite-Immobilienobjekte stehen zwar im Crash unter der Gefahr von Mietausfällen und Leerständen, haben aber in allen historischen Fällen als Sachwerte den Crash besser durchgestanden als Geldwerte. Allerdings sind sie besonders durch politische Umverteilungsaktionen (Lastenausgleich) gefährdet.
- Bei Immobilienfonds ist das Bestandsrisiko schon höher, weil sie nicht unter Direktkontrolle des Anlegers stehen, sondern deren Rendite und Kosten vom Fremdmanagement abhängen. Bei offenen Immobilienfonds hat man nicht einmal die Möglichkeit, das Management zu besetzen oder zu beeinflussen. Eine Realisierung der Immobilienfondsanteile ist zum Teil ausgeschlossen, zum Teil schwierig (kein Markt), zum Teil nur mit Abschlägen möglich. Immobilienfonds sind also deutlich crashunsicherer als Immobilien.
- Unter den monetären Anlageformen dürften die Lebensversicherungen am crashstabilsten sein, weil sie von der Versicherungsgesellschaft mit Vermögenswerten unterlegt sind. Allerdings unterliegen die monetären Lebensversicherungsansprüche den Inflationsrisiken und hängt letztlich die Rückzahlungssicherheit von der Bonität der Versicherungsgesellschaft ab.
- Unter den Börsenwerten sind die Aktien immer noch ein Stückchen Sachwert, obwohl ihre wesentliche Bewertung (Kurse) in Geldwerten gemessen wird. Der Absturz der Börsenkurse berührt nur den Geldwert der Aktien, nicht den Sachwert, solange das Unternehmen im Crash nicht selbst betroffen ist. Wer also in Aktien anlegt, muss wissen, ob er langfristige Sachwerte sucht oder Kurswerte haben will. Letztere brechen im Crash vor allem zusammen. Dies führt zu Realverlusten, wenn man verkaufen muss.

Innerhalb der Aktienanlage gibt es allerdings zusätzliche Möglichkeiten der Crashvorsorge, indem man vor allem in solche Aktien investiert, deren Branchen und Unternehmen voraussichtlich crashresistenter sind (Produktion und Dienstleistung von Grundbedürfnissen, medizinische Versorgung, Energie- und Versorgungswirtschaft, Telekommunikation u.a.).

- Deutlich schlechter als Aktienanlagen sind Anlagen in Aktienfonds, weil diese ein Zusatzrisiko im Fondsmanagement (Kosten und Anlagestrategie) haben, zumindest die Rendite der Aktien mit Zusatzkosten belasten. Im übrigen sind die meisten Aktienfonds von Finanzinstitutionen fremdbestimmt, die mit den Fonds ihre eigenen Zwecke statt die Zwecke der Anleger verfolgen.
- Die Anlage von festverzinslichen Rentenpapieren ist eine rein monetäre Anlage und deshalb besonders crashgefährdet hinsichtlich der Bonität des Schuldners (auch für öffentliche Schuldner), hinsichtlich der Zinsmarge und hinsichtlich der Inflationsentwertung der Nominalpapiere.
- Noch crashunsicherer sind die Rentenfonds, weil sie – ähnlich wie die Aktienfonds – nicht nur fremdbestimmt, oft in fremdem Interesse geführt werden, auch die Managementzusatzkosten die Rendite belasten.
- Für den Crashfall ist auch Bargeld besonders gefährdet durch

  - Zusammenbruchmöglichkeit des kontoführenden Instituts,
  - Inflationsverluste an Realwert gegenüber dem Nominalwert,
  - Kursverlustmöglichkeit durch Währungsreform,
  - bei privater Bargeldhaltung: Diebstahlsgefahr.

  Einziger Vorteil der Bargeldhaltung ist, dass im Crash Liquiditätsknappheit herrscht und man günstige Sachwertschnäppchen von zusammengebrochenen Vermögen erwerben kann. Dies ist aber nicht nur mit Bargeld möglich, sondern ebenso, wenn man ausreichend kreditwürdig ist (Gold, Immobilien).

- Bleibt schließlich noch die Unternehmensbeteiligung als Vermögensanlage:

  Bei einer Beteiligung an einem vom Inhaber selbst geführten mittelständischen Unternehmen hängt der Wert der Beteiligung überwiegend vom Wert des Unternehmers selbst ab, ist also letztlich mehr persönlich als sachlich bestimmt.

Bei einer Beteiligung in Kapitalgesellschaften gilt gleiches wie für Börsenwerte.

Dennoch wird es gerade im Crash und nach einem Crash höchst rentabel werden, sich in den überlebenden Unternehmen zu beteiligen, weil man damit den nächsten Aufschwung zur Wertvermehrung nutzen kann.

- Die Wertanlage in Kunst und Antiquitäten ist eine ausgesprochene Boomanlage. Antiquitäten sacken im Crash überproportional ab, weil sie das erste und entbehrlichste Verkaufsgut darstellen, wenn die Menschen in Not geraten. In allen Krisen sind nicht nur überreichlich Antiquitäten angeboten worden, sondern auch deren Preise überproportional gefallen. Insofern ist der Kunst- und Antiquitätenmarkt im Crash vor allem für Käufer interessant, nicht für frühere Anleger.

## II. Vermögensanlagestrategien nach dem Crash

Die historische Erfahrung hat gezeigt, dass alle Crashs und Depressionen nur mittelfristig gedauert haben, etwa 3 bis 5 Jahre, dass es danach wieder eine Erholung und einen Wiederaufschwung gab. Die Vermögensanlagestrategie nach dem Crash muss also darauf gerichtet sein, die kommende Erholung und den kommenden Boom durch Vermögensanlage möglichst rentabel zu nutzen. Dazu sind die einzelnen Vermögensanlagegüter unterschiedlich geeignet:

1. Aktien machen jede Konjunkturbewegung als Frühindikatoren und Vorläufer etwa ein halbes Jahr voraus mit. Wenn es also zu einer Wiedererholung kommt, werden die Aktien zuerst und überproportional wieder im Kurs steigen, wird also Aktienanlage unter einer Boomauswahl wieder besonders interessant. Voraussichtlich werden die Aktien sich auch entsprechend der Maslow'schen Bedürfnispyramide entwickeln, zuerst die Produktion und Dienstleistung in den Grundbedürfnissen, danach zunehmend auch die höherwertigen Güter und Dienstleistungen.
2. Man kann sich nicht nur mit Aktien an dem Wiederaufschwung der Wirtschaft beteiligen, sondern auch mit Unternehmensbeteiligungen

an mittelständischen Unternehmen. Die crashresistent gebliebenen mittelständischen Unternehmer werden den beginnenden Aufschwung mitmachen, damit wertvoller und rentabler werden. Eine Beteiligung an solchen Betrieben ist also erfolgversprechend.

3. Eine weitere Anlagestrategie sollte den im Crash reduzierten Preis der Mietimmobilien nutzen. Wenn sich die Konjunktur wieder erholt, werden die Leute auch wieder höhere Mieten zahlen können, größere Wohnungen beziehen wollen und werden deshalb Mietimmobilien geringere Leerstände und höhere Mieten haben.
4. Nach dem Crash herrschen niedrige Zinsen, kann man zu niedrigen Zinsen Kredite aufnehmen und lohnt es sich deshalb, Kredite aufzunehmen, um solche Vermögensanlagen damit anzuschaffen, die besonders entwicklungsfähig und renditeträchtig erscheinen (vgl. oben), weil der kommende Aufschwung und Boom größere Sicherheit verspricht, die Kredite aus den Erträgen zurückzahlen zu können.
5. Festverzinsliche Rentenpapiere sind nach dem Crash keine gute Anlage, weil ihr Realzins niedrig ist und sie im Wiederaufschwung hinter der Realzinsentwicklung zurückbleiben werden (Kursverluste).
6. Im Wiederaufschwung kommt es für alle Anlagemöglichkeiten darauf an, wie liquide man ist. Da ein guter Anleger nicht mit Bargeld in den Crash gegangen ist und deshalb nicht mit Bargeld herauskommt, muss er kreditwürdig sein. Dies ist er mit Sachwerten (Gold, Immobilien). Je stärker man damit Liquidität schaffen kann, desto mehr und rentablere neue Vermögensobjekte könnte man für den beginnenden Aufschwung und Boom wieder rentabel anlegen (Immobilien, Aktien) und damit die Boomwirkungen für sich multiplizieren.
7. Gegenüber den Schnäppchenmöglichkeiten der Post-Crash-Phase bleiben Lebensversicherungen eine zwar dauernde, aber nicht besonders rentable Anlage. Allerdings könnte die Lebensversicherung zu höherer Rentabilität genutzt werden, wenn man sie beleiht, um mit dieser Liquidität Sachwertschnäppchen zu kaufen.
8. Die Anlage in irgendwelchen Fonds hat im Grunde nur eine gewisse Risikostreuwirkung. Im übrigen gelten die Grundsätze der Aktien- oder Rentenanlagen wie oben.

Der selbständige Mittelstand wird traditionell auch nach dem Crash zuerst und zumeist wieder im eigenen Unternehmen investieren, vor allem sein eigenes Vermögen wieder für den Wiederaufstieg und den Boom stark zu machen versuchen. Diese Strategie war immer richtig und für den selbständigen Mittelstand auch am rentabelsten.

Betrachtet man als Grundregel des Investments „nicht alle Eier in einen Korb legen“, so verstößt der selbständige Mittelstand üblicherweise auch in der nächsten Wiedererholungsphase gegen diesen Grundsatz. Er wird aber in den meisten Fällen aus Liquiditätsgründen auch gar keine andere Alternative haben, als zuerst und zumeist in seinen Betrieb zu investieren. Erst in der beginnenden Boomphase wird er auch andere Anlagealternativen verstärkt wahrnehmen können und müssen, um sein eigenes Schicksal vom Betrieb dann wieder unabhängiger zu machen.

## III. Vermögensrisiko nach dem Crash: Lastenausgleich

Nach dem letzten Zusammenbruch Deutschlands 1945 hat das damalige – sogar mehrheitlich bürgerliche – Parlament einen Lastenausgleich beschlossen, dass diejenigen, die mit positivem Vermögen durch den Zusammenbruch gekommen waren, einen Teil dieses Vermögens zwangsweise in Raten an den Staat als „Lastenausgleichsabgabe“ abgeben mussten, um damit denjenigen, die alles verloren hatten – insbesondere den Flüchtlingen – wieder Vermögenshilfen – „Lastenausgleichshilfe“ – zu gewähren. Einen solchen Lastenausgleich könnten sich die Parlamente in Europa ebenfalls wieder einfallen lassen. Dies würde bedeuten, dass vor allem die leicht erfassbaren sichtbaren Vermögen wie z.B. Immobilienbesitz einer solchen Lastenausgleichsabgabe am schutzlosesten ausgeliefert wären. Gleiches gilt für Fondsanteile und Rentenvermögen, weniger dagegen für Aktienvermögen, welches sich innerhalb von Minuten in andere Länder ohne Lastenausgleichsabgaben verlagern ließe.

Goldmünzen oder -barren sind für Lastenausgleich schwer erfassbar, solange der Staat nicht mit Stasimethoden in den Häusern der Menschen nach Gold suchen darf. Goldzertifikate, Optionen oder andere

Goldderivate sind jederzeit erfassbar und dadurch entwertbar oder belastbar. Lediglich ein Goldtransfer über 25 Unzen ist bisher meldepflichtig – wenn er offiziell über die Banken läuft.

Die Gefahr eines Lastenausgleichs für alle Anlagevermögen wird jedoch um so größer, je sozialistischer die herrschenden Mehrheiten in einem Land sind, weil Grundlage jedes Sozialismus die Neidideologie gegen die „Besserverdienenden" ist, denen man nicht zugesteht, dass sie „Mehrleistende" sind, sondern denen man aus falschem Gleichheitspostulat kein höheres Einkommen oder Vermögen gönnt. Der Gedanke des Lastenausgleichs wird also nach dem Crash eine zentrale politische Rolle spielen und könnte eine Nachkorrektur trotz richtigen Crashverhaltens werden:

- Bei Staatspapieren braucht der Staat als Lastenausgleich nur seine Rückzahlungspflicht um 10, 20 oder 30 % zu vermindern.
- Bei Rentenfonds funktioniert der Lastenausgleich nach dem gleichen Prinzip.
- Bei Aktienfonds hat der Staat ohnehin Kontrolle über das Vermögen und kann es entsprechend mit einer Lastenausgleichsabgabe belasten.
- Schwieriger wird es mit Naturalaktien. Diese kann der Aktionär bisher noch – solange keine Grenzpflicht besteht – innerhalb von Minuten dem staatlichen Zugriff durch Wechsel in ein anderes freies Land entziehen. Nur bei von Banken verwalteten Aktien ist dies schwierig oder unmöglich, weil die meisten Aktien Namensaktien sind und die Banken die Inhaber melden müssen, also der Staat dadurch weiß, was er wem als Sonderabgabe zumuten kann.
- Schon nach dem letzten Weltkrieg waren vor allem Immobilien mit Lastenausgleich durch eine Zwangsgrundschuld belastet, die in Raten abzuzahlen war. Immobilien können einer solchen Zwangsabgabe am allerwenigsten entgehen.
- Physisches Gold ist dagegen für einen Lastenausgleich schwer greifbar, vor allem wenn es nicht in der Bank verwahrt wird. Auch unter Gesichtspunkten eines Lastenausgleichs ist also Gold eine besonders sichere Anlage.

# Arbeitsgruppe 10 B
# Gold im Crash

*Moderator*: Eike Hamer, Mittelstandsinstitut Hannover

*Mitarbeit*: Friedrich Tiggemann, Hattingen – Unternehmer
Prof. Dr. Eberhard Hamer, Mittelstandsstiftung

## I. Die Situation der Goldanlage im Crash

Der Goldpreis ist seit Jahrzehnten um so stärker gesteuert worden, je monopolisierter und kontrollierter die Goldproduktion, der Goldbesitz und der Goldhandel geworden sind. Dieser Markt wird von wenigen meist finanziell oder beteiligungstechnisch verflochtenen Bullion Banks (wie z.B. das Bankhaus NM Rothschild) und Minengesellschaften beherrscht, deren Einflussbereich der größte Anteil der Produktion von Gold und der größte Privatbesitz von Goldsubstanz (Barren, Münzen) zuzurechnen ist. Diese können entscheidend den Goldpreis nach eigenen Zwecken heben oder senken.

Wer also auf Gold spekuliert, kann nicht auf Marktpreise rechnen, sondern sieht sich Monopolpreisen gegenüber und musste in den achtziger und neunziger Jahren dafür erhebliche Preisverluste in Kauf nehmen.

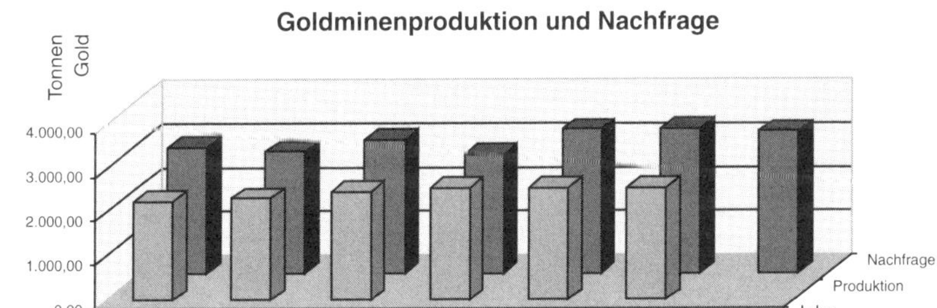


| | 1995 | 1996 | 1997 | 1998 | 1999 | 2000 | 2001 |
|---|---|---|---|---|---|---|---|
| Produktion | 2.250,00 | 2.328,00 | 2.472,00 | 2.555,00 | 2.565,00 | 2.568,00 | |
| Nachfrage | 2864,5 | 2279,5 | 3053,6 | 2712,1 | 3282,3 | 3287,9 | 3235,1 |

Produktion Nachfrage

Die Manipulation des Goldpreises bezieht sich einmal auf die Angebotsseite, zum anderen auf die Nachfrageseite.

- Das Goldangebot besteht aus einer jährlichen Goldproduktion von etwa 2.500 Tonnen + Recycling-Gold von etwa weiteren 500 Tonnen.

Vermehrt wird das Welt-Goldangebot durch „erzwungene oder Überredete" Goldverkäufe von Zentralbanken und durch Terminverkäufe von „Papiergold" (Derivate). In letzterer Form dürften etwa 5.000 Tonnen Goldzusagen (Derivate) allein von der JP Morgan Chase Manhattan Bank noch offen sein, die sie überhaupt nicht hat. Bei anderen Banken ist dies – wenn auch in geringerem Maße – ähnlich. Das gesamte Goldangebot des Marktes konnte also nur durch Derivate und Leihgold über der Weltnachfrage und damit entsprechend der Preis von Gold und Goldminenaktien niedrig gehalten werden.

| **Goldbestände der größten Zentralbanken und IMF** | | |
|---|---|---|
| **Land** | **Goldbestand in Tonnen** | **Goldbestand in Unzen** |
| USA | 8149,0 | 261.998.499 |
| Deutschland | 3456,6 | 111.133.147 |
| IMF | 3217,3 | 103.439.412 |
| Frankreich | 3024,8 | 97.250.345 |
| Italien | 2451,7 | 78.827.822 |
| Schweiz | 2149,7 | 69.115.005 |
| Niederlande | 884,5 | 28.437.560 |
| EZB | 767,0 | 24.659.817 |
| Japan | 765,2 | 24.601.945 |
| Portugal | 606,8 | 19.509.227 |
| Spanien | 523,4 | 16.827.833 |
| China | 500,0 | 16.075.500 |
| Russland | 424,2 | 13.638.454 |
| Taiwan | 421,8 | 13.561.292 |
| Indien | 357,8 | 11.503.628 |
| **Insgesamt** | **27.699,9** | **267.173.845.470** |

(Diese Bestände sind nur zum Teil physisch vorhanden)

- Die Goldnachfrage ist in einigen Ländern traditionell stark (Indien, China), in anderen Ländern konjunkturabhängig. Die Weltnachfrage liegt bei etwa 4.200 Tonnen Gold, also etwa 1.200 Tonnen höher als die Produktion. Etwa 70 % der Goldnachfrage geht in die Schmuckproduktion, die andere wird gehortet oder industriell genutzt.

Der Goldbestand aller Staaten liegt bei etwa 32.000 Tonnen, davon 8.149 Tonnen in den USA.

Um die wachsende Nachfrage befriedigen zu können, sind einige Staaten überredet oder gezwungen worden, ihr Staatsgold trotz des geringen Preises auf den Markt zu bringen. Dadurch haben eine Reihe früher selbständiger Währungen ihre Goldgrundlage verloren (z.B. Bank of England von etwa 750 Tonnen auf nur noch 400 Tonnen für die viertgrößte Währung der Welt).

Da das Gold der Banken für die Nachfrage nicht gereicht hätte, hat die ebenfalls dem Einflussbereich des Goldmonopols unterliegende US Federal Reserve Bank ihren beteiligten Banken Gold gegen Zertifikate zu unter 1 % Zinsen pro Jahr ausgeliehen. Die Privatbanken haben dieses Gold weiterverkauft, den Erlös in Staatspapieren mit höherem Zins angelegt und sich dadurch günstiger als alle anderen Banken refinanziert. Würde der Goldpreis aber steigen, hätten diese Banken entsprechende Verluste. Dass sie diese Verluste bislang nicht hatten, konnte die Federal Reserve Bank garantieren, weil die spekulierenden privaten Goldleihbanken führende Miteigentümer der das Gold verleihenden Federal Reserve Bank sind. Über zusätzliches Leihgold einerseits, Prolongation der Verbindlichkeiten andererseits und das selbst festgesetzte Goldfixing konnten die Banken letztlich den Preis selbst bestimmen, auch ohne das Gold selbst haben zu müssen. Zusätzlich hat die FED ihr Goldrisiko noch dadurch rückgesichert, dass sie ihr eigenes Depot in gleicher Weise durch Hereinleihen von Zentralbankengold (z.B. von Deutschland) wieder aufgefüllt und den Zentralbanken dafür Derivate wie beispielsweise Terminkontrakte oder „swaps“ gegeben hat.

Darüber hinaus wird der steigenden Nachfrage nach physischen Gold dadurch begegnet, dass man den Investmentbereich statt mit physischem Gold mit beliebig vermehrbarem „Papiergold“ in Form von Zertifikaten, Optionen oder Kontrakten abzufertigen versucht.

Bis zu einem Crash konnte dieses gegenseitig sich begünstigende Spekulationsnetz erhalten und vor einem Reißen geschützt werden. Immer in der Geschichte hat aber schon im Vorfeld jedes Zusammenbruches ein Wettlauf in das Gold stattgefunden. Auch im jetzt begonnenen Crash werden also die Anleger ihr Vermögen durch Goldanlage sichern wollen, wird dadurch die Weltnachfrage entsprechend steigen. Die Problematik einer solchen weltweiten „Flucht in das Gold“ würde darin liegen, dass die Goldvorräte einschließlich Goldproduktion viel zu gering sind, um diese Nachfrage aufzufangen, dass es also zu Preismultiplikatorwirkungen kommen wird.

In einer Depression wird also physisches Gold knapp bleiben und seinen Wert eher steigern als verlieren,

- weil er schon vor dem Crash kräftig herunter manipuliert war,
- weil er dauerhaft nicht unter die Produktionskosten (z.Z. ca. 270 US $), sinken kann
- und weil das gesamte auf dem Markt verfügbare Naturalgold nicht nur durch Derivate mehrfach vorverkauft (bis etwa 2010), sondern auch gegenüber anderen Vermögensanlagen viel zu gering ist. Die Marktkapitalisierung der gesamten goldproduzierenden Minen zusammen liegt unter 60 Mrd. Dollar, dagegen allein Microsoft über 300 Mrd. Dollar.

Aus den gleichen Gründen war auch Anfang der dreißiger Jahre der Goldpreis nicht mehr haltbar. Der Kampf ums Gold wurde nach dem Crash 1929 zum großen Kampf um die Zahlungsfähigkeit der einzelnen Länder. Gold wurde zum Teil mit doppelten Schwarzmarktpreisen eingekauft, um der eigenen Währung ein Mindestvolumen an Goldstandard zu halten. Deutschland dagegen musste sein Gold als Reparation abliefern. Seine Währung brach deshalb auch als erste zusammen.

Auch im Verlauf des kommenden Crash wird Gold seinen Wert nicht nur behalten, sondern voraussichtlich sogar steigern. Gold ist also für die Vermögensanlage eines der sichersten Vermögensaufbewahrungsmittel, sofern es materiell vorhanden ist.

Gold wird aber im Crash auch wieder als Zahlungsmittel verwendet werden, wie dies in jeder Depression seit 2000 Jahren war. Noch heute gibt es eingetragene Hypotheken in physischem Gold. Die Geldfunktion macht um so weniger Schwierigkeiten, als genügend Goldmünzen im Werte einer Unze in den letzten Jahrzehnten produziert und privat verkauft worden sind.

Was rät man also den Bürgern vor dem Crash als Vermögensanlage im Crash: Physisches Gold genügend zu bevorraten.

## II. Der Goldmarkt nach dem Crash

Einige Länder wie z.B. Russland, Indien, China, Japan haben ihren Bürgern befohlen, das physische Gold an die Staatsbanken abzuliefern und entsprechende Handelsverbote erlassen. Alle diese Maßnahmen haben aber bisher nie gewirkt, sondern allenfalls den Goldhandel in die Schwarzzone verlagert. Physisch gehaltenes Gold wird auch nach einem Crash nicht nur solides Wertaufbewahrungsmittel, sondern sogar taugliches Zahlungsmittel bleiben, sofern man es nicht dem Zugriff der Banken übergibt, sondern zu Hause hält.

Für die Zeit nach einem Crash zählt vor allem der relative Wert des Goldes. Wenn alle monetären Werte am meisten an Wert verloren haben und auch die Immobilienwerte Preisverlusten nicht entgehen konnten, wird physisches Gold nicht nur im Crash, sondern auch nach dem Crash die geringsten Abwertungsverluste haben und seinen Eigentümer in die Lage setzen, dort zuzugreifen, wo der Wertzusammenbruch Konkurse und Zwangsversteigerungen zur Folge hatte. Mit einem Goldschatz kann man nicht nur national, sondern sogar international überall bezahlen und in dieser Höhe auch überall Kredit bekommen. Dieses geht allerdings nur mit physischem Gold (Münzen und Barren), da „Papiergold“ (Zertifikate etc.) beliebig vermehrbar ist oder entwertet werden kann oder dessen Handel verboten oder ausgesetzt werden kann.

Naturalgold hat also nach einem Crash noch einen besonderen Vorteil: Es gibt größtmögliche Bewegungsfreiheit. Mit Gold kann man überall hin, ist überall willkommen, kann überall anlegen und überall bezahlen. Keine andere Vermögensanlage ist so crash-resistent und für die Zeit nach dem Crash so freiheitsbegründend.

Der Goldwert hat auf lange Sicht eigentlich nur ein Risiko: dass es wieder von einer Hochfinanzgruppe monopolisiert und damit im Preis manipulierbar gemacht werden könnte. Dieses Risiko ist aber – im Unterschied zum Diamantenrisiko – momentan kein Preissenkungsrisiko, sondern eher ein Preissteigerungsrisiko.

So angenehm für die Goldbesitzer ein Preissteigerungsrisiko ist, so unangenehm wäre ein solches Preissteigerungsrisiko für andere Metallmärkte wie z.B. Kupfer, Blei, Vanadium o.a. Da die meisten dieser Metallmärkte inzwischen ebenfalls von einer Hochfinanzgruppe monopolisiert worden sind und die Metallpreise dadurch manipuliert werden, können die Monopolisten über die Steigerung der Metallpreise die gesamte Weltbevölkerung zu Sonderabgaben für sich selbst heranziehen. Diese Problematik ist aber keine Crash-Problematik oder Post-Crash-Problematik, sondern die Problematik jeder zu Monopolbildungen pervertierten Wettbewerbsfreiheit und mangelnder globaler Möglichkeiten, Weltmonopole zu verhindern oder zu zerschlagen. Bei den ärmer gewordenen Völkern wird sich diese Problematik nach dem Crash härter auswirken und eher politische Folgen haben als in den Wohlstandsgesellschaften.

# 8. Was kommt nach dem Crash?

Sieht man in einem Absturz der Wirtschaft mit allen ihren gesellschaftlichen Folgen (Crash) nur ein Zwischenstadium der Regeneration im Sinne einer „schöpferischen Zerstörung“, so werden in der Folgezeit der wirtschaftlichen und gesellschaftlichen Wiedererholung vor allem zwei Fragen die Diskussion bestimmen:

- Wer war schuld an dem Zusammenbruch?
- Welche Wirtschafts- und Gesellschaftsordnung zeigt einen Ausweg nach den Irrwegen von Sozialismus und Kapitalismus?

## 8.1 Suche nach den Schuldigen

Immer nach Kriegs-, Krisenzeiten und Depressionen hat die Nachfolgegeneration ihre Eltern als mitschuldig an dem Zusammenbruch angesehen und sie vorwurfsvoll gefragt, warum sie dem erkennbaren Weg in die Krise nicht Widerstand geleistet hätten. So glaubte z.B. die 68er-Generation ihren Vätern den Vorwurf machen zu dürfen: „Warum habt Ihr Hitler und seine Untaten nicht verhindert?“ Heute dagegen fragt die neue Jugend die 68er-Generation, warum sie egoistisch

- die höchste Staatsverschuldung unserer Geschichte verschuldet,
- ein auf Kosten der nächsten Generation und auf Kollaps angelegtes Sozial-Umlagesystem nicht rechtzeitig geändert hat,
- durch unkontrollierte Zuwanderung die Identität gefährdet und das Sozialsystem überladen hat,
- durch kommunale Konzentrationen die Basisdemokratie und durch Abgabe der Souveränitätsrechte an ein EU-Politkommissarsystem unsere nationale Demokratie ausgehöhlt hat,
- Deutschland zum Hauptzahler der EU gemacht hat
- und warum die heutige Generation im Freudentaumel wie um das goldene Kalb die große künstliche Finanzblase entstehen lassen hat.

Es hat nicht an Mahnungen in den vergangenen 30 Jahren gefehlt. Sie sind aber zum Teil unterdrückt, zum Teil lächerlich gemacht und zum Teil einfach vorsätzlich totgeschwiegen worden. Die Mahner gegen die Fehlentwicklungen stießen in der Boomzeit vor dem Crash auf das gleiche Unverständnis in Wirtschaft und Gesellschaft wie damals die Warner vor Hitler. Jede Generation will offenbar ihren eigenen Rausch erleben, lässt sich auch durch Mahnungen nicht hindern, diesen Rausch auszukosten und wird erst durch einen Zwangscrash wieder ernüchtert, auf den Boden der Tatsachen zurückgebracht und von den Crashfolgen überrascht betroffen. Das war mit unseren Vätern so, hat uns selbst den Vorwurf unserer Kinder eingebracht; und unsere Kinder werden vermutlich den gleichen Fehler wiedermachen, ebenfalls erkennbar falsche Politik und falsche gesellschaftliche wie wirtschaftliche Entwicklungen nicht hindern können und wollen.

Dennoch hat nach jedem bisher historischen Crash jede darin befangene Generation ihre eigene Betroffenheit nicht in Selbstvorwürfen, sondern in Beschuldigungen gegen andere Schuldige loszuwerden versucht.

- So fühlte sich für den Nationalsozialismus nicht mehr die Mehrheit unseres Volkes verantwortlich, sondern nur noch „die Nazis“ waren schuld, deren ehemalige Mitläufer nachher sogar die größten Betroffenheitsapostel wurden.
- Auch dass der Sozialismus ein die Menschen manipulierendes, freiheitsfeindliches Herrschaftssystem von Sozialfunktionären über Sozialuntertanen war, dem in den meisten Ländern Europas zeitweilig Mehrheiten der Bevölkerung nachgelaufen sind, wird von den Nachläufern nur noch den Funktionären in die Schuhe geschoben, von deren Irrlehren und Irrwegen sich die alten Genossen längst distanzieren.

Auch der Crash des Kapitalismus wird seine Ankläger aus den Mitläufern und seine Schuldigen finden. Vor allem die Mehrheit der Bürger, welche im großen Spiel von Börse, Aktien, Renten, Fonds und Derivaten mitgespielt und dann das meiste verloren haben, werden dies nicht eigener Geldgier und Dummheit zuschreiben, sondern bei denen die Schuld suchen, welche ihnen die zerplatzten Papier-, Schein- und Luftwerte verkauft, verschafft oder angedreht oder das große Spiel gedreht haben: die Banken, die Versicherungen, Finanzmakler, die Fonds-Manager und deren hunderttausende Mitarbeiter, die das große Finanzroulette beschleunigt und den Leuten Luftwerte und Scheinvermögen verschafft haben.

Nach dem Crash wird für diese Finanzmarktgruppen eine harte Zeit anbrechen, werden sie von ihren ehemaligen Kunden als Betrüger beschimpft werden, wird die Wut der verarmten Börsen- und Finanzanleger sich lautstark und allgemein gegen „die Finanzhaie und Kapitalbetrüger" Luft machen.

Auch die alte politische Führung wird nicht ohne Vorwürfe davonkommen. Zwar haften Politiker als einzige Bevölkerungsgruppe für ihr politisches Handeln nicht persönlich. Sie haben aber als Gruppe die Fehlentwicklung zustande gebracht, welche sich im Crash wieder zwangskorrigieren muss. Ob nur die alte politische Tätergarde oder auch die sie in der Vergangenheit getragenen Parteien von der Bevölkerung als Schuldige angesehen werden, hängt davon ab, ob im Crash eine neue politische Elite Kassensturz und einen Neuanfang macht oder ob die alten politischen Strukturen den Crash überdauern.

In den großen Depressionen der Vergangenheit hat die Bevölkerung aber nicht nur Personen und politische Richtungen als Schuldige gesucht, sondern meist auch mit dem alten System abgerechnet. Nach dem verlorenen Krieg wurde der Nationalsozialismus verflucht, nach dem Wirtschaftskollaps im gesamten Ostblock: der Sozialismus – nach dem nächsten Crash wird „der Kapitalismus" als schuldiges System für das eigene Unglück verflucht werden, obwohl die meisten Menschen gar nicht genau wissen, was sie mit Kapitalismus meinen, welche legalen und illegalen Kapitalmächte dahinter stehen, in welcher Weise die Herrschaft des Großkapitals unsere Marktwirtschaft verfälscht und wie sie die Menschen missbraucht und manipuliert hat.

Immerhin liegt in der Schuldzuweisung an das global vermachtete Großkapital und in dessen Zusammenbruch auch die große Chance, dass die wirtschaftlichen, gesellschaftlichen und politischen Eliten mit der Mehrheit der Bevölkerung eine neue Wirtschaftsordnung ohne die Fehler des diskreditierten Monopolkapitalismus suchen.

## 8.2 Wiederaufschwung oder weiterer Abstieg?

Unstreitig dauert eine Krise nicht ewig, sie hat bisher in der Regel 3 bis 5 Jahre gedauert, dann ging es zumeist wieder aufwärts.

Es ist aber keineswegs sicher, dass es nach dieser Krise wieder aufwärts geht, denn in vielen historischen Fällen haben die Länder nicht nur in der Krise ihre Führung verloren, sondern danach auch eine Phase längerer Verarmung erleiden müssen (Rom, Spanien, England, Russland u.a.). Es ist also keineswegs sicher, dass es nach jeder Krise auch wieder aufwärts geht.

Ob es aufwärts oder weiter abwärts geht, hängt von mehreren Krisenbedingungen ab:

1. Je radikaler die falschen wirtschaftlichen und sozialen Bedingungen in einer Krise korrigiert werden, desto sicherer kann man mit einem Wiederaufschwung rechnen. Versuchen sich die Länder aber mit Halbkorrekturen durchzumogeln, bleiben viele Krisenbedingungen erhalten und hindern einen nachhaltigen Wiederaufstieg.
2. Diese Konsequenz gilt auch politisch. Nur wenn die alten feudalistischen Macht- und Herrschaftsstrukturen in der Krise aufgebrochen werden, kann sich neue Freiheit für neue, nicht nur politische, sondern auch wirtschaftliche Dynamik ergeben.
   Beispiel: In Deutschland werden die politischen und wirtschaftlichen Bedingungen von einem Kartell der sechshundert Kammern, Gewerkschaften und Verbänden beherrscht (korporatives System). Diese mächtige Lobbytruppe verhindert zu Lasten der Bürger jeden

Einschnitt in die Privilegien ihrer Klientel und kann damit jede Wiederaufschwungsdynamik blockieren.

3. Meist findet eine neue politische, gesellschaftliche und wirtschaftliche Dynamik auch erst unter einer neuen Idee, einer neuen Vision der Völker statt. Solange jedenfalls die derzeitig gesellschaftlich vorherrschenden Ideen der Egoistengesellschaft, der Ausbeutung der Gesellschaft durch jeden Einzelnen (Umverteilung), des Vorrangs nur materiellen Erfolgs und Wohlstandes sowie der Herrschaft des Monopolkapitalismus über Wirtschaft, Politik und Gesellschaft bestehen bleibt, wird es zu einer neuen gemeinschaftlichen Anstrengung zu neuen gemeinschaftlichen Zielen und anderen als nur wirtschaftlichen Ideen nicht kommen, bleibt also ein echter Wiederaufschwung unwahrscheinlich.

*Internationale Bedingungen für den Wiederaufstieg nach einer Krise*

Geht man davon aus, dass bisher in der Geschichte jeder Wiederaufstieg nach einer Krise durch wiedergewonnenen echten Wettbewerb erreicht worden ist, müssen in der Krise vor allem die Feudalstrukturen aufgebrochen werden. Solche internationalen Feudalstrukturen sind:

1. Das private Geldsystem der Hochfinanz

   Es ist unstreitig, dass in den vergangenen Jahrhunderten die Staaten ihre Zentralbank immer zu ihren politischen Zwecken missbraucht haben, also das Geldsystem der Politik untergeordnet hatten. Den Schaden hatten diejenigen, welche an die Werthaltigkeit des Geldes geglaubt haben.

   Privates Geldmonopol und eine private Zentralbank sind aber noch missbrauchsgefährlicher als staatliche. Insofern darf die FED nicht private Zentralbank der beiden Hochfinanzgruppen bleiben, sondern muss verstaatlicht oder internationalisiert werden und es dürfen auch die anderen Zentralbanken, in denen sich die Hochfinanz eingenistet hat, diesen privaten Missbrauchsansatz nicht behalten. Wir brauchen also Zentralbanken und Währungssysteme, die nicht von Privaten und nicht von Staaten missbraucht werden können, die also gleichsam eine völlig unabhängige und neutrale „Vierte Gewalt“ sind, nur dem Geldwert verpflichtet wie früher die Deutsche Bundesbank, deren Unabhängigkeit auf dem Altar Europas geopfert worden ist. Ohne dass dem Monopolkapital die Zentralbanken und Währungen aus der Hand gerissen werden, wird es eine Sanierung des Weltfinanzsystems nicht geben. Die nächste Weltwirtschaftskrise muss also vor allem die monopolkapitalistischen Finanztäter dieser Krise entmachten.

2. Die beiden Hochfinanzgruppen des FED-Systems haben mit ihrem hemmungslos gedruckten Privatgeld die Rohstoffe der Welt aufgekauft und Monopole geschaffen, mit denen sie die gesamte Weltbevölkerung zu Monopolrenten für sich abzocken. Solange solche Monopole bestehen, besteht tödliche Gefahr für alle Produzenten und Verbraucher, welche auf Ressourcen wie Erze, Energie, Wasser, Saatgut o.a. angewiesen sind. Zweite Bedingung für eine Erholung der Weltwirtschaft ist also die Zerschlagung aller globalen Monopole.

3. Korrektur der Globalisierung
   Es war ein Irrtum zu glauben, dass Wohlstand in einem Land oder einer Region erhalten werden könnte, wenn man diese Region in Zwangskonkurrenz mit Billiglohn- und Staatshandelsländern treibt. Wer die europäischen Löhne auf chinesisches Niveau globalisieren will, vernichtet sowohl den Wohlstand Europas wie auch in China. Wir brauchen also wieder eine Zollpolitik, die unterschiedliche Produktions- und Lebensbedingungen an den Grenzen der Räume korrigiert, die also die fehlenden Sozialabgaben chinesischer Produkte durch Zölle ausgleicht, um unsere Sozialabgaben und Sozialleistungen überhaupt erhalten zu können. Chancengleicher Wettbewerb ist das Grundprinzip der Marktwirtschaft, nicht liberalistischer Wettbewerb.

*Nationale Bedingungen für eine Wiedererholung nach dem Crash*

4. Es war ein Fehler, dass wir die Machtergreifung der Wirtschaft über die Politik durch das Kartell der Verbände geduldet haben. Die Wirt-

schaft darf nicht Sinn unseres Lebens, sondern nur Teilbereich unserer Gesellschaft bleiben. Ihre Macht muss also politisch gezähmt werden. Dazu müssten sämtliche Zwangsverbände und Verbandsprivilegien beendet werden und müsste auch Macht und politischer Einfluss der Konzerne unter Strafe gestellt werden.

Wir brauchen wieder ein Wettbewerbssystem,

- welches allen gleiche Chancen und Rechte gibt,
- welches nicht den Konzernen Vorzugsrabatte erlaubt, um den Mittelstand damit auszubooten,
- welches nicht Kapitalgesellschaften günstiger besteuert als Personalunternehmen,
- welches nicht die für Kapitalgesellschaften richtigen Gewerkschafts- und Betriebsverfassungsrechte wahllos auch den mittelständischen Personalunternehmen überstülpt,
- welches nicht die lohnsparsamen Produktionen der Konzerne mit den lohnintensiven mittelständischer Betriebe in gemeinsame Flächentarife zwingt
- und welches nicht mehr den marktmächtigen Kapitalgesellschaften erlaubt, mittelständische Konkurrenten oder Lieferanten zu diskriminieren, also durch unlauterem Wettbewerb zu schädigen. Solche Forderungen sind nur in einer Krise möglich, wenn die Macht der Wirtschaft und des Kapitals ohnehin in Verruf und zur Disposition steht.

5. Wer eine neue Leistungsgesellschaft will, muss den derzeitigen Sozialwiderspruch beenden, dass wir mehr Leistungsnehmer als Leistungsträger in unserem Volke haben und die Leistungsträger selbst weniger von ihrer Leistung übrigbehalten, als sie davon abgeben müssen. Mehr Leistungsbereitschaft und mehr Leistungsträger bekommt man nur, wenn man den Leistungsträgern mehr von ihrer Leistung lässt. Dazu müssen wir die Fremdausnutzung der Leistungsträger und unserer Sozialsysteme beenden

   - durch Schließung der offenen Sozialsysteme vor Zuwanderung in die Sozialsysteme,

- durch Entzug aller Sozialleistungen für Millionen von Menschen, die nie selbst zu diesem Sozialsystem beigetragen haben,
- durch Beendigung der Massenmissbräuche des Sozialsystems durch Sozialschmarotzer, denen es nicht um Hilfe, sondern um Ausnutzung der Sozialsysteme geht,
- durch drastischen Abbau der Sozialfunktionärsschicht, die wie die Empfänger von Sozialleistungen von der sozialen Umverteilung leben oder
- durch Beendigung des Generationenbetruges, dass diejenigen, die nicht gespart und keine Kinder haben, auf Kosten der Elterrn und der Sparer im Alter mit Doppelrenten unterhalten werden sollen.

Allein diese Korrekturen würden jährlich nicht nur die Neuverschuldung von ca. 40 Mrd. Euro entbehrlich machen, sondern sogar eine Entschuldung ermöglichen, weil die Ersparnisse aus mehr Sozialgerechtigkeit auf über 100 Mrd. Euro geschätzt werden.

6. Abschütteln der Tributpflicht
   Nicht nur die inländische Umverteilung muss reduziert werden, sondern auch die internationale. Es kann nicht bleiben, dass sich Deutschland langfristig immer mehr verschuldet, aber aus diesen Schulden nicht nur die höchsten und sogar wachsenden EU-Beiträge, UNO-Beiträge und Hauptbeiträge für andere internationale Organisationen bis hin zu den Kriegsbeiträgen für die NATO und die USA zahlt. Auch hierin liegt eine Ersparnis in Höhe unserer jährlichen Zusatzverschuldung. Wer eben nicht zahlen kann, muss sich weigern zu zahlen, statt dies aus Schulden zu tun. Dies wäre auch ein heilsamer Zwang für die Empfängerländer, mehr eigene Anstrengung zu leisten anstatt auf deutsche Zahlungen zu warten. Ob aber eine Regierung gegenüber der „einzigen Weltmacht“ die Kraft aufbringt, solche Reduzierungen der deutschen Tribute durchzusetzen, wird spannend, kann aber nur in der Krise gelingen.

7. Gesellschaftliches Umdenken
   Wollen wir wieder eine Leistungsgemeinschaft werden, müssen wir

nicht nur die Leistungsträger fördern, sondern auch wieder Gemeinschaft werden. Dies setzt voraus, dass alle Immigranten, die bei uns leben wollen, auch bereit sind, sich in die Gemeinschaft zu integrieren. Solidarität gibt es nur in einer Gemeinschaft. Wer die Gemeinschaft nicht will, kann auch keine Solidarität von ihr beanspruchen, sondern muss in sein Heimatland zurückkehren.

8. Um auch national jede Marktmacht und jede dadurch mögliche Diskriminierung auszuschließen, sollten wir ein Anti-Diskriminierungsgesetz verabschieden, welches jede Diskriminierung bei den Einkaufs- und Verkaufsbedingungen unter Strafe und Schadensersatzhaftung verbietet, welches also jeden Marktteilnehmer zwingt, alle seine Kunden und Lieferanten gleich zu behandeln. Nur so kann die Macht der Großnachfrage und der unlautere Wettbewerb der Konzerne mit Rabatten statt mit Wirtschaftsleistung unterbunden werden. Nur so wird unsere Marktwirtschaft wieder chancengleich, gerecht und mittelstandsfreundlich.

*Was können wir selbst für einen neuen Aufschwung tun?*

So wichtig die Korrekturen im internationalen und nationalen Bereich sind – sie werden wirkungslos bleiben, wenn die Menschen sich weiter weigern, Leistungsträger zu sein, Familienverantwortung zu tragen und sich nur egozentrisch selbst verwirklichen, nur ihre Lust befriedigen und ohne Zukunftsverantwortung nur in den Tag hinein leben wollen. Ohne Änderung der Mentalität wird in den westlichen Gesellschaften ein neuer Aufschwung unmöglich sein. Wir brauchen also auch für jeden Einzelnen drastische Korrekturen bei sich selbst, bei seinem Verhalten, bei seiner Mentalität und auch bei seinen Lebensregeln:

1. *Wofür leben?*
   Nachdem das Bodenpersonal Gottes statt Glauben den Sozialismus verkündet und letzterer sich als große Irrlehre erwiesen hat, haben die Kirchen ihre Glaubwürdigkeit verloren, ist Europa mehrheitlich nicht mehr christlich.

Auch der Sozialismus hat sich nämlich als Unheilslehre zur Knechtung der Menschen erwiesen, ist gescheitert und hat diejenigen, die an ihn glaubten, enttäuscht.

Längst wird auch Nationalismus nicht mehr als Solidaritätsanspruch akzeptiert. Der Nationalstaat, der seinen Leistungsträgern immer höhere Belastungen zumutet, wird nicht mehr als ausgleichende Gerechtigkeit, sondern als Räuber ohne Moral empfunden. Der Nationalstaat ist so lange diffamiert worden, dass er heute ebenfalls seine Bindungskraft verloren hat.

Wo aber keine moralische Solidaritätsbasis mehr akzeptiert wird, ist auch jede Umverteilung unmoralisch, wird das Zusammenleben nicht mehr als Gemeinschaft, sondern als „Raubtierkäfig" empfunden. Wir brauchen also eine neue ethische Grundlage für eine neue Gemeinschaft, um miteinander wieder mit neuen Ideen, neuen moralischen Grundsätzen und neuen Visionen eine neue wirtschaftliche und gesellschaftliche Zukunft zu gewinnen.

Wo diese neuen Leitideen für den künftigen Aufschwung liegen, ist noch unklar. Sicher gehört aber die Familie als wesentliche Kernzelle jeder Gemeinschaft dazu. Erst auf ihr können sich Verwandtschaft, Region, Volk und Zusammenarbeit unter den Völkern entwickeln.

Wirtschaftlich dürfte die von der Mittelstandsökonomie entwickelte „personale Wirtschaft" der mittelständischen Personalunternehmen ein Ausweg aus den von Funktionären beherrschten sozialistischen Staatsunternehmen oder dem menschenverachtenden Kapitalismus in den Kapitalgesellschaften liegen. Der Mensch muss nicht nur als Konsument, sondern auch in seiner Leistung wieder ins Zentrum gerückt werden müssen. Die Wirtschaft muss dem Menschen statt dem Kapital oder den Funktionären dienen. Hier hat die Mittelstandsökonomie bereits tragfähige Grundsätze entwickelt.[33]

---

[33] vgl. vom Verf. „Was ist ein Unternehmer?", Mittelstandsinstitut Niedersachsen oder ders. „Mittelstand und Sozialpolitik".

2. *Nach welchen Regeln leben?*

Ein neuer Aufschwung wird sich erst einstellen, wenn die Lebensregeln nicht nur von uns selbst, sondern auch für uns selbst wieder so geändert werden, dass man nicht tatenlos auf die Fürsorge der Sozialfunktionäre und anderer Fleißiger warten darf, sondern selbst für sein Schicksal verantwortlich ist. Und wer zu uns ins Sozialsystem einreisen will, muss von Wohltaten ausgeschlossen bleiben, kann nicht eine Solidargemeinschaft anzapfen, zu der er nie selbst etwas beigetragen hat. Und wer nur weniger oder schlechter arbeiten kann oder will, kann auch nur so viel verlangen, wie seine Arbeit wert ist, nicht aber Mindestlöhne oder Zuschüsse auf Kosten der anderen. Und wer nicht selbst für sein Alter anspart und durch eigene Kinder vorsorgt, kann nicht sein eigenes Alter auf die Schultern fremder Kinder abladen dürfen. Das Unheil der sozialistischen Umverteilung mit Armeen von feudalistischen Umverteilungsfunktionären muss ersatzlos gestrichen werden. Der Mensch muss zunächst und zuerst und zumeist für sich selbst verantwortlich sein, auch wenn dies in Einzelfällen Härte bedeutet.

In früheren Zeiten waren Familie und Verwandtschaft immer die großen Sicherungsanker gegen die Wechselfälle des Lebens. Wer nicht allein stand, hatte Hilfe. Egoistische Singles haben dagegen keinen Anspruch auf Hilfe, weil sie bisher Familiengemeinschaft abgelehnt haben. Umgekehrt wird für viele Menschen die Familie wieder einen neuen Lebenssinn bekommen, wenn durch die Krise die Not wächst, der Familienverband sich auch als Hilfsgemeinschaft bewährt und wenn auch in der Gesellschaft die Familie wieder ihren zentralen Anerkennungsplatz gewinnt.

Das zeigt sich am Beispiel der Mütter. Solange nach sozialistischem Vorbild nur die Arbeiterin Rente bekam und dies als „Selbstverwirklichung“ anerkannt wurde, waren die Mütter diskriminiert. Dabei sind sie es, die viel größere Opfer bringen, eine viel größere gesellschaftliche Leistung zeigen und letztlich durch gute Kindererziehung die Zukunft der Gesellschaft bestimmen.

Auch wirtschaftlich brauchen wir andere Lebensregeln. Oben wurde schon gesagt, dass die Produktion nicht dem Staat und seinen Funktionären und auch nicht den Kapitalisten und den Kapitalgesellschaften zugute kommen darf, sondern den Menschen, wie dies in der personalen Wirtschaft des Mittelstandes millionenfach immer noch vorexerziert wird. Die einseitige Bevorzugung von kollektiven sozialistischen Institutionen und Kapitalgesellschaften war eine Fehlentwicklung, für die wir gebüßt haben. Beide kollektiven Unternehmensformen haben nur Randbedeutung. Sie dürfen nicht weiter zur Richtschnur unserer wirtschaftlichen Regeln werden.

Solcherlei Änderungen müssen sich politisch fortsetzen. Es darf nicht mehr länger eine Politik lediglich zugunsten von Funktionären oder von Kapitalisten geben, wie sie zur Zeit international und national vorherrscht. Die Politiker müssen wieder vom Volk statt von den Zuwendungen der Gewerkschaften und Konzerne abhängig werden. Es muss wieder Souveränität von unten nach oben delegiert werden statt der zentralen Herrschaft der Hochfinanz oder der internationalen Organisationen über der EU-Kommission in die Staaten hinein. Wenn über 80 % der Regulierungen durch das EU-Politbüro zentral auf die deutsche Regulierung niederprasseln, kann von Demokratie keine Rede mehr sein, brauchen wir ein totales Umschwenken, um die Freiheit der Bürger gegen die Machtansprüche der nationalen und internationalen Zentralisierer zu verteidigen. Auch im politischen Bereich muss also von den Funktionären wieder auf die Menschen zurückbezogen und die Demokratie zurückgewonnen werden.

Die vorstehenden Grundsätze sind nur Anfangsideen eines Projekts des Mittelstandsinstituts Niedersachsen, welches sich im Anschluss an dieses Crash-Buch mit den Fragen auseinandersetzen will „Was kommt danach?“, welches also die Voraussetzungen, Bedingungen und Möglichkeiten eines gesellschaftlichen, politischen und wirtschaftlichen Wiederaufstiegs nach der Krise bearbeiten will. Das Thema ist spannend, die Bearbeitung ist aber auch notwendig. Das Wirtschaftswunder wäre z.B. nicht möglich gewesen, wenn nicht eine kleine Gruppe von Professoren schon während des Krieges und vor dem Zusammenbruch ein neues Konzept der Marktwirtschaft entworfen hätte. Es erscheint deshalb auch jetzt höchste Zeit, ein neues Konzept einer Wiedergesundung nicht nur Deutschlands, sondern auch Europas zu entwerfen. Sie werden in Kürze davon lesen.